创新型高等职业教育精品教材
互联网＋教育改革新理念教材

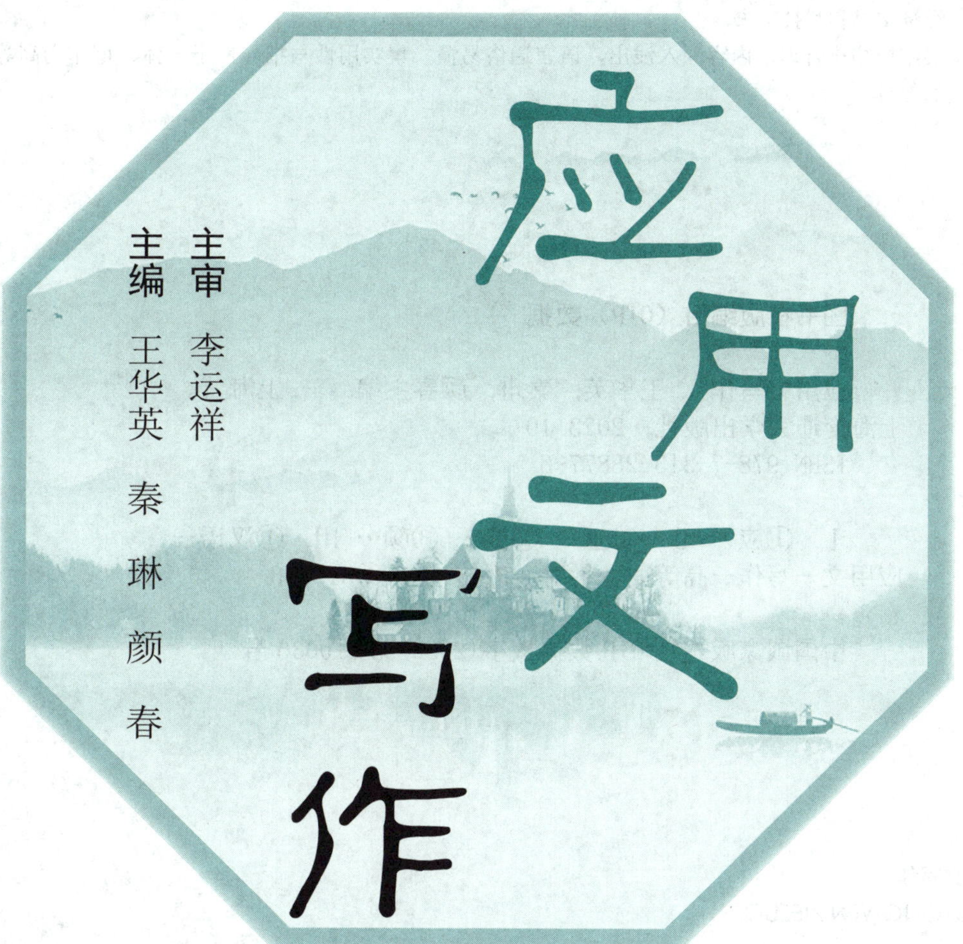

内容提要

本书根据学生在校期间、择业之时和就业之后的实际需求，系统介绍了应用文写作的相关知识。本书在编写过程中遵循实用、新颖、全面的原则，有重点地介绍了常见应用文文体的概念、特点、种类、结构与写法等。全书共分为六个项目，内容包括应用文写作基础知识、党政机关公文、社交文书、事务文书、经济文书和科技文书。

本书结构编排合理，内容深入浅出，语言通俗易懂，集实用性与指导性于一体，可作为高等职业院校学生的教材。

图书在版编目（CIP）数据

应用文写作 / 王华英，秦琳，颜春主编. -- 上海 ：上海交通大学出版社，2023.10
ISBN 978-7-313-28877-6

Ⅰ. ①应… Ⅱ. ①王… ②秦… ③颜… Ⅲ. ①汉语－应用文－写作－高等职业教育－教材 Ⅳ. ①H152.3

中国国家版本馆CIP数据核字(2023)第110036号

应用文写作
YINGYONGWEN XIEZUO

主　　编：王华英　秦　琳　颜　春
出版发行：上海交通大学出版社　　地　　址：上海市番禺路951号
邮政编码：200030　　电　　话：021-64071208
印　　制：三河市祥达印刷包装有限公司　　经　　销：全国新华书店
开　　本：787 mm×1092 mm　1/16　　印　　张：16
字　　数：370千字
版　　次：2023年10月第1版　　印　　次：2023年10月第1次印刷
书　　号：ISBN 978-7-313-28877-6　　电子书号：ISBN 978-7-89424-441-3
定　　价：45.00元

前言

应用文写作源远流长，在数千年的发展中一直在人们的工作与生活中发挥着重要作用。原始社会后期，远祖们用结绳、绘画、契刻记录事项、表达意图的方式被认为是应用文写作实践的萌芽。商周时期的《尚书》被认为是我国现存最早、保存最完整的多体裁文献汇编。秦汉时期，我国的文书制度开始建立，用行政手段统一了文书体例和格式。魏晋南北朝时期，出现了许多涉及应用文写作理论发展体系的著作，如曹丕的《典论·论文》、刘勰的《文心雕龙》等。唐宋时期是应用文写作的成熟期，这一时期的许多名人都是应用文写作的大家，如魏徵、韩愈、柳宗元、李商隐、欧阳修、王安石、苏轼、陆游等，他们撰写的应用文流芳后世，成为人们争相模仿的范本。辛亥革命后，社会巨变引发公文变革，新的公文体式得以确立。

在新的时代，应用文的文种越来越丰富，体式越来越成熟，使用范围也越来越广泛。诚如我国著名教育家叶圣陶先生所说："大学毕业生不一定要能写小说、诗歌，但是一定要能写工作和生活中实用的文章，而且非写得既通顺又扎实不可。"应用文写作已经成为人们工作、学习和生活中必不可少的一部分，甚至成为衡量个人能力和工作水平的重要尺度。

"应用文写作"是一门实用性很强的课程。为了让学生快速掌握应用文写作的基本技能，提升其应用文写作的基本素养，本书采用理论与实践相结合的方式介绍了常见应用文文体的概念、特点、种类、结构与写法等，真正体现了项目化教学的特色。

具体而言，本书具有以下特色。

一、培育素养，践行铸魂育人使命

党的二十大报告指出："育人的根本在于立德。"本书有机融入党的二十大精神，积极践行立德树人根本任务，以培养学生正确的世界观、人生观和价值观为己任，将文化传承与文化自信、人文精神与社会责任等精心融入正文内容和各模块中。

例如，每个任务末尾都设有专门的素养培育模块，如"光辉岁月""源远流长""精益求精""探渊索珠""力行笃学""钻坚研微""诗词之美"等。

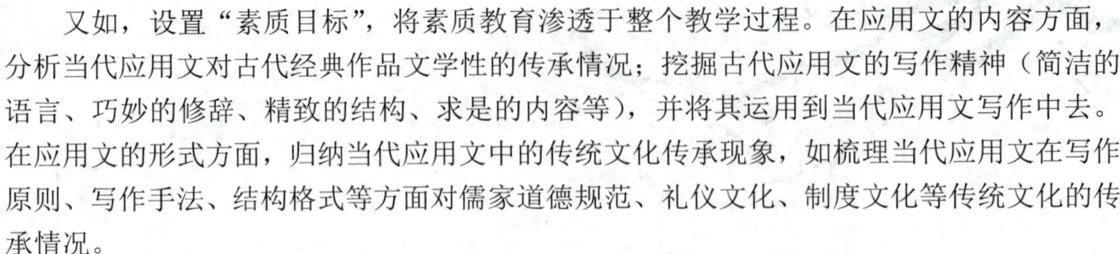

又如，设置“素质目标”，将素质教育渗透于整个教学过程。在应用文的内容方面，分析当代应用文对古代经典作品文学性的传承情况；挖掘古代应用文的写作精神（简洁的语言、巧妙的修辞、精致的结构、求是的内容等），并将其运用到当代应用文写作中去。在应用文的形式方面，归纳当代应用文中的传统文化传承现象，如梳理当代应用文在写作原则、写作手法、结构格式等方面对儒家道德规范、礼仪文化、制度文化等传统文化的传承情况。

再如，选用发扬优良传统、培养做事品质的阅读素材，以增强学生的社会责任感；引导学生探究传统应用文中蕴含的经世济国、修齐治平、奉公守法、信义为本、仁义礼智等优良传统，传承中华传统文化，并培养自身良好品质。

二、校企合作，职业引领协同育人

本书的编写在一线双师型教师和企业专职人员的指导与支持下进行，其体例设计充分考虑了教学大纲要求与企业需求，内容紧密围绕岗位需求“量身定做”，着重提升职业属性，强调内容的实用性和针对性。

三、理念创新，搭建新型教材框架

本书切实践行“以学生为主体，以教师为主导，以培养能力为根本”的教育理念，按照“必需、够用、兼顾发展”的原则组织应用文写作的知识点和技能点。在内容的编排上，采取“理论知识+操作技能+实战演练”的结构框架，注重学生实践能力的培养，有利于学生边学边练，快速提高应用文写作能力。

四、紧跟时代，精选新颖典型案例

本书内容出陈易新，根据最新的理论、标准编排内容，大量选用既有示范性又有时代感的例文，紧跟时代步伐。例如，根据《党政机关公文处理工作条例》的有关规定，对各种公文文体的介绍更加规范、科学。与此同时，本书的编排体例从便于学习和教学的角度，选用了贴近生活实际的丰富范例，以使学生更好地理解正文理论，快速提升实践能力。

五、巧设模块，锻造综合素质人才

本书采用“项目—任务”的编写模式，精心设置了多种模块，并尽可能多地利用图片、表格等，增强正文内容的可读性，激发学生的学习兴趣。

首先，每个项目的篇首都设有“项目导读”和“学习目标”模块，篇末都设有“实战演练”和“项目评价”模块。其中，“实战演练”旨在通过综合训练帮助学生夯实应用文写作基础，提升应用文写作技能，并全面提高理解能力、分析能力、语言表达能力等；“项目评价”从知识与技能、过程与方法、综合素养三个方面对学生的综合能力进行测评，以使学生获得自身学习情况的反馈信息，进而有针对性地改进和提升。

其次，每个项目中编排了若干任务，任务中设有“任务清单”“例文感知”“例文赏析”“素养把脉”“病文会诊”“视野纵横”“课堂互动”等模块，以及“光辉岁月”“精益求精”“诗词之美”等专门的素养培育模块，具有较强的趣味性、指导性和实用性。

- **任务清单：**列明学生需要在课前预习的内容和收集的资料、课中思考的问题和学习的重点、课后复习的内容和完成的作业，以促使学生提高学习的自主性。
- **例文感知：**展示各任务中所学应用文的典型范文，让学生初步了解各种应用文的格式与内容，进而带着问题阅读正文的相关知识。
- **例文赏析：**以旁批和尾批相结合的方式点评应用文范文，引导学生分析各种应用文的内容、结构、格式与写作注意事项。
- **素养把脉：**设于理论概述项目和理论概述任务中，用于考查学生对相关理论知识的掌握情况，并引导学生进行适当的思维拓展练习，以提升综合素养。
- **病文会诊：**设于应用文撰写任务中，通过让学生“诊断”应用文中存在的问题，考查学生对不同种类应用文写作知识的掌握情况；每一处“病文会诊”之后均附有“会诊提示”，以便学生对照提示内容检测自己的“诊断”情况。
- **视野纵横：**穿插于“知识卡片”中，展示不同种类应用文的区别与联系等内容，引导学生通过横向比较拓展思维，将所学知识融会贯通。
- **课堂互动：**结合时事热点、易混淆点等设置各种讨论活动，以调节学习节奏，活跃学习气氛。
- **素养培育模块：**该类模块设于各任务末尾，通过追溯应用文渊源的精彩论述、展示传承革命精神的经典美文、剖析古文写作精神的评论精粹等，引导学生寻找当代应用文中传统文化和革命精神的传承现象，培养学生自强不息的人生态度，使其提升综合素养，增强社会责任感。

六、资源丰富，科技赋能教育平台

本书融入了“互联网+”思维，将教材、课堂与教学资源相融合，构建了线上线下结合的教学模式。读者可以扫描书中的二维码观看微课视频，也可以登录文旌综合教育平台“文旌课堂”查看和下载本书的配套资源，如教学课件、课后习题答案等。读者在学习过程中如有任何疑问，也可以登录该平台寻求帮助。

此外，本书还提供了在线题库，支持“教学作业，一键发布”，教师只需通过微信或“文旌课堂”App扫描扉页二维码，即可迅速选题、一键发布、智能批改，并查看学生的作业分析报告，从而提高教学效率，提升教学体验。学生可在线完成作业，巩固所学知识，提高学习效率。

本书由李运祥担任主审，王华英、秦琳、颜春担任主编，陆琦、阳国光、曾科、秦燕华担任副主编，廖君丽、何娇丽、陈小梅、李向凡参与编写。由于编者经验和水平有限，书中可能存在疏漏与不妥之处，诚请广大读者批评指正。

特别说明：

（1）本书在编写过程中，参考了大量的资料并引用了部分文章和图片等。这些引用的资料大部分已获授权，但由于部分资料来自网络，我们未能确认出处，也暂时无法联系到原作者。对此，我们深表歉意，并欢迎原作者随时与我们联系，我们将按规定支付酬劳。

（2）为了避免引起不必要的误会，本书部分案例中的人物或企业使用了化名。

（3）本书未注明资料来源的案例均为编者自编或根据真实事件、素材改编。

本书配套资源下载网址和联系方式

网址：https://www.wenjingketang.com

电话：4001179835

邮箱：book@wenjingketang.com

片 头

MULU 目录

项目一
应用文写作基础知识 …… 1
任务一 文以载道，以文化人——应用文写作概览 …… 2
例文感知 …… 2
一、应用文的概念 …… 3
二、应用文的特点 …… 3
三、应用文的种类 …… 4
源远流长 …… 5
任务二 单刀直入，一语破的——明确应用文的主题 …… 7
例文感知 …… 7
一、应用文主题的概念与特点 …… 8
二、应用文主题的要求 …… 8
精益求精 …… 12
任务三 确切不移，切合要旨——理解应用文的材料 …… 13
例文感知 …… 13
一、应用文材料的概念 …… 14
二、应用文材料的要求 …… 14
匠心独运 …… 18
任务四 谋篇布局，张本继末——熟悉应用文的结构 …… 19
例文感知 …… 19
一、应用文结构的概念 …… 20
二、应用文的篇章结构 …… 20
温故知新 …… 25
任务五 遣词造句，言简意赅——明确应用文的语言及表达 …… 26
例文感知 …… 26
一、应用文语言的特点 …… 27
二、应用文的表达方式 …… 29
酌古御今 …… 33
实战演练 …… 34
项目评价 …… 37
项目二
党政机关公文 …… 39
任务一 一秉至公，方言矩行——党政机关公文概览 …… 40
例文感知 …… 40
一、党政机关公文的概念 …… 41
二、党政机关公文的作用 …… 41
三、党政机关公文的种类 …… 42
四、党政机关公文的格式 …… 43
五、党政机关公文的行文规则 …… 51
一脉相承 …… 54
任务二 一体知照，惩恶扬善——掌握通知、通报的结构与写法 …… 56
例文感知 …… 56
一、通知 …… 58
二、通报 …… 63
博古通今 …… 68
任务三 一事一文，有请必复——掌握报告、请示、批复的结构与写法 …… 69
例文感知 …… 69
一、报告 …… 70
二、请示 …… 74

三、批复 …… 79
酌古御今 …… 82
任务四　以文传情，择要而记
——掌握函、纪要的结构与写法 …… 83
例文感知 …… 84
一、函 …… 85
二、纪要 …… 89
源远流长 …… 93
实战演练 …… 94
项目评价 …… 96

项目三
社交文书 …… 97

任务一　以礼相待，德才兼备
——社交文书概览 …… 98
例文感知 …… 98
一、社交文书的概念 …… 99
二、社交文书的种类 …… 99
三、社交文书的写作要求 …… 99
腹有诗书 …… 101
任务二　毛遂自荐，礼貌辞别
——掌握简历、求职信、辞职信的结构与写法 …… 102
例文感知 …… 103
一、简历 …… 104
二、求职信 …… 107
三、辞职信 …… 111
厚德载物 …… 113
任务三　敷陈愿望，奉申贺敬
——掌握申请书、邀请函和请柬的结构与写法 …… 114
例文感知 …… 115
一、申请书 …… 116
二、邀请函 …… 119
三、请柬 …… 121
诗词之美 …… 124
任务四　搭桥牵线，信而有征
——掌握介绍信、证明信的结构与写法 …… 125
例文感知 …… 125
一、介绍信 …… 126
二、证明信 …… 129
光辉岁月 …… 132
实战演练 …… 133
项目评价 …… 135

项目四
事务文书 …… 136

任务一　拨烦理乱，居敬穷理
——事务文书概览 …… 137
例文感知 …… 137
一、事务文书的概念 …… 138
二、事务文书的种类 …… 138
三、事务文书的作用 …… 139
四、事务文书的写作要求 …… 139
推陈出新 …… 142
任务二　未雨绸缪，反躬自省
——掌握计划与总结的结构与写法 …… 144
例文感知 …… 144
一、计划 …… 146
二、总结 …… 151
诗词之美 …… 157
任务三　秉笔直书，拨沙见金
——掌握会议记录、调查报告与简报的结构与写法 …… 159
例文感知 …… 159
一、会议记录 …… 161
二、调查报告 …… 165
三、简报 …… 171
华彩流光 …… 176

任务四 立此存照，一事一启
——掌握条据、启事的结构与写法 …… 178
例文感知 …… 179
一、条据 …… 180
二、启事 …… 184
另辟蹊径 …… 187
实战演练 …… 188
项目评价 …… 190

项目五
经济文书 …… 191

任务一 以笔为戎，叱咤商海
——经济文书概览 …… 192
例文感知 …… 192
一、经济文书的概念 …… 193
二、经济文书的特点 …… 193
三、经济文书的种类 …… 193
四、经济文书的作用 …… 194
五、经济文书的写作要求 …… 194
诗词之美 …… 195
任务二 求同存异，点指画字
——掌握意向书、经济合同的结构与写法 …… 196
例文感知 …… 197
一、意向书 …… 198
二、经济合同 …… 202
源远流长 …… 208
任务三 凿凿可据，以理服人
——掌握可行性研究报告的结构与写法 …… 209
例文感知 …… 209
一、可行性研究报告的概念 …… 211
二、可行性研究报告的特点 …… 211
三、可行性研究报告的作用 …… 212
四、可行性研究报告的种类 …… 212
五、可行性研究报告的结构与写法 …… 213
六、撰写可行性研究报告的注意事项 …… 215
探渊索珠 …… 218
实战演练 …… 219
项目评价 …… 221

项目六
科技文书 …… 222

任务一 推究根源，潜精研思
——科技文书概览 …… 223
例文感知 …… 223
一、科技文书的概念 …… 224
二、科技文书的作用 …… 224
三、科技文书的特点 …… 224
力行笃学 …… 226
任务二 力学笃行，行以致远
——掌握实习报告的结构与写法 …… 227
例文感知 …… 227
一、实习报告的概念 …… 228
二、实习报告的作用 …… 228
三、实习报告的特点 …… 228
四、实习报告的结构与写法 …… 229
五、撰写实习报告的注意事项 …… 230
知行合一 …… 233
任务三 术业专攻，济世利人
——掌握毕业设计的结构与写法 …… 234
例文感知 …… 234
一、毕业设计的概念 …… 235
二、毕业设计的特点 …… 236
三、毕业设计的种类 …… 236
四、毕业设计的流程 …… 237
五、毕业设计的结构与写法 …… 239
钻坚研微 …… 243
实战演练 …… 243
项目评价 …… 245
参考文献 …… 246

项目一

应用文写作基础知识

项目导读

应用文是人们在日常生活、学习和工作中处理公私事务常用的规范性文体。在撰写应用文之前，首先要了解应用文的基础知识；在撰写应用文时，应将理论与写作实践结合起来。这样，应用文的写作才会更规范、严谨。

学习目标

知识目标

- 了解应用文的概念、特点和种类。
- 明确应用文主题的要求和表达方式。
- 理解应用文材料的概念和要求。
- 明确应用文写作的结构、语言和表达方式。

能力目标

- 能在实践中熟练分析应用文的主题、材料、篇章结构和语言特点。

素质目标

- 培养理性思维和透过现象看本质的能力。
- 培养严谨求实的工作态度。
- 学会欣赏蕴藏于应用文的美：语言平实之美、语体风格之美和文面排版之美。

任务一

文以载道，以文化人
——应用文写作概览

任务清单

每完成一项学习任务，就在对应的方框中打一个“√”。

任务进程	序号	任务内容	是否完成
课前预习	（1）	收集10篇常见的应用文范文，并对其进行分类	□
	（2）	写出自己对应用文的初始认知	□
课中学习	（3）	阅读“例文感知”，简要评价例文，并思考例文后的提问	□
	（4）	理解应用文的概念和特点，并复述应用文的特点	□
	（5）	熟悉应用文的种类，并针对每一类应用文列举10种具体文种	□
课后复习	（6）	根据正文的分类标准收集应用文范文，每一类至少3篇	□
	（7）	简要分析每一篇应用文范文的特点，并做好记录	□

例文感知

一份“寻驴启事”

从前，有一位老先生，学富五车，才高八斗，在方圆百十里范围内都有很高的声望。他也因此洋洋得意，自视甚高。有一天，家人来向他报告：“家里一头精壮的黑驴莫名其妙地丢了，而眼下正是家里活儿最多、最需要它的时候，请老爷赶紧想办法，要么找回黑驴，要么重新买一头。”有好事者提醒这位老先生说：“先写个“寻驴启事”或许还能找回来呢！”老先生连连点头称是。于是，他磨墨铺纸，提笔运腕，一份“寻驴启事”一气呵成，墨迹未干就赶紧让家人将其张贴到闹市口。

可是转眼几天过去了，一点儿关于黑驴的消息也没有，老先生决定亲自到街头去看一看张贴启事的情况。来到闹市口后，他发现自己写的启事还在，还真有不少人在围观。老先生心里得意，并混入人群听大家的说法。只听见有好事者正摇头晃脑地给大家念着：“……我中华古国，历史悠久，文化灿烂，民风淳朴，文明教化……盘古开天……”围观的人十分疑惑：“什么意思？瞎耽误工夫！”没等好事者念完，他们就已经唾弃着四下散去。原来，这张“寻驴启事”洋洋洒洒上千字，无关紧要的话太多，难怪等了好几天也没有任何消息，因为还没等好事者念到驴，人们就已经没有耐心听下去了。

（资料来源：百度文库，有改动）

请思考：文中的“寻驴启事”是否属于应用文？老先生写启事的方法是否正确？

问题导入

（1）什么是应用文？
（2）应用文有什么特点？
（3）应用文通常可以分为哪几类？

一、应用文的概念

应用文是指国家机关、企事业单位、社会团体及人民群众在日常工作、学习和生活中，办理公务及个人事务、传播信息、表述意愿时，经常使用的具有实用价值和惯用体式的文体。

应用文的发展历程

应用文有别于以抒发主观情感、反映现实生活为主的文艺性创作。它主要是为了处理公务或私人事务而写的，是一种直接、有效的，能交流思想、传播信息、解决问题的实用性文体。它以实告人，追求朴实无华，力求取得直接效果。

著名教育学家叶圣陶说得好：“公文不一定要好文章，可是必须写得一清二楚，十分明确，句稳词妥，通体通顺，让大家不折不扣地了解你所说的是什么。”

请结合这句话，说说你对应用文用途及特点的理解，并举例说明。

二、应用文的特点

应用文在千百年的发展中形成了其自身独特的表达方式和写作规范。应用文的种类较多，各类应用文的特点也不尽相同，但从整体而言，应用文具有以下特点。

（一）功能的实用性

功能的实用性是应用文最鲜明的特点。它是为解决学习、工作和生活中出现的某一新问题或新情况而拟定的。例如，命令、通知等应用文可以指挥或指导工作的开展，报告、请示等应用文可以让受文对象知晓工作开展的新情况。应用文解决的问题、处理的事务都是现实的、具体的，因而应用文的写作要做到有的放矢、讲求实效，完全“为用而作”。

（二）内容的真实性

在写应用文时，所选用的材料必须是真实的，所涉及的人、事、物必须是现实生活中客观存在的，所引用的数据、图表等必须是经过科学验证的，所发布、传达的上级指示必

须是规范、确切的。真实性是应用文的生命，若失去了真实性，应用文便失去了它的使用价值。

（三）格式的规范性

格式的规范性是指应用文有比较规范的结构和写法、某些约定俗成的习惯用语和一些基本的制发程序。这些规范是在应用文的实际运用过程中，为有效沟通和提高效率而逐渐形成的，不得随意更改。不同的应用文有不同的体式和习惯用语；各类应用文的标题、文号、正文、结尾、落款，甚至是用纸、装订、发文程序等都有明确规定。

（四）语言的简明性

语言的简明性是指应用文必须语言朴实、文字简约、用语精当、逻辑清楚、表达明晰，不长篇累牍，不重复啰唆。这样才能让受文对象一看就明白发生了什么事情、该怎么做、要取得什么效果等。

（五）发文的时效性

发文的时效性是指应用文的制发必须及时高效。应用文是为了处理事务、交流情况、解决问题而写的，往往在一定时间范围之内才能发挥作用。信息公示、情况汇报、工作部署等一般都要求及时进行，因此对于应用文，必须快写、快发、快阅、快办。

（六）对象的明确性

文章要有一定的阅读对象。一般的文章或文学作品的阅读对象范围比较广，没有明确的针对性，如诗、小说、电影剧本等文学作品，通常老少皆宜，雅俗共赏。应用文则不同，它有明确的适用范围，有特定的阅读对象，且通常有明确的约束力。例如，通知、请示、报告、合同、信函等应用文都应写明发文对象。

三、应用文的种类

应用文种类繁多，且应用范围广泛。为了便于学习和教学，本书以应用文的内容和使用范围作为划分的标准，将应用文分为以下四类。

（一）公务文书

公务文书简称“公文”。人们通常说的公务文书有广义和狭义两种理解。广义的公文是指党政机关、社会团体、企事业单位用于上传下达、处理问题、反映情况、联系事务等具有特定效力和惯用体式的文书，而狭义的公文特指党政机关公文。

（二）社交文书

社交文书是党政机关、社会团体、企事业单位和个人在日常生活、工作和学习中所使用的，具有一定格式规范，能起到交流思想、沟通感情、传递信息等作用的应用文书，如求职信、邀请函、祝词、介绍信、倡议书等。

（三）事务文书

事务文书是党政机关、社会团体、企事业单位为反映事实情况、解决问题、处理日常事务而普遍使用的文书，如计划、总结、简报、调查报告等。它具有很强的实用性与事务性，且有一定的格式要求。

（四）其他文书

其他文书主要包括经济文书、科技文书、司法文书、涉外文书、新闻报道等。经济文书包括意向书、经济合同、可行性研究报告、产品说明书等；科技文书包括实验报告、科研报告、实习报告、毕业设计等；司法文书包括判决书、裁定书、执行通知、调解书等；涉外文书包括对外业务函电、涉外意向书、中外合资企业项目建议书等；新闻报道包括消息、新闻评论等。

素养把脉

感性对比

下文节选自一部经典文学作品，它通过景物描写，将一幅法国生活的风景画展现在观者面前，具有很强的艺术美感。阅读选文，体会文学作品“写虚”与应用文“写实”的差异。

欧也妮·葛朗台（节选）

……有些屋子看上去像是最阴沉的修道院，最荒凉的旷野，最凄凉的废墟，令人抑郁不欢。修道院的静寂，旷野的枯燥，以及废墟的衰败零落，也许这类屋子都有一点。……

……木料支架的屋顶，年深月久，往下弯了；日晒雨淋，椽子已经腐烂，翘曲。……放上一盆石竹或蔷薇，窗槛似乎就承受不住那棕色的瓦盆。

理性抢答

全班同学开展知识竞答活动。由老师就本任务所学内容进行提问，全班同学举手抢答。在老师发出抢答口令后，先举手的同学将获得答题资格。

（1）应用文的概念是什么？

（2）应用文具有哪些特点？请举例说明。

接着，老师将全班同学在课前收集的不同类型的应用文（如命令、决定、公告、计划、总结、调查报告、感谢信、慰问信、商业广告、产品说明书、学术论文等）逐一展示出来，获得答题资格的同学快速回答老师所展示的文书属于哪类应用文。

源远流长

应用文的起源与最初形式

应用文广泛用于人们的生活和工作中，与人们的生产活动密切相关。那么，应用文起源于何时呢？翻阅中国古代历史文献就会发现，应用文和文学都起源于人类的生

产劳动，它是人们在生产劳动过程中根据自身的需要而创制并直接为生产生活服务的。

一、应用文的起源

从神话传说和后人的记载中可知，应用文的起源可以上溯到原始社会。在记载生产、生活，以及指挥复杂的生产劳动等一系列活动中，人们越来越多地意识到只用单纯的手势和眼神已远远不能满足彼此交流的需要。因此，我们的祖先发明了一连串的语言，这就是原始的口头应用文。

二、应用文的最初形式

在原始社会，应用文最初有三种表现形式，即口头应用文、实物应用文和图画记事应用文。

（一）口头应用文

口头应用文是指在文字出现之前，以口述形式向他人交代事情的一种方式。它是应人类的生存需要出现的。《史记·夏本纪》中关于大禹治水有这样的记载："舜曰：'嗟，然！'命禹：'女平水土，维是勉之。'""禹乃遂与益、后稷奉帝命，命诸侯百姓兴人徒以傅土，行山表木，定高山大川。……令益予众庶稻，可种卑湿。命后稷予众庶难得之食。"这里的"命""令"就是口头的"指令性公文"。

（二）实物应用文

实物应用文是指借助某种实物来记述所发生事情的应用文。它包括以下两种：一种是结绳记事，即用绳子打结的方法来记录事情；另一种是实物记事，如在骨片、木片上刻画出一定的记号来记录事情。

结绳记事在古籍中有很多记载，如《周易》上说："上古结绳而治，后世圣人易之以书契。"《老子》中有"使民复结绳而用之"。结绳记事是原始社会统治者治理社会的一种方式，以达到"治""统"的目的。因此，我们可以把结绳记事理解为后来的公务文书。

实物记事出现在原始社会晚期。随着人们生活水平的提高，产品有了一定的剩余，产品互换开始出现。为了确保交易双方恪守信约，各部落在相互交换自己的产品时发明了契约。《列子·说符》中记载过这样的故事："宋人有游于道，得人遗契者，归而藏之，密密其齿，告邻人曰：'吾富可待矣。'"这里说的"契"，可能就是从中对折剖开的一块木板，双方各执一半，需要验证时，合在一起即可证明。

（三）图画记事应用文

图画记事应用文是指借助形象的符号实现记事目的的应用文。《说文解字》中解释："符，信也。汉制以竹，长六寸，分而相合。"在远古时期，"符"是部落传达命令或征兵调将的凭证，彼此双方各执一半，以验真伪。这就是原始的、没有文字的"证明"，相当于现代的证明信或凭证。

原始社会从始至今已有数十万年，我们的祖先在生产劳动、经济往来、频繁战争、各类宗教等活动中，创造出了原始形态的应用文，它不仅可以记事载言、协同动作，还可以传递信息、表情达意。可见，应用文起始于人们的各种实际需要，实用性是应用文的根本属性。因此，后人根据其性质称之为"应用文"也就不难理解了。

（资料来源：中国知网，作者辛建华，有改动）

任务二

单刀直入，一语破的
——明确应用文的主题

任务清单

每完成一项学习任务，就在对应的方框中打一个“√”。

任务进程	序号	任务内容	是否完成
课前预习	（1）	收集6篇应用文范文，并提炼出每篇范文的主题	□
	（2）	试着分析并写出每篇应用文范文主题的表达方式与特色	□
课中学习	（3）	阅读“例文感知”，简要评析例文主题的表达方式，并思考例文后的提问	□
	（4）	理解应用文主题的概念、特点和要求，并复述应用文主题的特点和要求	□
	（5）	熟悉应用文主题的表达方式，并能灵活运用各种方式表达不同应用文的主题	□
课后复习	（6）	收集6篇应用文，并确保其主题表达方式涵盖正文提及的6种	□
	（7）	根据其中一篇应用文范文的主题和表达方式写一篇应用文	□

例文感知

求职信

尊敬的×××总经理：

您好！首先感谢您在百忙之中阅读我的求职信，您的关注将翻开我人生新的一页。在了解贵公司的相关情况后，我非常希望加入贵公司，为公司尽一份力。为便于公司对我有所了解，现自我介绍如下：

我叫××，男，××××年×月×日出生，××省××市人。我将于2023年毕业于××邮电学院电信工程系通信工程专业，与贵公司招聘启事所要求的专业对口。附表是我所学的课程及成绩，希望贵公司给予我面试机会。

为了拓展自身的知识面、弥补专业的局限性，我自学了相近专业的一些相关学科课程，主要有“数字信号处理（二）”“随机过程”等。同时，我广泛涉猎“锁相同步理论”“锁相环路原理及应用”等方面的知识，以便自己能够适应现代技术的发展，为从事相关工作打下良好的基础。

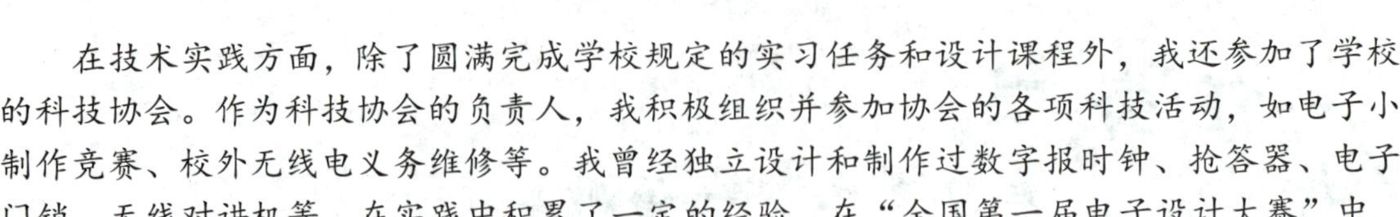

在技术实践方面，除了圆满完成学校规定的实习任务和设计课程外，我还参加了学校的科技协会。作为科技协会的负责人，我积极组织并参加协会的各项科技活动，如电子小制作竞赛、校外无线电义务维修等。我曾经独立设计和制作过数字报时钟、抢答器、电子门锁、无线对讲机等，在实践中积累了一定的经验。在“全国第一届电子设计大赛”中，我有幸获得了××省赛区三等奖。

我的业余爱好比较广泛，尤其喜欢体育运动及书法艺术。自上高中起，我便多次获得校级、市级书法大赛的一等奖和特等奖，作品曾在市里展出。希望以上资料能引起贵单位的兴趣并得到回复。期盼佳音。

谨祝

顺达！

附件：所学课程及成绩单（略）

自荐人：××

2023 年 4 月 25 日

（资料来源：优文网，有改动）

请思考：这封求职信的主题是什么？它是采用哪种方式表达主题的？

问题导入

（1）什么是应用文主题？它有哪些特点？

（2）应用文的主题应符合哪些要求？

（3）常见的应用文主题表达方式有哪些？

一、应用文主题的概念与特点

主题是作者通过文章内容所表达出来的基本观点或中心思想，是作者的意图、主张或看法在文中的体现，是文章的核心、灵魂和统帅。

应用文的主题和文学作品的主题有所不同。文学作品的主题来源于生活，是作者对客观社会现象的观察与思考的反映，而应用文的主题通常是事务处理意见的体现；文学作品的主题通常是含蓄的，而应用文的主题通常是显露的；文学作品的主题常通过艺术意境的营造和艺术形象的塑造来表现，而应用文的主题常通过事实材料来表现。

二、应用文主题的要求

（一）正确

主题正确是指应用文的主题必须符合马克思主义的基本立场、观点和方法，符合党和

国家的路线、方针、政策，符合国家的法规、法令，符合发文单位的管理职权和领导的管理意图，能够正确反映现实社会的实际情况，揭示事物的本质和规律，并且经得住实践的检验和时间的考验。应用文只有主题正确，才能指导各项工作的顺利推进。否则，很可能给工作的管理和执行带来混乱，甚至造成损失。

（二）鲜明

应用文主题的表现形式与文学作品有较大的区别。文学作品的主题往往通过各种情节描写表现出来。而应用文本身的特性决定了其主题必须分明而确定：赞成什么、反对什么，提倡什么、禁止什么，肯定什么、否定什么，都要直截了当地表述，让人一目了然，一读即懂，不能含混晦涩。

（三）集中

一般情况下，文学作品的主题具有复杂性，呈现形式多元化。而应用文的主题则是单一的、明确的、集中的，一篇应用文只能有一个主题，围绕一个中心把问题说深、说透。这样，应用文才能较好地发挥联系上下、沟通左右、处理事务的作用。

（四）客观

文学作品的主题是从生活中或已获取的材料中提炼出来的，是作者对生活的有感而发，且往往不会过早揭示。而应用文的主题则应适应客观实际的需要，并在写作之前就已确定，即所谓“意在笔先”。

三、应用文主题的表达

一篇应用文只能有一个行文意图和基本精神，主题内涵要明确，提倡什么、反对什么，该怎么做、不该怎么做，都应当旗帜鲜明地表达出来，不能模棱两可、含糊其词。应用文主题的表达方式主要有以下六种。

（一）标题明旨

标题明旨，即在标题中把应用文的主题明确地表达出来。这种表达方式极为简便，对内容单一、简短的公文尤其适用。例如，“最高人民检察院关于认真查办巨额财产来源不明犯罪案件的通知”这一标题，明确地表达了公文的主要内容和行文意图，即“查办巨额财产来源不明犯罪案件”，使受文对象一目了然，知悉公文的主题。

（二）开篇破题

开篇破题，即在正文开头直接、明确地揭示主题，使读者在开篇就知道全文的主题所在。党政机关公文中的公布性文书、告知性文书及规章制度性文书多采用这种写法。例如，《××市人民政府关于商品和服务实行明码标价的通告》以“为了适应社会主义市场经济发展的需要，鼓励正当竞争，保护消费者合法权益，根据国家和省有关规定，特对商品和服务实行明码标价的有关事项通告如下：……”开篇，引出下文。

（三）篇中立题

篇中立题，即在正文中用一两句精辟的话点明主题，给人以鲜明、深刻的印象，实现“片言居要”的效果。在写一些篇幅较长的工作总结、报告等应用文时，由于阐述的问题较多，往往需要在篇中立题，以便层层深入，剖析事物内在的规律。

（四）篇末点题

篇末点题是指在文末点明主题，或在文末再次强调主题，使结尾与开头相呼应，能取得首尾圆合的双重效果。这种表现主题的方式主要用于一些叙述性较强的应用文，如总结、调查报告等。

（五）一线贯题

一线贯题是指主题在文中犹如一条线，贯穿于全文的各个部分，使各部分内容形成一个有机的整体。这种方法主要适用于各种事务文书和经济类文书。

（六）典型显题

典型显题是指主题蕴含在典型材料之中。通报、调查报告等应用文的叙述性较强，其主题不是单靠议论来表现的，而主要靠典型人物、典型事例来体现。这就要求作者精心筛选典型材料，确保材料切中题意。

应用文主题与文学作品主题的对比

应用文的主题就是作者在应用文中所要表达的中心思想或基本观点，而文学作品的主题是作者通过展开故事情节、塑造艺术形象所表现出来的主要思想和情感倾向。两者存在明显区别。

一、表达方式对比

应用文主题表达方式的突出特点是直白显露，即不仅要说得肯定确切，还必须说得清楚明白，绝不可“犹抱琵琶半遮面”或者“欲言又止”，这是由应用文的实用性决定的。因此，开门见山、直奔主题是应用文表现主题的最佳方式。

文学作品主题的表达追求含而不露，主题往往寓于人物刻画、情节描写之中，形显意隐，委婉含蓄，通常给读者留有艺术再创造的想象空间。读者自身的文化素养、生活经历等，会对文学作品主题的理解产生较大影响，因此，作者的创作本意和读者的感受往往有较大的差异。

二、主题内涵对比

为了提高工作效率，避免行文关系混乱，进而收到良好的表达效果，应用文的写作要求“一文一事”“一事一旨”，即使是篇幅较长的应用文，也只是通过不同侧面来说明同一个问题，以一个主题贯穿全篇。

文学作品既要反映复杂多变的社会生活，又要表现作者丰富的内心世界，因而其主

题有多个侧面，具有复杂性。在创作意图上，文学作品的作者不仅希望给读者以生活启示，还希望给读者以精神愉悦；从鉴赏角度看，对于文学作品中蕴含着主题精神的艺术形象和人物性格，读者可以有不同于作者和其他读者的感受和评价，即“一千个读者眼中，有一千个哈姆莱特”。

例文赏析

国务院办公厅关于开展国家脱贫攻坚普查的通知

国办发〔2020〕7号

各省、自治区、直辖市人民政府，国务院各部委、各直属机构：

根据《中共中央 国务院关于打赢脱贫攻坚战三年行动的指导意见》部署，经国务院同意，定于2020年至2021年年初开展国家脱贫攻坚普查。现将有关事项通知如下：

一、普查目的和意义

脱贫攻坚是党中央、国务院作出的重大决策部署，是全面建成小康社会、实现第一个百年奋斗目标的标志性工程和底线任务。国家脱贫攻坚普查是精准扶贫精准脱贫的重要基础性工作，是对脱贫攻坚成效的一次全面检验。（略）

二、普查范围和对象

普查范围是832个国家扶贫开发工作重点县和集中连片特困地区县……以及在中西部22个省（区、市）抽取的部分其他县。

普查对象为普查范围内的全部行政村（包括有建档立卡户的居委会、社区）和全部建档立卡户。

三、普查内容和标准时点

普查内容包括建档立卡户基本情况、“两不愁三保障”实现情况、主要收入来源、获得帮扶和参与脱贫攻坚项目情况，以及县和行政村基本公共服务情况等。

普查标准时点为2020年12月31日。

四、普查组织和实施

为加强组织领导，国务院成立了国家脱贫攻坚普查领导小组，负责国家脱贫攻坚普查组织和实施，协调解决普查中的重大问题。（略）

五、普查经费保障

国家脱贫攻坚普查所需经费，由中央和地方各级财政按规定予以保障，列入相应年度政府预算，按时拨付、确保到位。

六、普查工作要求

（一）提高思想认识（略）

（二）坚持依法普查（略）

（三）确保数据质量（略）

（四）做好宣传引导（略）

国务院办公厅（公章）

2020年4月8日

（资料来源：中华人民共和国中央人民政府网）

> 标题点明文章主题，即“开展国家脱贫攻坚普查工作”。
>
> 正文开门见山地写出发文依据，并明确了开展脱贫攻坚普查的时间期限。
>
> 全文从六个方面分别阐述普查的目的和意义、范围和对象、内容和标准时点、组织和实施、经费保障、工作要求。
>
> 这六个方面的阐述紧紧围绕“开展国家脱贫攻坚普查”这一个主题展开。该主题贯穿全文。
>
> 落款处写明该通知的发文单位和日期，并加盖公章。

点评

本文阐述了国家脱贫攻坚普查的各方面内容，用小标题的方式概括了普查工作的六个方面。这六个方面从不同侧面、不同角度层层展开，充分说明了文章主旨，便于读者清晰地领会全文的精神实质。

素养把脉

主题提炼

全班同学每 5 人一组，阅读以下材料，概括其主题。

关于城镇青年就业经费（包括历年结余）的开支问题，我部和××××总局曾有明确规定，不得将其用于基本建设。但是，据了解，个别地区擅自扩大开支范围，把一部分就业经费挪作基本建设投资，这不仅影响城镇青年就业工作的安排，而且拉长了基本建设战线，不利于国民经济调整。为了制止继续发生挪用城镇青年就业经费的问题，请你们认真检查一下，如发现有此情况，应采取有效措施，切实加以纠正。对于已经动工的基建项目，要坚决停下来，报请省、自治区、直辖市人民政府审查处理。今后要加强财务管理，健全财务制度，严格审批手续，把城镇青年就业经费管好、用好。

（资料来源：法律图书馆，有改动）

主题表达

每个小组派一名代表阐述材料的主题，要求语言精练、用词准确、逻辑清晰、表达流畅。

精益求精

逸马杀犬于道

“逸马杀犬于道”是一则关于欧阳修的故事。该故事记载，欧阳修在翰林院任职时，曾与同院的三个下属出游，看到一匹飞驰的马踩死了一只狗。欧阳修提议：“请你们叙述一下这件事。”

逸马杀犬于道

其中一人率先说道：“有黄犬卧于道，马惊，奔逸而来，蹄而死之。”意思是说，有一条狗睡在大道上，被一匹飞奔过来的马踩死了。另一人接着说：“有犬卧于通衢，逸马蹄而杀之。”第三个人说：“有马逸于街衢，卧犬遭之而毙。”

欧阳修听后笑说：“像你们这样修史，一万卷也写不完。”那三人问道：“那您如何描述呢？”欧阳修说：“逸马杀犬于道。”翻译成白话文，即奔马在路上踩死了一只狗。

三人听后连连称赞，深为欧阳修写文的简洁所折服。“逸马杀犬于道”可谓一语中的。这个故事告诉我们，写应用文时要做到语言简洁、主题突出。

（资料来源：搜狐网，有改动）

任务三 确切不移，切合要旨——理解应用文的材料

任务清单

每完成一项学习任务，就在对应的方框中打一个“√”。

任务进程	序号	任务内容	是否完成
课前预习	（1）	收集5篇应用文范文，简要分析每一篇应用文范文所用材料的特点，并做好记录	□
课中学习	（2）	阅读“例文感知”，简要分析例文选择了哪些材料来表达主题，以及这些材料选用得是否恰当	□
	（3）	理解应用文材料的概念和要求，并复述应用文材料的要求	□
课后复习	（4）	收集一系列用于说明“法治社会”主题和“诚实守信”主题的事实或论据，如事件、数据、例证、道理等	□
	（5）	简要分析这些事实或论据可以从哪个角度来说明“法治社会”和“诚实守信”的相关问题	□

例文感知

广东省交通运输厅关于深圳市海昌华海运股份有限公司更新运力的请示

粤交水运字〔2023〕243号

交通运输部：

深圳市海昌华海运股份有限公司为经营国内沿海省际成品油船、化学品船运输的企业，该司拟申请通过“退一进一”的方式，申请新增2艘（分别为：11 068.95载重吨、11 446.14载重吨）油化两用船运力指标，替代该司计划退出市场的“圣油230”“圣油232”轮（分别为：7 379.3载重吨、7 630.76载重吨），经营国内沿海各港间成品油运输，承诺被替代船舶“圣油230”“圣油232”轮报废拆解。经研究，我厅拟同意该司申请，现将有关资料上报（通过部水路运输建设综合管理信息系统上传），恳予审批。

妥否，请批示。

广东省交通运输厅（公章）
2023 年 5 月 31 日
（资料来源：广东省交通运输厅）

请思考： 这份文稿选用了哪些材料来表达主题？

问题导入

（1）什么是应用文材料？
（2）应用文材料应符合哪些要求？

一、应用文材料的概念

应用文的材料是指为了某一写作目的，从现实工作、生活中收集并写入应用文，用以说明主题的一系列事实或论据，如事件、数据、例证、道理等。

材料是写作的基础。人们常把主题比作人的灵魂，把结构比作人的骨骼，把语言比作人的细胞，而材料则被比作人的血肉。一篇好的应用文应该语言准确、材料丰富、结构完整、主旨深刻，做到言之有“理”、言之有“序”、言之有“文”、言之有“物”。没有充实的材料，应用文就显得空洞苍白，难以令人信服。

二、应用文材料的要求

应用文的材料应当符合以下要求。

（一）真实

应用文材料的真实包含两层意思：其一是现象真实，即确有其事，不是虚假的、编造的；其二是本质真实，即材料反映的不是个别的、偶然的现象，而是事物的根本性质、内部联系。如果某材料只是现象真实而非本质真实，就不属于真实材料的范畴。

材料真实是应用文写作的基本要求。作者应对搜集到的材料进行反复核实，确保其描述的事件真实、客观，统计的数据详细、准确，依据的理论和观点科学、全面，采用的相关文件权威、可靠，否则应用文就会失去价值。

（二）切题

切题是指材料的选择必须满足主题的需要。材料的选择应紧贴主题，选出的材料应能说明主题。凡与主题无关或关系不大的材料都不能选用，那些即使能表现主题但缺乏说服力的材料也应坚决舍弃。

（三）典型

典型是指应用文所选用的材料应能深刻反映事物的本质和规律，具有广泛的代表性和强大的说服力，能起到以少胜多的作用。例如，有代表性的人物和事例、有说服力的数据、有权威性的话语等，都是现实生活中客观存在的典型材料。材料不典型，就会缺乏代表性和说服力，难以令人信服，行文的主张和意图自然也难以体现。

（四）新颖

新颖是指应用文的选材应反映新事物、新情况、新信息、新问题、新矛盾，传达具有时代特色的新经验、新见解、新结论。材料新颖有以下两层意思：一是新产生的、新发现的，别人没使用过的材料；二是旧材新用，在人们已发现、已使用的材料中发现新义，使材料呈现出新的面貌。在信息时代，作为信息载体的应用文必须及时反映新动态、新情况，迅速地将新人、新事、新思路、新面貌、新经验、新成就等广为传播，以便在市场经济中更好地发挥作用。

例文赏析

关于××区精神卫生中心设备资产报废的请示

普卫健行办〔20××〕28号

××区财政局：

我委所属××区精神卫生中心的部分固定资产设备，目前因设备陈旧、技术淘汰、损坏无法维修等原因已不能正常使用，经鉴定评估为可报废资产。现对该批设备资产申请报废，该批设备共××件，原价值××××××元，评估价值×××××元。

以上请示妥否，请批复。

××市××区卫生健康委员会（公章）
20××年×月×日

> 标题点明文章主题和文种。
>
> 开头称呼明确主送机关。
>
> 正文介绍××区精神卫生中心部分固定资产设备被评估为可报废资产的原因，并说明设备的原价值与评估价值。
>
> 结尾请求批复。
>
> 落款处写明发出请示的单位和日期，并加盖公章。

点评

本文的主题是请示“××区精神卫生中心设备资产报废”。文章说明了相关原因，为表现主题起到了很好的支撑作用。纵观全文，主题统率了材料，材料说明了主题，行文符合规范。

素养把脉

材料归类

全班同学每5人一组，各组按题后的标准对下列材料进行分类，并将其序号填在题后相应类别的横线上。每个小组派一名代表解说材料归类过程与结果。

材料A：2019年以来，人民法院紧紧围绕“努力让人民群众在每一个司法案件中感受到公平正义”目标，坚持服务大局、司法为民、公正司法，忠实履行宪法法律赋予的职责，推动各项工作取得新成效，为经济社会发展提供了有力司法服务和保障。

材料B：建设数字法治政府，意味着在数字时代背景下，推进对机构、职能、流程等进行再造的法治化进程，有助于进一步消除“数据孤岛”“算法滥用”等现象。

材料C：近年来，“博物馆热”不断升温，精彩的展览、社教活动吸引越来越多人走近历史、亲近文物；《国家宝藏》《如果国宝会说话》等电视节目让文物故事深入人心，《唐宫夜宴》《洛神水赋》等创新表演让年轻人惊叹传统文化之美；故宫、莫高窟等文化遗产地成为“网红”，文创产品引领“国潮”消费新时尚；考古直播火热出圈，全景数字展厅让观众足不出户就能饱览文物瑰宝……文化遗产的创新传播，点亮了人们的文化生活，在广大民众尤其是青少年心中播下了文化自信的种子。

材料D：我们必须坚持法治为了人民、依靠人民，积极回应人民群众的新要求、新期待。坚持问题导向、目标导向，树立辩证思维和全局观念，系统研究和解决法治领域人民群众反映强烈的突出问题，织密法治之网，强化法治之力，切实让人民群众感受到法治建设在身边、有实招、见成效，不断增强人民群众的获得感、幸福感、安全感。

材料E：人民对法治建设的参与程度，影响着法治发展的进程及其广度和深度。在推进全面依法治国的过程中，我们要充分调动人民的积极性、主动性、创造性，依法保证人民通过各种途径和形式广泛、持续、深入参与国家治理和社会治理，充分激发蕴藏在人民之中的创造伟力，使全体人民都成为社会主义法治的忠实崇尚者、自觉遵守者、坚定捍卫者。

材料F：“要学好过硬本领，没有捷径，只有反复练习。”老师的话我牢记在心。两年多的时间，无论严寒酷暑，周末还是节假日，我从早到晚都泡在实训工厂里，一遍遍练习。从制作基本的零部件，到复杂的元器件，我的技能一步步提升。

材料G：工匠精神是一种职业精神，就是要在工作中爱岗敬业、苦心钻研、精益求精，不管在什么样的岗位上，都要执着坚韧、追求完美。各行各业都该弘扬、培育本行业的工匠精神。例如，当基层干部，不能满足于完成了各项任务，还要琢磨如何把各项工作干得更好；当医生，要琢磨优化每个有利于治病的细节；当老师，应有一颗求知无止境、不断改进教法的心，既要勤于业，踏踏实实干，又要精于业，把工作干得尽可能地臻于完美。

材料H：阳光驱散迷雾，正义消除疑虑，每一起司法案件都关乎社会正义。2019年，最高人民法院、最高人民检察院工作报告回应热点、直面难点，进一步彰显了司法改革的进程、依法治国的进步。在办理张文中案等重大涉产权案件时，全案错了全案纠正，部分错了部分纠正，既不遮丑护短，也不“一风吹”，保障和支持民营经济健康发展；昆山反

杀案之后，最高检专门阐释了正当防卫的界限和把握标准，进一步明确对正当防卫的保护，不断增强人民群众安全感；等等。

材料I：在5 000多年文明发展中孕育的中华优秀传统文化，在党和人民伟大斗争中孕育的革命文化和社会主义先进文化，积淀着中华民族最深层的精神追求，代表着中华民族独特的精神标识，让每一个中华儿女都能坚持共同的理想信念、价值理念、道德观念，为国家治理体系和治理能力现代化提供了取之不尽、用之不竭的精神源泉。

第一类：推动法治建设__________ 第二类：崇尚公平正义__________

第三类：坚定文化自信__________ 第四类：弘扬工匠精神__________

阅读心得

阅读以下材料，用心体会不实材料带来的恶劣影响，并写出自己的感想。

【不实材料】从2020年1月23日开始，不少人在微信群或朋友圈内看到这样一条消息：“今晚9时30分，央视新闻频道（CCTV-13频道），白岩松专访钟南山院士，请届时收看。”2020年1月26日18时04分，这则在微信朋友圈广泛流传的“收视提醒”被某卫视的微博官方账号报道。

【真相】这则虚假收视提醒是从山东省的一所学校流传出来的。2020年1月25日夜，山东省微山县教体局对该县某学校进行了通报批评，因为该校一些教师将“白岩松今晚专访钟南山”这一虚假收视提醒“转发到教体系统部分微信群，又由部分教师转发到各学校钉钉群”，这些教师“不加甄别转发一些不实信息，在教师和学生、家长中造成舆情混乱，对我县防控工作大局造成了严重不良影响”。2020年1月26日19时许，红星新闻记者通过短信向白岩松本人核实这一“收视安排”。白岩松表示，“今天是周日，根本没有《新闻1+1》节目”，“我1月20号连线钟院士之后根本不舍得再打扰他，有可能过两天再打扰他”。

【点评】2020年1月23日，上述虚假收视提醒迎合了人们获取权威信息、减少不确定性的迫切需要。在钟南山、白岩松、央视等具有公信力、权威性的名人和机构的加持下，这则谣言得以在各大微信群和朋友圈内疯传。应该说，要核实这则信息相当容易，因为央视和各大卫视的节目安排都是公开的，只要查阅一下节目安排表，自然就能识破。

（资料来源：搜狐网，有改动）

【心得体会】

课堂互动

俗话说：“造谣一张嘴，辟谣跑断腿。”面对生活中的谣言，青年学生该如何做呢？请列举你所知道的谣言，说说其造成的后果，想想如何辟谣，并思考在写应用文时应当如何确保所选材料的真实性。

匠心独运

写作选材之古人观点

关于写作时如何选用材料，古人的观点颇多，且甚为精辟。概括而言，主要有取材贵约、严格筛选、典型精当、突出主旨、活用技巧等。

（1）取材贵约。古人认为，写作选材应简约。南朝文学理论家刘勰在《文心雕龙》中提到："综学在博，取事贵约。"这里的"事"指事料，即写作材料。这句话的意思是，综合学习重在广闻博见，选用材料贵在精要简约。南宋文学家姜夔在《白石道人诗说》中说："学有余而约以用之，善用事者也；意有余而约以尽之，善措辞者也。"意思是说，学习内容很多而简约选用，即善于选用写作材料；思想丰富而简洁表达，即善于运用言辞。上述两位古人都主张在选用写作材料时删繁就简、去粗存精。

（2）严格筛选。古人认为，筛选写作材料应严格。唐代史学家刘知几在其《史通·杂述》中阐述了选材的道理："众星之明，不如一月之光。"意思是说，众多星星的光华，比不上一个月亮。也就是说，写作要严格筛选素材。

（3）典型精当。古人认为，写作选材应典型精当，不可牵强。南宋著名词人叶梦得在《石林诗话》中对选材做过这样的阐述："前辈诗材，抑或预为储蓄，然非所当用，未尝强出。"意思是说，写作时选用的材料应当精当切合，不可牵强，即使事先储备了素材，若不切合主题，也不可强用。

（4）突出主旨。古人认为，写作时要特别强调立意，写作选材必须突出主题。明末清初思想家王夫之在《姜斋诗话》中说："无论诗歌与长行文字，俱以意为主。意犹帅也，无帅之兵，谓之乌合。"此话强调了主旨在文章中的统率作用，认为写作选材应当突出主旨，否则选材就是散乱之兵。

（5）活用技巧。古人认为，写作选材的运用要讲究方法和技巧。南宋诗人魏庆之在《诗人玉屑》卷七《用事》中说："文人用故事，有直用其事者，有反其意而用之者。"意思是说，前人使用写作材料的方法有直用和反用两种。这其实也是在强调写作选材要为主旨服务。

（资料来源：中国知网，作者郑江义，有改动）

任务四

谋篇布局，绕本继末
——熟悉应用文的结构

任务清单

每完成一项学习任务，就在对应的方框中打一个“√”。

任务进程	序号	任务内容	是否完成
课前预习	（1）	收集5篇常见的应用文范文，并简要分析每一篇应用文范文的结构	□
	（2）	分析每一篇应用文正文的逻辑顺序，并做好记录	□
课中学习	（3）	阅读“例文感知”，简要分析例文的篇章结构，并思考例文之后的问题	□
	（4）	理解并复述应用文结构的概念	□
	（5）	熟悉应用文的篇章结构，并能快速说出任意一篇应用文的篇章结构	□
课后复习	（6）	收集5篇应用文范文，分析每一篇应用文的篇章结构，包括标题类型、开头形式、内在结构顺序、外在结构形式、结尾和落款等	□
	（7）	归纳每一篇应用文范文的结构特点，并做好记录	□

例文感知

上海市人民政府关于第二届中国国际进口博览会期间进一步加强乘坐公共交通工具安全检查的通告

沪府规〔2019〕41号

为维护社会公共安全，确保第二届中国国际进口博览会顺利举行，第二届中国国际进口博览会期间，本市进一步加强对乘坐公共交通工具乘客及其随身物品的安全检查。现将有关事项通告如下：

一、公共交通运营单位应当严格落实乘坐公共交通工具安全检查措施，在常态安全检查的基础上，进一步加强临检抽查。对可疑的人员和物品，应当做到必问、必查，防止乘客携带易燃、易爆、有毒、放射性、腐蚀性物品及枪支弹药、管制器具等可能危及人身和财产安全的危险物品进站、乘车。

二、市民乘坐轨道交通、公交车、长途客运车等公共交通工具时，应当主动配合接受安全检查，自觉维护公共安全。发现他人携带危险物品乘坐公共交通工具时，应当积极劝阻；经劝阻不听的，应当立即向公共交通运营单位或者公安机关举报。

三、公共交通运营单位工作人员发现乘客携带危险物品或者拒不接受安全检查的，应当拒绝其乘坐公共交通工具；对坚持携带危险物品乘坐公共交通工具的，应当立即报告公安机关。

四、对违反本通告规定，携带危险物品乘坐公共交通工具或者拒不接受安全检查扰乱公共秩序，以及其他构成违反治安管理行为的，由公安机关依据《中华人民共和国治安管理处罚法》进行处罚；构成犯罪的，依法追究刑事责任。

本通告自即日起施行，有效期至2019年11月12日。

上海市人民政府

2019年10月25日

（资料来源：上海市人民政府网）

请思考：上述应用文由哪几部分内容构成？其结构是什么样的？

问题导入

（1）应用文结构在应用文中具有什么作用？

（2）应用文的基本篇章结构由哪几部分构成？

一、应用文结构的概念

应用文结构是指文章内部的组织构造及其所反映出的外部形态，它是文章的“骨骼”。安排结构实质上是解决“以怎样的思路来组织材料、用怎样的外部形态来反映内容”的问题，即谋篇布局问题。安排结构时，作者既要考虑宏观结构，即应用文的总体构思和大体框架如何建设，又要考虑微观结构，即应用文的层次、段落、开头、结尾、过渡、照应和主次等应如何设计。

二、应用文的篇章结构

（一）标题

标题是文章的命题，是文章最引人注目的地方，能准确概括文章的主题、激发读者的阅读兴趣。应用文的标题应当准确、醒目、简洁、规范。

1. 公文式标题

公文式标题通常由发文机关名称、事由和文种组成，主要用于公务文书，如《国务院关于发布〈国家行政机关公文处理办法〉的通知》《关于开展2020年教师节免费游园活动的通知》等。

2. 新闻式标题

新闻式标题有单行标题和多级标题两种。单行标题包括如下几种：直陈事实式标题，如《花园村走上了致富路》；提出问题式标题，如《空调降价大战原因何在？》；显示结论式标题，如《非法传销活动应予以禁止》等。

多级标题包括三级标题和两级标题。三级标题由引题、正题和副题组成，引题主要用于介绍背景、烘托气氛，以引出正题；正题主要用于概括文章主要内容或点明中心；副题用于交代与正题有关的情况，对正题予以补充。两级标题可以由引题和正题组成，也可以由正题和副题组成。多级标题主要用于新闻报道，如下面三种标题。

（1）由引题、正题和副题组成的标题如下：

中部信息流通喜添“高速公路”

京汉广光缆通信干线开通

接通八省市，可提供长途线路 10.5 万条

（2）由引题和正题组成的标题如下：

吃潇洒吃吉祥吃温馨

广州人年饭功夫在食外

（3）由正题和副题组成的标题如下：

新的工时制度开始实施

职工平均每周工作 40 小时

3. 论文式标题

论文式标题要么概括论文的内容与结论，如《宏观调控是现代市场经济体制的内在要求》；要么点明所论的内容范围，如《论专业银行的商业化改革》。

（二）开头

应用文的开头一般写明发文的背景、依据、目的、原因、意义或重要性等，其写作方式应根据应用文的内容和行文目的来确定。应用文的开头应点出正文的主要内容或基本主旨，做到开门见山、落笔扣题、简明扼要、文出有因、言必有据，切忌假、大、空。

应用文的开头一般有以下几种形式。

（1）根据式，即把行文的依据放在开头，一般以“根据”“遵照”“按照”等词语引述。

（2）目的式，即开宗明义，先说明行文目的或意图，一般常用“为了”“为”等词语引述。

（3）原因式，即开头说明行文缘由，揭示行文的合理性和必然性，常用“因为”“由于”“鉴于”等介词引述。

（4）引文式，即开头引用文件、领导讲话等，点明应用文的主题。

（5）概述式，即开头简要地说明主要情况或背景，概述基本内容，给人以总体印象，以便下文进行具体阐述。

（6）提问式，即在应用文开头部分提出问题，引出下文，然后回答问题，对提出的问题做详细、明确的解释或说明等。

（三）正文

正文是应用文的核心内容，材料在这里得以展示，观点在这里得以阐述，主题在这里得以表现。处理好正文部分的层次结构是应用文谋篇布局的关键。安排正文结构时，应从内在结构顺序、外在结构形式、过渡和照应等方面着手。

1．内在结构顺序

内在结构顺序是指应用文内容层次的安排顺序。内在结构顺序主要包括时间结构顺序、空间结构顺序、时空交叉结构顺序和事理逻辑结构顺序。

（1）时间结构顺序，即按照事物产生、发展、变化的过程顺序或时间先后顺序安排文章内容。这是一种纵式结构顺序。采用这种方式写应用文时，应分阶段对事件的发展过程进行分析，分别叙述并区分主次。在写单位的大事记、工作简报等应用文时通常采用这种结构形式。

（2）空间结构顺序，即按照空间变换顺序安排文章内容。这是一种横式结构顺序。采用这种方式写应用文时，应先按关联程度对事物进行分类，将主体分成几个部分（或几个方面），然后将各个部分横向排列，依次进行阐述。

（3）时空交叉结构顺序，即综合运用时间结构顺序和空间结构顺序来安排文章内容。这是一种纵横式结构顺序。这种方式能使各部分内容前后贯通，融为一体。

（4）事理逻辑结构顺序，即按照事物的内在逻辑顺序安排文章内容，如按照判断、分析、推理事物的逻辑思维顺序来安排文章内容。写法律文书、总结和情况报告时，可使用此种结构。

2．外在结构形式

外在结构形式是指应用文的文面结构形式。常见的外在结构形式有小标题式和标序式等。

（1）小标题式。如果应用文内容较多，涉及面较广，需要分成几个部分来写，那么每个部分可以提炼出一个反映本部分主要内容或中心思想的小标题或分论点。各个部分的小标题集中起来，就能展示出整篇文章的结构框架和基本内容。小标题的内容大体可以分为两类：一类概括本部分的要点，如“依靠科技兴厂增效”；另外一类点明内容范围，如“成绩与经验”“下一步工作展望”等。

（2）标序式。标序式是指用序号标出内容层次，以使正文内容条理清晰、层次分明。在难以提炼确切小标题或首括句时，可采用此形式。采用标序式的结构形式时，通常先为大段标序，即在小标题位置处标序，将文章分为若干部分，然后为正文内容编排层级序号，如“一、”“（一）”“1.”“1）”“（1）”等。这种结构形式主要用于条款内容较短而层次较多的应用文，如合同等。

3．过渡和照应

过渡和照应是使应用文前后连贯、脉络畅通的重要手段。要想把一层层意思、一段段文字衔接得严密周详，聚合成得体的文章，就必须掌握过渡和照应的方法与技巧。

（1）过渡。过渡是指层次与层次、段落与段落之间的衔接形式或手段，能将正文内容由一段过渡到另一段，由一层内容过渡到另一层内容，并使应用文层次明确、段落清晰、结构严谨。常见的过渡形式有以下三种。

- **使用过渡词：**如“因此”“由此可见”“然而”“但是”“总之”“综上所述”“虽然”“相反”等词语，这些过渡词一般放在层首、段首或句首。
- **使用过渡句：**即用承前启后、过渡“搭桥”的句子，一般放在前一层次或前一段的末尾、后一层次或后一段的开头，如“现将有关事宜通知如下”。
- **使用过渡段：**过渡段在文中起承上启下或提示作用，放在两个层次或段落之间。

（2）照应。照应是应用文上下、前后的呼应与关照，即通常所说的“前有所呼，后有所应”的结构方法。合理、巧妙地使用照应方法，可以使文脉贯通，并使应用文的内容得到强化，给读者留下深刻印象或使其获得某种启迪。常见的照应方式有以下两种。

- **开头和结尾照应：**首尾照应是使应用文结构完整、主题突出的最常见方法，具体表现为交代在前、照应在后，暗示在前、挑明在后，伏笔在前、主笔在后，等等。
- **正文和标题照应：**行文中照应标题能有效地突出文章主题，令读者加深印象。

（四）结尾

从内容上讲，应用文的结尾是对全文的总结；从形式上看，它是对全文的收尾。应用文结尾应简明概括，意尽言止。根据行文关系、目的、要求及文种的不同，应用文的结尾形式也不尽相同。常见的结尾形式有以下六种。

（1）强调式，即对文中提出的问题做强调性说明，以引起重视。

（2）结论式，即对文中的主要观点或问题加以归纳总结或略做重申，以加深读者印象。

（3）说明式，即补充交代或说明与正文内容有关但性质不同的问题或事项，以保证内容的完整性。例如，公文结尾交代施行日期、执行范围、传达对象、与该文规定不符的原有规定如何处置等；论文结尾说明尚未解决而应另外讨论的问题。

（4）号召式，即提出希望，发出号召，展望未来。通报、倡议书、计划等应用文常用这种结尾形式。

（5）建议式，即针对设定的施行目标、当前存在的问题提出意见和建议。

（6）责令式，即向下级提出贯彻执行的要求，多用于下行公文，如“以上各点，希望遵照办理”“希望认真执行”“请研究执行”等。

素养把脉

知识竞答

全班同学开展知识竞答活动。教师以放映幻灯片的形式分别展示下列选择题，全班同学举手回答问题并说明理由。在教师发出竞答口令后，先举手的同学将获得答题资格。最后由教师对每个同学的表现情况做出评价，并做总结性发言。

（1）开头说明行文原因或缘由，揭示行文的合理性、必然性等，这属于（　　）开头。

A．根据式　　　　B．目的式

C．原因式　　　　D．概述式

（2）写单位的大事记、工作简报等应用文时通常采取（　　）的方式。

A．时间结构顺序　　B．空间结构顺序

C．时空交叉结构顺序　　D．事理逻辑结构顺序

（3）“本条例自2020年1月1日起施行”，这属于（　　）结尾。

A．强调式　　B．说明式

C．建议式　　D．责令式

结构分析

常州居民出租车满意度和网约车认知度专题调查报告

常州市作为国家级全域文明城市，近年来不断加速文化旅游资源结构调整、促进旅游产业升级，吸引了大量的外来游客。出租车是城市公共交通系统的重要组成部分，随着“互联网+”在出租车行业的迅速发展，传统的出租车运营经营模式受到了巨大的冲击。为了解常州居民对出租车行业满意度及网约车认知度情况，近日常州调查队向市民随机发放并收回50份有效调查问卷，调研情况如下。

一、基本情况

（1）自驾出行是常州居民出门首选的交通方式。随着人们物质生活水平的提高，小汽车进入家家户户，自己开车也就成为人们出行的首选。调查显示……另有22%、14%的人分别选择“经常”和“很少”。

（2）九成居民出租车等待时间较为合理。调查数据显示，关于乘坐出租车的等待时间，60%的受访者在10分钟以内，30%的受访者在10～15分钟，还有10%的受访者在15～20分钟。从乘坐出租车的方式来看，招手拦车的占36%，手机App叫车的占62%，采用其他方式叫车的占2%。

（3）中青年是网约车消费主力。从调查问卷中30名更倾向于网约车的受访者年龄信息分析看……常州市网约车市场消费群体集中在中青年年龄段，这个年龄段的用户容易接受新鲜事物，对互联网产品更为熟悉，且经济实力较好，所以成了网约车的消费主力。

二、调查中发现的问题

（1）打车难成为出租车行业头号问题。问卷显示，从出租车服务主要问题看（多选），打车难的认同率最高，为66%……当问及“如果在外地遇到不愉快的乘车经历，是否会影响您对所在城市的印象”时……还有40%的人认为“会降低对这座城市交通出行的好感度，但是并不影响对城市其他方面的评判”。

（2）市民对网约车认可度较高。问卷调查显示，相比于出租车，网约车在便捷性、服务态度、车辆卫生及安全方面更胜一筹，当被问到“出租车和网约车您更倾向于哪种方式出行”时，60%的人选择网约车。而选择网约车的原因（多选），68%的市民选择方便，各有40%的市民选择便宜和服务态度好，另有12%、14%和8%的人分别选择车辆条件、安全和其他。

（3）网约车遭受排挤。调查资料显示……网约车的使用率越来越高，网约车为游客提供了越来越多的方便，因其比出租车收费更合理、服务更好，很受游客欢迎，但为此与出租车行业形成利益冲突，造成出租车司机联合抵制网约车拉客的现象。上述现象的存在

既影响了游客的出行心情，又对城市声誉带来了不好的影响。

三、意见建议

（1）加快网约车市场监管制度落地。（略）

（2）逐步转变传统出租车行业经营管理模式。（略）

（3）严格出租车司机培训考核。（略）

国家统计局城市社会经济调查队

2019 年 5 月 17 日

（资料来源：国家统计局常州调查队网）

【结构分析】

温故知新

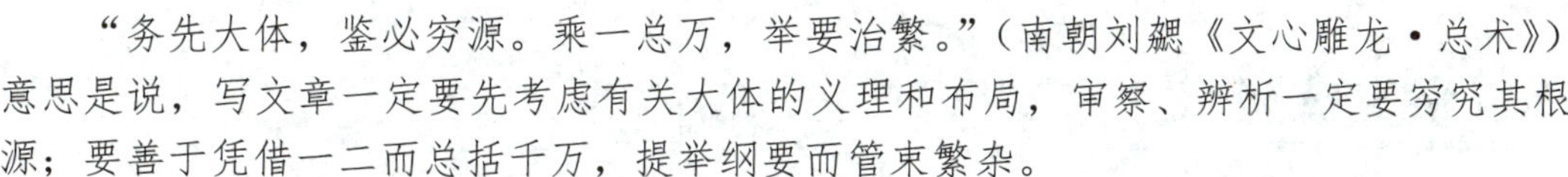

古人论写作：布局·谋篇

“务先大体，鉴必穷源。乘一总万，举要治繁。”（南朝刘勰《文心雕龙·总术》）意思是说，写文章一定要先考虑有关大体的义理和布局，审察、辨析一定要穷究其根源；要善于凭借一二而总括千万，提举纲要而管束繁杂。

“挈纲提领，首尾该贯。”（南宋朱熹《朱子全书·诗·纲领》）意思是说，写作要抓住总纲，提起要领，首尾连贯，成为一体。

“起句须庄重，峰势镇压含盖，得一篇体势。”（清代方东树《昭昧詹言》）意思是说，写作时，开头要庄重，统领全文，确定整篇的体势。

“揭全文之指，或在篇首，或在篇中，或在篇末。在篇首则后必顾之，在篇末则前必注入，在篇中则前注之，后顾之。”（清代刘熙载《艺概·文概》）意思是说，全文的主旨必须置放在恰当之处，然后全文各部分内容就围绕主旨而相互照应。

“观其通体结构，如常山蛇，首尾相应。”（清代张新之《石头记读法》）意思是说，文章结构应当前后呼应，击其头则尾应，击其尾则头应，击其中则首尾俱应。

“一篇之妙，全在结句。”（清代沈德潜《说诗晬语》）意思是说，一首诗的妙处，全都在于收结的句子上。这个道理也适用于其他文种，如应用文。

（资料来源：360 个人图书馆，有改动）

任务五

遣词造句，言简意赅

——明确应用文的语言及表达

任务清单

每完成一项学习任务，就在对应的方框中打一个“√”。

任务进程	序号	任务内容	是否完成
课前预习	(1)	收集5篇常见的应用文范文，并简要分析每一篇应用文范文的语言特点和表达方式	□
课中学习	(2)	阅读“例文感知”，简要分析例文的语言特点，并思考例文之后的问题	□
	(3)	熟悉应用文语言的特点和表达方式	□
	(4)	举例说明应用文的语言特点和表达方式	□
课后复习	(5)	再次分析课前收集的应用文范文的语言特点和表达方式	□
	(6)	选用合适的语言表达方式写一篇以“传承优良文化”为主题的应用文	□

例文感知

例文一：

《水浒传》中有关“鲁提辖拳打镇关西”的一段描写

扑的只一拳，正打在鼻子上，打得鲜血迸流，鼻子歪在半边，却便似开了个油酱铺，咸的、酸的、辣的，一发都滚出来。郑屠挣不起来，那把尖刀也丢在一边，口里只叫：“打得好！”鲁达骂道：“直娘贼！还敢应口！”提起拳头来就眼眶际眉梢只一拳，打得眼睖缝裂，乌珠迸出，也似开了个彩帛铺，红的、黑的、绛的，都滚将出来……郑屠当不过讨饶。鲁达喝道：“咄！你是个破落户，若是和俺硬到底，洒家倒饶了你。你如何叫俺讨饶，洒家却不饶你！”又只一拳，太阳上正着，却似做了一个全堂水陆的道场，磬儿、钹儿、铙儿一齐响。

（资料来源：施耐庵，罗贯中．水浒传［M］．北京：人民文学出版社，2019）

例文二：

××省××市××区人民法院民事判决书中的一段叙述

20××年3月15日，胡××驾驶苏D×××××小型普通客车，沿××市××区

湖西路由南往北行驶至玉仁路口左转弯时，遇王××驾驶无号牌电动自行车在湖西路机动车道内由北往南行驶，结果发生碰撞，造成王××受伤、两车均不同程度损坏的交通事故。事发后，胡××未立即报警，驾车逃逸。经公安机关侦查并通知，胡××于20××年4月1日至公安机关自首。事故经交警部门认定，胡××负事故主要责任，王××负事故次要责任。苏D×××××车辆为胡××所有，在人寿××公司处投保了交强险及商业三者险100万元（含不计免赔），事故发生在保险期间内。

依照《中华人民共和国侵权责任法》第十六条、第四十八条，《中华人民共和国道路交通安全法》第七十六条，《最高人民法院关于审理人身损害赔偿案件适用法律若干问题的解释》第十七条、第十八条，《最高人民法院关于审理道路交通事故损害赔偿案件适用法律若干问题的解释》第十六条，《最高人民法院关于确定民事侵权精神损害赔偿责任若干问题的解释》第八条之规定，判决如下：

一、中国人寿财产保险股份有限公司××中心支公司应于本判决生效后10日内赔偿王××138 075.46元。

二、中国人寿财产保险股份有限公司××中心支公司应于本判决生效后10日内支付胡××82 000元。

三、驳回王××其他部分的诉讼请求。

（资料来源：中国裁判文书网，有改动）

请思考：上述两则材料的语言各有什么特点？

问题导入

（1）对比上述两则例文，你认为应用文的语言具有哪些特点？
（2）应用文的常用表达方式有哪些？

一、应用文语言的特点

古人云：“因字而生句，积句而为章，积章而成篇。”语言是文章的第一构成要素。不同体裁的文章，其语体功能、语体风格也不同。文学作品的语言具有形象性、音乐性和感情色彩强等特点；而应用文在长期的使用过程中逐渐形成了自己独特的风格，在语言运用方面形成了一种独特的体式，即事务语体。应用文的语言具备以下几个方面的特点。

（一）确切

确切是指应用文语言表达恰当、贴切，语意明确，符合客观实际。这是由应用文的应用性所决定的。

应用文的语言确切主要表现在以下三个方面。

（1）用词准确。应用文的语言为书面语言，而非口语或方言。在用词方面，作者应严格区分近义词（如“妨碍”和“妨害”等）、多义词（如“包袱”“门槛”“算账”等），并采取多种方法消除歧义；区别带有情感色彩的词语，如“与世长辞”和“一命呜呼”等；合理使用模糊语言或约数词，如“大概”“可能”“许多”“某些”“个别”“在……基础上”“符合一定条件”“上下”“左右”“以上”等，以便提高语言表述的准确性，如实地反映公务、私务活动的实际情况，并留下回旋的余地。

（2）语句规范。应用文的语句要规范，符合逻辑，否则，若出现病句或使句意不明确，则会影响表达的准确性。作者应确保句子成分完整、词语搭配恰当、标点符号正确，做到判断恰当、推理合乎逻辑。

（3）数词规范。作者应区分定数和约数，准确地使用数词。定数表示肯定的数，如 1、20、1/5、5 倍等；约数表示不肯定的数，如 80 人左右、50 多斤等。在写应用文时不能把约数和约数杂糅在一起，如“350 多千米以上”“近 10 多万元”，这些都是错误的表述。此外，作者应准确地使用数词。例如，表示增加可用倍数、分数、百分数，表示减少则只能用分数、百分数；“增加到”与“增加了”的数量不相等，凡是“增加”后面带“到”“为”“至”等字的，便包括原基数，指增加后的总数，“增加”后面带“了”字或不带“了”字的，则不包括原基数，仅指净增加数。

（二）平实

平实就是自然、朴实。应用文重在“实用”，因此用语应平易通俗、浅显明畅，以道明事实、讲清道理。应用文的语言平实，主要体现在以下几个方面。

（1）尊重客观事实，做到直叙事实、直陈意见、直截了当，不搞“曲笔”，不堆砌辞藻，不力求夸饰。

（2）情感内敛。正所谓“文章不是无情物”，应用文也不例外。应用文的本质功能决定了应用文的情感要内敛，使人不易体察。

（3）尽量使用大众化语言，不用冷僻词语，使正文内容平直自然、通俗易懂。

（三）规范

规范是指应用文的语言具有稳固而鲜明的惯用模式。应用文语体具有社会化和稳定化的特征，它在长期的反复实践中形成，符合规范化、模式化的语体规律。应用文语言的规范特性主要体现在各种用语上，具体如下。

- **称谓语**：第一人称，如“我”“我们”等；第二人称，如“你”“你们”等；第三人称，如“他”“他们”等。
- **起首语**：如“为了”“根据”“按照”“由于”“谨悉”“近查”“当前”“鉴于”“欣悉”“惊闻”等。
- **经办语**：如“经”“业经”“兹经”“后经”“未经”“已经”“经查”等。
- **引叙语**：如“收悉”“悉”“前接”“近接”等。
- **期请语**：如“请”“希”“希望”“望”“希于”“希予”等。
- **衔接语**：如“因此”“为此”“对此”“总之”“有鉴于此”“总而言之”“由此可见”“以上各点”“据上所述”“综上所述”等。

- **强调语**：如“还须”“必须”“亦须”“务须”“均须”“务必”“务请”“切记”“切勿”等。
- **征询语**：如“当否”“妥否”“是否”“能否”“意见如何”等。
- **时限语**：如“届时”“准时”“按时”“及时”“临时”“请即”“即日”“不日”“限于”“定期”“如期”“按期”“限制”等。
- **结束语**：如“为要”“为盼”“盼复”“查复”“特此通知”“希即遵照”“望贯彻执行”“特此函达”“请予函复”“特此证明”“恭请光临”“请指示”“特此报告”等。

（四）简明

简明是指语言精练、言简意赅、辞约义丰。要使应用文语言符合简明的要求，关键应做到以下两点：一要围绕主题，删繁就简；二要语意明确，语句凝练。尽量用少量的文字表达丰富的内容，下笔如铸，惜墨如金，做到“篇无累句，句无累字，圆润明密，言如贯珠”。

（五）得体

得体是指应用文语言应适应特定文体的需要，讲究分寸、适度。具体包含两方面的意思：一是适合特定的文体；二是适合特定的对象、身份、场合和行文目的。例如，决定、决议、指示宜庄重；调查报告、总结须平实；感谢信、慰问信、悼词须情真意切；等等。

二、应用文的表达方式

表达方式就是将人、事、物及目的、根据、见解、主张、要求等表达出来的方式。文章的表达方式主要有说明、叙述、描写、抒情和议论。应用文常用的表达方式是说明、叙述和议论。

（一）说明

说明是指用简明扼要的语言，把事物的形状、性质、特征、成因、关系、规律等解释或介绍清楚，把人物的经历、特征表述明确的表达方式。这种表达方式在应用文中使用得相当广泛，如在报告类文书、产品说明书、经济合同等应用文中常用来说明情况、解释事物等。

由于公务活动、私务活动具有多样性，客观事物具有复杂性，所以应用文说明事物的方法也是多种多样的。有时，在说明同一对象时，会使用多种说明方法，以取得更好的表达效果。应用文常用的说明方法有以下五种。

（1）比较说明。比较说明是把两个或两个以上彼此有联系或相似的事物进行比较，以阐明事物的特征和性质，阐述情况和事项的变化、发展等，便于读者把握抽象或陌生的事物，准确地区别和认识事物。

（2）举例说明。举例说明就是通过列举典型的例子来说明事物特征，以便把事物、情况的本质及特征解释得更清楚、更具体。

（3）数字图表说明。数字图表说明就是运用确切的数字和多种图表来说明事物或事理的特征，方便读者更直观地了解公务活动或私务活动的时间、发展变化和效果，认识事

物的规律、特征，等等。

（4）分类说明。分类说明是按事物的性质、形状、成因、关系等标准对事物进行说明，让读者既了解事物的概貌、轮廓和差异，又认识事物的分类情况和局部状况。

（5）诠释说明。诠释说明就是对事物的概念、性质、特征、成因等进行简要、准确的解释说明，帮助读者更具体、更深入地了解被说明的事物。

（二）叙述

叙述是指把人物的经历或事件的过程表述出来，是写作中最基本、最常见的表达方式。叙述的特点在于其“过程性”，在叙述时一般写明时间、地点、人物、事件、原因、结果等要素。

叙述的方式可按以下标准进行分类（见图 1-1）。

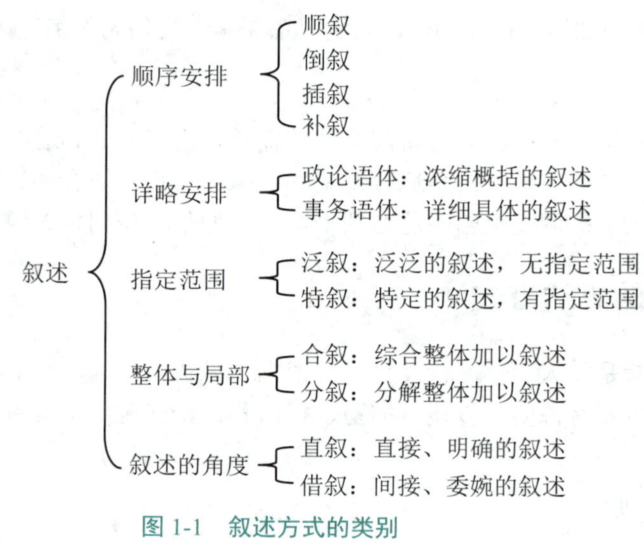

图 1-1　叙述方式的类别

（三）议论

议论是指作者对事物进行客观分析、推理和评论，表明自己的主张、态度和立场的一种表达方式。在应用文写作中，不少文种都离不开议论，如总结、调查报告、经济活动分析报告、通报、报告等，都需要通过议论来分析原因、判断是非、发表见解、表明立场和观点。应用文的议论应当符合以下要求。

1. 事理相符

应用文的议论应当事理相符，切忌说一些脱离实际、有意拔高、不着边际的大话、空话和套话。

2. 就事论事

议论一般是在叙述和说明的基础上展开的，应结合有关材料所反映的情况，揭示事物内在联系、本质与规律，并阐明自己的观点。采用议论方式写应用文时，无须写得长篇大论或进行复杂的、多层次的逻辑推理，也不一定需要具备“论点+论据+论证”这样完整的议论过程，只需对事物直接加以论断，一针见血地提出论点，并简要分析。

3．客观公允

在文学作品中，为了表现主题，作者常常寓情于理，带着个人的感情展开议论。应用文中的议论注重在分析理由和原因的基础上进行明确的评价、判断和表态。为了快捷、有效地处理事务，作者应在叙述或说明事理的基础上进行简要的总结、论断、分析、评述或者夹叙夹议，以阐述自己的观点和态度，或提出解决问题的方法和意见。

议论的注意事项

素养把脉

风格体悟

全班同学每5人一组，分组开展语言风格体验活动。教师以放映幻灯片的形式分别展示下列具有不同语言风格的材料，每组同学派一名代表说说阅读体验和所受启发。最后，由教师对每个小组的活动情况进行评价，并做总结性发言。

地税通知之“甄嬛体”

私下想来，发票换章是去年就提的，断不至于还用着旧章，倒是这新章印模，知道要来报备的不多。今儿个给各位小主提个醒，赶紧把发票章往那白纸上盖个红印，递给税管员备个底儿，也别忘了在自个儿的证上头盖个红印。如若不然，往后这发票便不好购了。

宿管通知之“仓央体”

你或约会，或聚会，或莫须有的别的什么会，而半夜三更回来，我就给你上黑名单。

考试院通知之“咆哮体”

天气转凉，参加面试科目考试的考生一定要注意保暖，充分做好热身活动，切忌动作过猛，一定保护好自己，一定不要受伤！一定不要受伤!! 一定不要受伤!!!

有的考点学校有多个校区，比如××师范学院有清河校区和西湖校区，大家一定要看清楚准考证上的考试地点，提前做好路线规划，一定不要跑错地点！一定不要跑错地点!! 一定不要跑错地点!!!

高校欢迎词之“淘宝体”

亲，祝贺你！被我们学校录取了哦！××科技大学，“985”高校噢！森林大学，读书圣地哦！

新课欢迎词之“应用文体”

各位同学大家好，欢迎来到××职业技术学院！本课程采取理论考核与实践考核相结合的方式（各占50%），希望大家平时认真学习，积极思考，勤于练笔，按时完成各项学习任务。我相信，在师生的共同努力下，大家一定能取得优异的成绩。

语言评析

下面是人民网发布的一篇评论文。请每5人一组，分组讨论和评价下面文章的语言特点，以及各部分内容的表达方式。

“到博物馆去”感受美好生活

孟哲

5月18日是第47个国际博物馆日，今年的主题是“博物馆、可持续发展与美好生活”，中国主会场设在福建博物院。

重器凝万古之志，典籍汇千载之思。博物馆是保护和传承人类文明的重要场所，是连接过去、现在、未来的一道桥梁。从《我在故宫修文物》《如果国宝会说话》《国家宝藏》《上新了·故宫》等纪录片或文博类综艺节目走红，到刚刚过去的“五一”假期，全国6 000多家博物馆共接待游客超5 000万人次，达历史同期最高水平，我们看到博物馆的力量愈加凸显，更好的守住了中华民族的“根与魂”。这背后折射出的是公众对民族文化、传统文化认知度的提高和强烈的文化自信。

博物馆为美好生活增色添彩。今年的国际博物馆日，全国各地博物馆将举办丰富多彩的活动。比如，福建博物院将以海上丝绸之路为切入点，推出“福航天下——海上丝绸之路的文化印记”主题展览；又如，在18日当天，南京博物院将分日场和夜场。夜场以夜幕下的南博为背景，在绚烂的灯光中，通过动画图文的形式展现江苏古代文明的风貌；再如，泉州海外交通史博物馆的“泉州：宋元中国的世界海洋商贸中心”展览运用虚实结合投影互动、3D MAPPING投影等多形式的数字化内容，使整个展厅动静皆宜，立体沉浸式的体验提升公众参观兴趣……新“玩法”带来新体验，跨越时间与空间。通过新技术、新形式让不会说话的文物变得生动活泼，把传统展览和流行要素结合用起来，用现代创意呈现历史文明，公众既能一饱眼福，更能获得精神上的愉悦和满足。

“到博物馆去”蔚然成风。在公众与博物馆的“双向奔赴”中，博物馆不再满足于单纯展示文物，更倾向于营造一个历史文化语境去诠释文物和其背后的故事，让文物“开口说话”“鲜活可触”。既有运用数字技术，通过沉浸式展览、可穿戴设备、设置游戏等，增强体验、增加互动，带来如真似幻的效果；又有考古盲盒、“云上”漫游博物馆、文博知识网络竞答等新潮“玩法”……传统文化本身具有吸引力，博物馆自身不断培育“博物馆+”融合新场景、新业态、新模式，提供深度沉浸式观展体验，用公众易于接受理解的方式讲述文物故事、蕴含的历史内涵、文化精神及当代价值，定会让公众看得懂、喜欢看、留下深刻记忆，用文化浸润心田。

方寸之间阅览千年。当下，博物馆与公众的距离越来越近，参观博物馆已成为公众的一种生活方式，成为美好生活的一部分。只有让更多的文物“活”起来，创新手段，优化服务，才能吸引更多的人走进博物馆，从珍贵文物中汲取精神滋养，领略中国传统文化的深度和厚度。

（资料来源：人民网）

【语言评析】

从应用写作的角度读《出师表》

在魏晋以前，由于官府日常政务工作尚不够繁杂，加上人们对应用文语言运用问题的认识尚不够深入，因此应用文写作中文学色彩还相当浓重。先秦李斯的《谏逐客书》、汉朝贾谊的《论积贮疏》与晁错的《守边劝农疏》、三国时期诸葛亮的《出师表》等，本来都是陈述政事的公文，类似于报告、请示等现代公文，长期以来却被当作古代散文名篇加以欣赏。

下面，以千古名篇《出师表》为例，从应用写作的角度进行解读。“表”属于章奏一类的文体，是古代臣子对君主陈情时使用的一种上行公文。《出师表》一文以“报先帝”“忠陛下”贯穿全文，用恳切的言辞，极力劝说后主刘禅要继承先帝遗志，广开言路，赏罚分明，亲贤远佞，光复汉室。尽管《出师表》是古体公文，但是它的写作特点对现代应用文写作同样具有借鉴作用。

一、主旨明确，思想坚定

《出师表》一文将“报先帝”“忠陛下”的核心思想融入论述的每一个环节。全文围绕着忠君报国思想展开叙述，给人以震撼力、感染力与说服力。后世之所以对《出师表》有着极高的评价，可以说多半是因为这种思想情感的强烈表达。

二、措辞谨慎，表意流畅

为了使忠言不逆耳，所提政策能顺利实施，诸葛亮在提建议时把握住了后主的性格特点，以对方能够接受的程度来提建议，用词相当谨慎。例如，诸葛亮在推荐郭攸之、费祎、董允及向宠等贤才时，用“先帝简拔以遗陛下”“先帝称之曰能”，而不以自己的名义推荐；作为受先帝托孤的重臣，诸葛亮并不贪念功名权势，时刻强调自己“兴复汉室”“北定中原”的决心，并为此立下重誓，表明自己并非为了一己之私而如曹操一般“挟天子以令诸侯”。全文虽然充溢着浓郁的情感，却朴实自然，质朴无华，短短几百字，却能融情于事、融情于议，将自己北伐之后的大政方针做了细致的安排，真正实现了“文约事丰”的效果。

三、理性判断，情感渗透

在《出师表》中，诸葛亮以敏锐的政治洞察力对当前的形势进行分析，并提出当前的治国策略，思路清晰，逻辑分明，论证严密。首先指出背景：客观不利形势是“先帝创业未半而中道崩殂，今天下三分，益州疲弊”，国家到了生死存亡的危急关头；主观有利条件是“侍卫之臣不懈于内，忠志之士忘身于外”。然后以史为鉴，将汉朝先后的兴与衰做了对比，指出了兴盛的关键原因——“亲贤远佞”。表文以上述事实为基础，提出了三条建议：广开言路、严明赏罚、亲贤远佞。这些建议具有针对性，且层次分明，条理有序。

与此同时，在《出师表》一文中，诸葛亮多次提及先帝之情，这些话并非可有可无，这样写必然是他深思熟虑的结果。诸葛亮以情为依托，背后的目的则不言而喻，就是希望后主刘禅能采纳建议，让自己北伐无后顾之忧。

《出师表》全文以“今当远离……不知所言”结束，情感真切，遂后人感言：“读《出师表》，不下泪者，其人必不忠。”这种寓情于叙事、议论之中的表现手法是《出师表》的一大特色，是其在中国文学史上流传千古的重要原因。

（资料来源：中国知网，作者何燕宁，有改动）

阅读下列例文，按步骤完成例文之后的实战任务。

例文一：

国家医疗保障局办公室
关于做好支持三孩政策生育保险工作的通知

医保办发〔2021〕36号

各省、自治区、直辖市及新疆生产建设兵团医疗保障局：

为贯彻落实党中央关于优化生育政策促进人口长期均衡发展的任务部署，积极支持三孩生育政策落地实施，确保参保女职工生育三孩的费用纳入生育保险待遇支付范围，各地医保部门要按规定及时、足额给付生育医疗费用和生育津贴待遇，切实保障参保人员生育保障权益。同步做好城乡居民生育医疗费用待遇保障和新生儿参保工作。

各地医保部门要高度重视，提高政治站位，积极采取管用高效措施办法，确保三孩生育待遇政策落实到位，主动做好正向宣传，增强参保群众获得感。遇有重大情况和问题，及时向国家医保局报告。

国家医疗保障局办公室（公章）

2021年7月6日

（资料来源：中华人民共和国中央人民政府网）

例文二：

努力拼搏是最美姿态

李洪兴

努力拼搏是最美姿态，超越自我是最佳状态。在东京奥运会赛场上，中国选手顽强进击：男子 100 米半决赛，中国奥运健儿苏炳添以 9 秒 83 的成绩打破亚洲纪录；女子十米气步枪决赛，“专注做自我”的“00 后”杨倩摘得首金；举重男子 67 公斤级决赛，谌利军逆转夺冠，“即使落后，也要绝地反击”；跆拳道女子 49 公斤级 1/4 决赛，四战奥运、34 岁的吴静钰遗憾止步，“当站在赛场的那一刻，就已经赢了”；中国女排虽无缘八强，但还是每分必争、每球必拼，“没有唾手可得的胜利，没有轻言放弃的赛局”……对奥运健儿来说，赢得精彩、拼得坚韧，提升了体育的“含金量”，激发着奋进的精气神。

……最可贵的不是战胜别人，而是超越自己，是永不服输、坚持到底的精气神。4 次出征奥运的巩立姣，终于在练习铅球项目的第二十一个年头，圆梦奥运冠军；女子 4×100 米自由泳接力决赛，中国队获得第七名，虽无缘奖牌，却刷新了亚洲纪录，“超越自我，更是超越全亚洲”；举重运动员侯志慧在赛前拉伤腰部，因为意志顽强才敢挑战极限，“一把一把拼”……中国体育健儿在赛场上，全力专注于比赛的每个过程，弘扬着卓越、友谊、尊重的奥林匹克价值观，诠释着“更快、更高、更强、更团结”，向全世界展现了中国的良好形象。

体育强则中国强，国运兴则体育兴。作为社会发展和人类进步的重要标志，体育是综合国力和社会文明程度的重要体现。百余年前，张伯苓有“奥运三问”（即“中国何时能派人参加奥运会？中国何时能够派支队伍参加奥运会？中国何时能够举办奥运会？”），此后历经洛杉矶奥运会金牌零的突破、悉尼奥运会金牌总数位居第三、北京举办“无与伦比的一届奥运会”，北京 2022 年冬奥会、冬残奥会距离开幕倒计时不足 200 天……体育强国梦与中国梦紧密相连，展现出中国人民和中华民族自强不息的精神品质。今天，当人们对比曾经亮相过奥运百米比赛的刘长春与苏炳添时，1932 年到 2021 年的 89 年时光跨越，见证了中国建设体育强国的拼搏历程，折射出一个民族从苦难走向辉煌的历史，也照见了中国人的光荣与梦想。

奋斗创造历史，拼搏成就未来。体育能提高人民身体素质和健康水平、促进人的全面发展，更能激励全国各族人民弘扬追求卓越、突破自我的精神追求。当前，实现中华民族伟大复兴进入了不可逆转的历史进程，我们踏上了实现第二个百年奋斗目标新的“赶考”之路。在新征程上创造新辉煌，需要坚强的意志、不屈的韧劲、精神的伟力。

奥运时间即将结束，但是拼搏精神没有尽头。这届奥运，人们记住了体育场馆响起的国歌、升起的国旗，也记住了体育健儿在赛场上挑战极限时的挥汗、呐喊。这些身影、动作和声音，都成为一种集体记忆，激励着拼搏者、引领着后来人。让我们继续奔跑，激扬意气，鼓足信心，以奋发之姿赢得未来。

2021 年 8 月 6 日

（资料来源：人民网，有改动）

一、类型判断

判断上述两则例文的具体类型（如“属于社交文书中的邀请函”“属于司法文书中的调解书”等）。

第一则例文属于____。

第二则例文属于____。

二、标题分析

用所学知识简要分析上述两则例文的标题形式。

对第一则例文标题的分析：____________________________________。

对第二则例文标题的分析：____________________________________。

三、特点概括

用四字词语概括上述两则例文最突出的特点（如“内容真实”“讲究时效”等）。

第一则例文的特点为：______________________________________。

第二则例文的特点为：______________________________________。

四、主题提炼

先用两句简要的话提炼出上述两则例文的主题，每句话不超过 150 字；然后说出每则例文的主题表达特点（如“开篇破题”“一线贯题”等）。

第一则例文的主题为：______________________________________。

第二则例文的主题为：______________________________________。

五、结构剖析

用简要的话评析上述两则例文的篇章结构，评析内容包括开头、正文（含内在结构顺序、外在结构形式、过渡与照应）和结尾。

对第一则例文结构的剖析：____________________________________

____

____

____。

对第二则例文结构的剖析：____________________________________

____

____

____。

六、语言点评

简述上述两则例文的语言特点，并结合每篇例文的结构简要点评其语言表达方式。

第一则例文的语言特点与语言表达方式：__________________________

____

____

____。

第二则例文的语言特点与语言表达方式：____
____
____
____。

七、实战感言

项目评价

全班同学每5人一组，每个小组的成员结合小组的课业学习情况与项目实战演练情况，按照表1-1的评价标准进行自评和互评，并请老师进行总体评价。

表1-1　考核评价表

考核内容	评价标准	分值	评价得分		
			自评	互评	师评
知识与技能考核（40%）	能复述应用文的概念和特点	5			
	能区分应用文的种类	5			
	能明确应用文主题的要求，准确提炼应用文的主题，并快速判断主题的表达策略	5			
	能概括应用文材料的选用要求，并快速指出某项材料在应用文中的作用	5			
	会分析应用文的篇章结构，包括标题、开头、正文和结尾	10			
	能简要评析某篇应用文的语言特点和语言表达方式	10			
过程与方法考核（20%）	课前主动预习，积极收集各类应用文范文	5			
	认真分析所收集的应用文范文的主题、材料、结构和语言	5			
	积极参与课堂讨论，并与同学交流自己的观点	5			
	认真完成课后作业，注重写作体验，善于通过模仿锻炼写作水平	5			

（续表）

考核内容	评价标准	分值	评价得分		
			自评	互评	师评
综合素养考核（40%）	善于透过现象看本质，能积极培养理性思维	10			
	愿意了解与应用文相关的传统文化，能欣赏蕴藏于应用文中的美：语言平实之美、语体风格之美和文面排版之美	10			
	遵纪守法，信守规则，培养规范标准、严谨求实的学习态度和工作态度	10			
	增强法纪观念，树立责任意识，维护社会和谐	10			
总评	自评（20%）+互评（20%）+师评（60%）=	教师（签名）：			

项目二

党政机关公文

项目导读

党政机关公文的制发应遵守《党政机关公文处理工作条例》和《党政机关公文格式》的相关规定。熟练地掌握各类公文的写作方法，规范地制发公文，才能使主送机关在收文后快速把握公文的主旨和内容，从而提高执行效率。本项目着重介绍通知、通报、报告、请示、批复、函、纪要等。

学习目标

知识目标

- 了解党政机关公文的概念、作用和种类。
- 熟悉党政机关公文的格式和行文规则。
- 掌握各种党政机关公文的结构与写法。

能力目标

- 能在实践中熟练运用党政机关公文的行文规则。
- 能结合实际需要选用党政机关公文文种，并按照标准格式撰写公文。

素质目标

- 树立法治意识和国家安全意识，培养理性思维。
- 培养社会责任感，增强文化自信。
- 提升对社会信息的洞察力和判断力，增强思辨能力。
- 培养规范标准、严谨求实的工作态度。

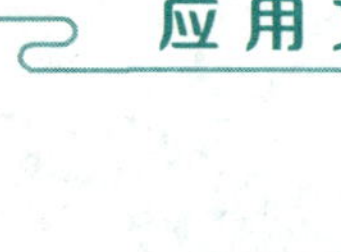

任务一

一秉至公，方言矩行
——党政机关公文概览

任务清单

每完成一项学习任务，就在对应的方框中打一个“√”。

任务进程	序号	任务内容	是否完成
课前预习	（1）	收集10篇常见的党政机关公文范文，尝试对其进行分类	□
	（2）	写出自己对党政机关公文的初始认知	□
课中学习	（3）	阅读“例文感知”，简要评价例文，并思考例文后的“问题导入”	□
	（4）	理解党政机关公文的概念和作用	□
	（5）	熟悉党政机关公文的不同分类标准，并列举范文予以说明	□
	（6）	了解党政机关公文的文面格式、印制装订格式和特定格式	□
	（7）	简要阐述党政机关公文的行文规则	□
课后复习	（8）	根据正文中的分类标准，对课前收集的党政机关公文范文进行分类	□
	（9）	简要分析每一篇党政机关公文范文的格式规范与写作特点，并做好记录	□

例文感知

广州市人民政府办公厅文件

穗府办函〔2019〕129号

关于延续实施穗府办函〔2016〕70号文件的通知

南沙开发区管委会，市发展改革委、财政局、商务局：

经市人民政府同意，《广州市人民政府办公厅关于印发2016年南沙口岸免除查验没有问题外贸企业吊装移位仓储费用试点方案的通知》（穗府办函〔2016〕70号）有效期延长至2021年12月31日。穗府办函〔2016〕70号文件中的“检验检疫”相关内容，适用于国家行政机构调整后“海关”的对应职能内容。实施过程中遇到的问题，请径向市商务局反映。

广州市人民政府办公厅（公章）

2019年11月15日

广州市人民政府办公厅　　　　2019年11月15日印发

请思考：上述例文是一篇格式十分规范的党政机关公文，它由哪几个部分构成？该公文的发文单位和主送单位各是什么？拟写党政机关公文时应当注意哪些问题？

问题导入

（1）什么是党政机关公文？它有什么作用？
（2）党政机关公文可以按哪些标准进行划分？按不同标准可以分为哪些种类？
（3）党政机关公文具有哪些格式要求？
（4）拟写党政机关公文时应遵循什么样的行文规则？

一、党政机关公文的概念

2012 年 4 月 16 日，中共中央办公厅、国务院办公厅印发了《党政机关公文处理工作条例》（以下简称“《条例》”）。《条例》第一章第三条规定：“党政机关公文是党政机关实施领导、履行职能、处理公务的具有特定效力和规范体式的文书，是传达贯彻党和国家的方针政策，公布法规和规章，指导、布置和商洽工作，请示和答复问题，报告、通报和交流情况等的重要工具。”

二、党政机关公文的作用

（一）凭证和依据作用

公文是有关公务活动的执行凭据和情况记录。党政机关公文反映了制发机关的意图，是机关单位之间、单位部门与部门之间沟通工作和开展活动的书面证据。上级机关制发的公文是上级机关传达管理意图、措施、要求的凭证，是下级机关解决问题、开展工作的依据。平级机关或者不相隶属的机关制发的公文，是他们之间交流情况、商洽工作的凭证和依据。同时，党政机关公文还是记录各级党政机关公务活动的原始材料。

（二）沟通和协调作用

党政机关公文是连接各级党政机关的桥梁。工作中，各级党政机关之间通过公文了解彼此的情况，沟通信息，交流经验。总之，党政机关公文可以起到上情下达、下情上报、左右沟通的作用。

（三）宣传和教育作用

党政机关公文是宣传党和国家的方针政策及法规条文等的主要载体。党政机关公文可以让人们了解党政机关的意图，提高人们的认识，让他们知道做什么、怎样做和为什么这样做，从而减少工作的盲目性，增强自觉性，更好地开展工作。另外，用于表彰先进、批评错误的公文（如表彰性通报、批评性通报、嘉奖令等）更是发挥着重要的宣传和教育作用。

（四）指挥和指导作用

上级机关通过党政机关公文传达贯彻党和国家的方针政策，进行工作部署。下级机关按照上级机关的指导精神、有关决策和部署安排具体工作。上级机关制发的公文，对下级机关的工作具有指导作用。

三、党政机关公文的种类

根据《条例》的有关规定，党政机关公文有 15 种：决议、决定、命令（令）、公报、公告、通告、意见、通知、通报、报告、请示、批复、议案、函、纪要。按照不同的分类标准，党政机关公文可以分为以下不同种类。

（一）按行文方向划分

根据文件的行文方向划分，党政机关公文可分为上行文、下行文和平行文。

（1）上行文，即具有隶属关系的下级机关呈报给上级机关的公文，如请示、报告等。上行文一般不得越级行文，下级机关只向直接主管的上级机关行文，只有特殊情况下才可以越级行文。

（2）下行文，即具有隶属关系的上级机关发给下级机关的公文，如命令（令）、决定、通报、批复等。下行文可以逐级行文，即上级机关只把公文下发到直属的下一级机关；也可多级行文，即上级机关可将公文同时下发到其领导范围内的多层机关；还可直接发送给人民群众，即上级机关通过登报、张贴、广播电视等形式直接向广大人民群众行文。

（3）平行文，即同一系统内平级机关之间或者是没有隶属关系的机关之间来往的公文，如函、意见、会议纪要等。通常，同级的行政机关、社会团体、企事业单位之间，只要有公务需要联系，都可以根据实际情况，以函的形式商洽工作、询问和答复问题、审批事项等。

（二）按机密程度和阅读范围划分

根据文件的机密程度和阅读范围划分，党政机关公文可分为公布公文、内部公文和机密公文。

（1）公布公文指内容不涉及秘密，可以对外公开发布的公文。这种公文分为对外公开公文和限国内公开公文两种。

（2）内部公文指内容不宜对社会公开，只限于机关内部使用的公文。

（3）涉密公文指内容涉及国家秘密，泄露出去会使国家的安全和利益遭受损害的公文。涉密公文可分为绝密公文、机密公文和秘密公文三种。

（三）按紧急程度划分

紧急程度即公文送达和办理的时限要求。根据紧急程度的不同，紧急公文应当分别标注“特急”“加急”。

四、党政机关公文的格式

（一）文面格式

2012 年 6 月 29 日，国家质量监督检验检疫总局、国家标准化管理委员会发布了《党政机关公文格式》（即 GB/T 9704—2012，以下简称“《格式》”），于 2012 年 7 月 1 日起正式实施。《格式》将版心内的公文格式各要素划分为版头、主体和版记三个部分。

1. 版头

版头是指公文首页红色分隔线以上的部分，位于公文首页上端。版头的构成要素有份号、密级和保密期限、紧急程度、发文机关标志、发文字号、签发人、版头中的分隔线等。

（1）份号。份号即公文印制份数的顺序号，是将同一文稿印制若干份时每份公文的顺序编号。《条例》规定：“涉密公文应当标注份号。”《格式》规定的标注方法：“如需标注份号，一般用 6 位 3 号阿拉伯数字，顶格编排在版心左上角第一行。”例如，印制 100 份公文，其第一份编为“000001”，最后一份的份号是“000100”。

（2）密级和保密期限。密级和保密期限是指公文的秘密等级和保密的期限。《条例》规定：“涉密公文应当根据涉密程度分别标注‘绝密’‘机密’‘秘密’和保密期限。”《格式》规定的标注方法：“如需标注密级和保密期限，一般用 3 号黑体字，顶格编排在版心左上角第二行；保密期限中的数字用阿拉伯数字标注。”单独标注密级时，两字之间空一字，如“机　密”；同时标注密级和保密期限，密级和保密期限之间用“★”隔开，“★”之后用阿拉伯数字标注保密期限，如“绝密★25 年”“秘密★7 个月”。

（3）紧急程度。紧急程度是指公文送达和办理的时限要求。《条例》规定：“根据紧急程度，紧急公文应当分别标注‘特急’‘加急’，电报应当分别标注‘特提’‘特急’‘加急’‘平急’。”《格式》规定的标注方法：“如需标注紧急程度，一般用 3 号黑体字，顶格编排在版心左上角；如需同时标注份号、密级和保密期限、紧急程度，按照份号、密级和保密期限、紧急程度的顺序自上而下分行排列。”紧急程度单独标注时，两字之间空一字，如“特　急”。

（4）发文机关标志。发文机关标志由发文机关全称或者规范化简称加“文件”两字组成，如“国务院办公厅文件”；也可以仅使用发文机关全称或者规范化简称。联合行文时，发文机关标志可以并用联合发文机关名称，也可以单独用主办机关名称。

发文机关标志居中排布，其上边缘至版心上边缘为 35 mm，推荐使用小标宋体字，颜色为红色，以醒目、美观、庄重为原则。

联合行文时，如需同时标注联署发文机关名称，一般应当将主办机关名称排列在前；如有“文件”两字，则应当置于发文机关名称右侧，以联署发文机关名称为准上下居中排布。

（5）发文字号。发文字号由发文机关代字、年份和发文顺序号组成。例如，“国办发〔2019〕6 号”，其中“国办”是发文机关国务院办公厅的代字，“2019”是发文年份，“6 号”是发文顺序号，表示国务院办公厅 2019 年所发的第 6 号文件。

发文字号编排在发文机关标志下空两行位置，居中排布。年份、发文顺序号用阿拉伯数字标注；年份应标全称，用六角括号“〔　〕”括入；发文顺序号不加“第”字，不编虚

位（即 1 不编为 01），在阿拉伯数字后加“号”字。上行文的发文字号居左空一字编排，与最后一个签发人姓名处在同一行。联合行文时，使用主办机关的发文字号。

（6）签发人。签发人是代表机关核准并签字以示同意发出公文的发文机关负责人。上行文应当标注签发人姓名。根据《格式》规定，标注方法如下：由“签发人”三字加全角冒号和签发人姓名组成，居右空一字，编排在发文机关标志下空两行位置。“签发人”三字用 3 号仿宋体字，签发人姓名用 3 号楷体字。如有多个签发人，则签发人姓名按照发文机关的排列顺序从左到右、自上而下依次均匀编排，一般每行排两个姓名，回行时与上一行第一个签发人姓名对齐。

（7）版头中的分隔线。发文字号之下 4 mm 处居中印一条与版心等宽的红色分隔线。

2．主体

公文首页红色分隔线（不含）以下、公文末页首条分隔线（不含）以上的部分称为主体。主体的构成要素有标题、主送机关、正文、附件说明、发文机关署名、成文日期、印章、附注和附件等。

（1）标题。公文标题是指公文的具体名称。完整的标题由发文机关名称、事由（公文主题）和文种组成。

发文机关名称应用全称或规范化简称。联合行文时，可酌情使用人们熟悉的简称。事由应准确、简要地概括公文的主要内容，前面常加上介词“关于”，如“国务院关于加强彩票市场管理的通知”。有时为使行文简洁，可酌情省略发文机关或者事由，从而形成“省略式”标题，如“关于任免×××等×名同志职务的通知”。省略式标题显得不太正式，所以一般较少使用。除法规、规章名称加书名号外，公文标题一般不用标点符号。

标题一般用 2 号小标宋体字，编排于红色分隔线下空两行位置，分一行或多行居中排布；回行时，要做到词意完整，排列对称，长短适宜，间距恰当，标题排列应当使用梯形或菱形，“的”字不排行首。

（2）主送机关。主送机关是指公文的主要受理机关，应当使用机关全称、规范化简称或者同类型机关统称。

除直接面向社会的公布性公文外，一般公文都要编排主送机关名称。向所有下级机关发送的公文，可写统称，如“各市、县人民政府”。下级机关如果是并列的机关，一般按党、政、军、群的性质顺序排列。

主送机关用 3 号仿宋体字编排于标题下空一行位置，居左顶格，回行时仍顶格，最后一个机关名称后标全角冒号。如主送机关名称过多导致公文首页不能显示正文时，则应当将主送机关名称移至版记，编排方法同抄送机关。

（3）正文。正文是公文的主体，用来表述公文的内容。

公文首页必须显示正文，一般用 3 号仿宋体字，编排于主送机关名称下一行，每个自然段左空两字，回行顶格。文中结构层次序数依次可以用“一、”“（一）”“1.”“（1）”标注；一般第一层用黑体字、第二层用楷体字、第三层和第四层用仿宋体字标注。

公文正文一般由开头、主体和结尾三部分组成。内容简单的公文可不分段落。不同公文的正文，其写法各不相同，要求也不完全一样，但都必须符合党和国家的方针政策、法律法规，实事求是，条理清楚，语言简练，标点正确，术语简称规范。

（4）附件说明。附件说明是指公文附件的顺序号和名称。公文如有附件，则在正文下空一行、左空两字编排“附件”两字，后标全角冒号和附件名称。如有多个附件，则使用阿拉伯数字标注附件顺序号（如“附件：1. ××××××××××”）；附件名称后不加标点符号。附件名称较长需要回行时，应当与上一行附件名称的首字对齐。

公文常用特定用语简表

（5）发文机关署名、成文日期和印章。

- **发文机关署名：**署发文机关全称或者规范化简称。
- **成文日期：**署会议通过或者发文机关负责人签发的日期。联合行文时，署最后签发机关负责人签发的日期。成文日期是公文形成和生效的时间标志。
- **印章：**公文中有发文机关署名的，应当加盖发文机关印章，并与署名机关相符。有特定发文机关标志的普发性公文和电报可以不加盖印章。印章是公文生效的标志。

根据《格式》规定，发文机关署名、成文日期和印章的编排方法如下。

① 加盖印章的公文。成文日期一般右空四个字编排，印章用红色，不得出现空白印章。单一机关行文时，一般在成文日期之上、以成文日期为准居中编排发文机关署名，印章端正、居中下压发文机关署名和成文日期，使发文机关署名和成文日期居印章中心偏下位置，印章顶端应当上距正文（或附件说明）一行以内。联合行文时，一般将各发文机关署名按照发文机关顺序整齐排列在相应位置，并将印章一一对应、端正、居中下压发文机关署名，最后一个印章端正、居中下压发文机关署名和成文日期，印章之间排列整齐、互不相交或相切，每排印章两端不得超出版心，首排印章顶端应当上距正文（或附件说明）一行以内。

② 不加盖印章的公文。单一机关行文时，在正文（或附件说明）下空一行右空两字编排发文机关署名，在发文机关署名下一行编排成文日期，首字比发文机关署名首字右移两字，若成文日期长于发文机关署名，则应当使成文日期右空两字编排，并相应增加发文机关署名右空字数。联合行文时，应当先编排主办机关署名，其余发文机关署名依次向下编排。

③ 加盖签发人签名章的公文。单一机关制发的公文加盖签发人签名章时，在正文（或附件说明）下空两行、右空四个字加盖签发人签名章，签名章左空两字标注签发人职务，以签名章为准上下居中排布。在签发人签名章下空一行、右空四个字编排成文日期。联合行文时，应当先编排主办机关签发人职务和签名章，其余机关签发人职务和签名章依次向下编排，与主办机关签发人职务和签名章上下对齐；每行只编排一个机关的签发人职务和签名章；签发人职务应当标注全称。签名章一般用红色。

④ 成文日期中的数字。用阿拉伯数字将年、月、日标全，年份应标全称，月、日不编虚位（即 1 不编为 01）。

⑤ 特殊情况说明。当公文排版后所剩空白处不能容下印章或签发人签名章、成文日期时，可以采取调整行距、字距的措施予以解决。

（6）附注。附注是公文印发传达范围等需要说明的事项。公文如有附注，则居左空两字加圆括号编排在成文日期下一行。使用“请示”这一文种时，应在附注处注明发文机关联系人的姓名和电话号码。

（7）附件。附件是公文正文的说明、补充或者参考资料。常见的附件有两类：一是对正文补充、说明的参考材料，如照片、图表、统计表、凭据及其他文字材料等；二是向上级机关报送或向下级机关批转的附件。附件应当另面编排，并在版记之前，与公文正文一起装订。“附件”两字及附件顺序号用 3 号黑体字顶格编排在版心左上角第一行。附件标题居中编排在版心第三行。附件顺序号和附件标题应当与附件说明的表述一致。附件格式要求同正文。若附件与正文不能一起装订，应当在附件左上角第一行顶格编排公文的发文字号，并在其后标注“附件”两字及附件顺序号。

3. 版记

公文末页首条分隔线以下、末条分隔线以上的部分称为版记。版记的构成要素有版记中的分隔线、抄送机关、印发机关、印发日期等。

（1）版记中的分隔线。版记中的分隔线与版心等宽，首条分隔线和末条分隔线用粗线（推荐高度为 0.35 mm），中间的分隔线用细线（推荐高度为 0.25 mm）。首条分隔线位于版记中第一个要素之上，末条分隔线与公文最后一面的版心下边缘重合。

（2）抄送机关。抄送机关是指除主送机关外需要执行或者知晓公文内容的其他机关，应当使用机关全称、规范化简称或者同类型机关统称。

公文如有抄送机关，一般用 4 号仿宋体字，在印发机关和印发日期之上一行、左右各空一字编排。“抄送”两字后加全角冒号和抄送机关名称，回行时与冒号后的首字对齐，最后一个抄送机关名称后标句号。

如需把主送机关移至版记，则除将“抄送”两字改为“主送”外，编排方法同抄送机关。既有主送机关又有抄送机关时，应当将主送机关置于抄送机关之上一行，之间不加分隔线。

（3）印发机关和印发日期。印发机关和印发日期是指公文的送印机关和送印日期。印发机关和印发日期一般用 4 号仿宋体字，编排在末条分隔线之上，印发机关左空一字，印发日期右空一字，用阿拉伯数字将年、月、日标全，年份应标全称，月、日不编虚位（即 1 不编为 01），后加“印发”两字。版记中如有其他要素，则应当将其与印发机关和印发日期用一条细分隔线隔开。

4. 页码

公文的页码一般用 4 号半角宋体阿拉伯数字，编排在公文版心下边缘之下，数字左右各放一条一字线；一字线上距版心下边缘 7 mm。单页码居右空一字，双页码居左空一字。公文的版记页前有空白页的，空白页和版记页均不编排页码。公文的附件与正文一起装订时，页码应当连续编排。

党政机关公文格式见图 2-1 至图 2-9。

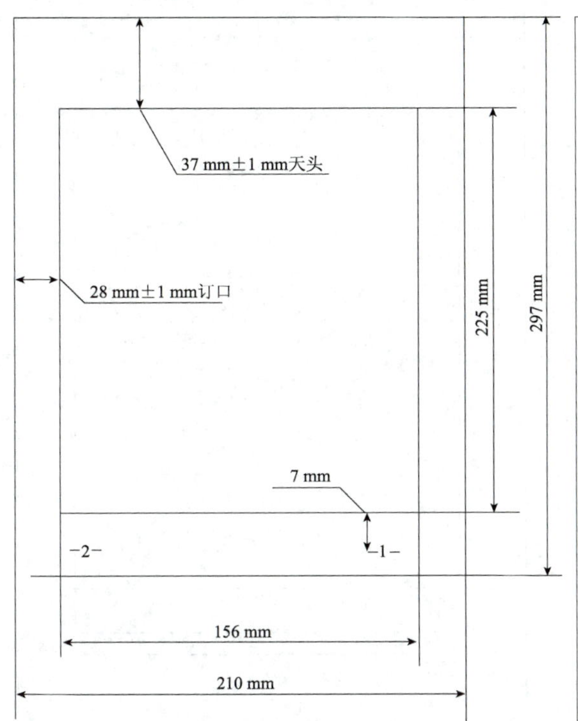

图 2-1　A4 型公文用纸页边及版心尺寸

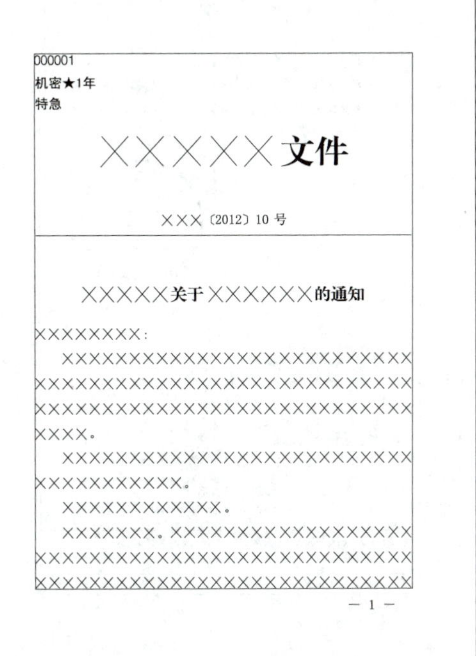

图 2-2　公文首页版式

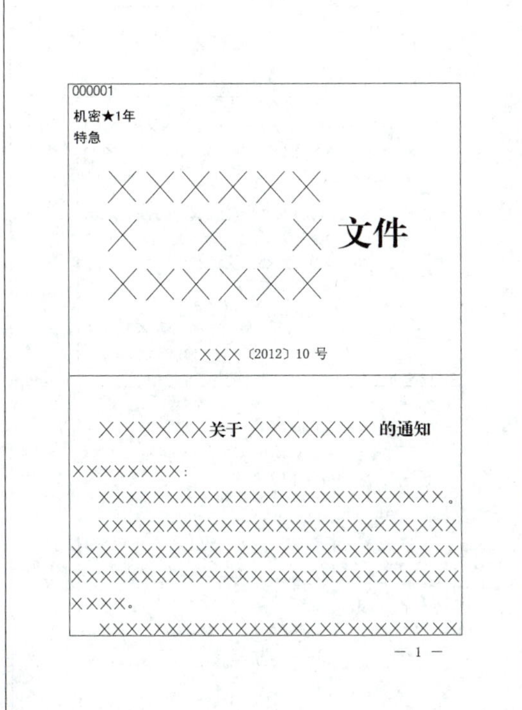

图 2-3　联合行文公文首页版式 1

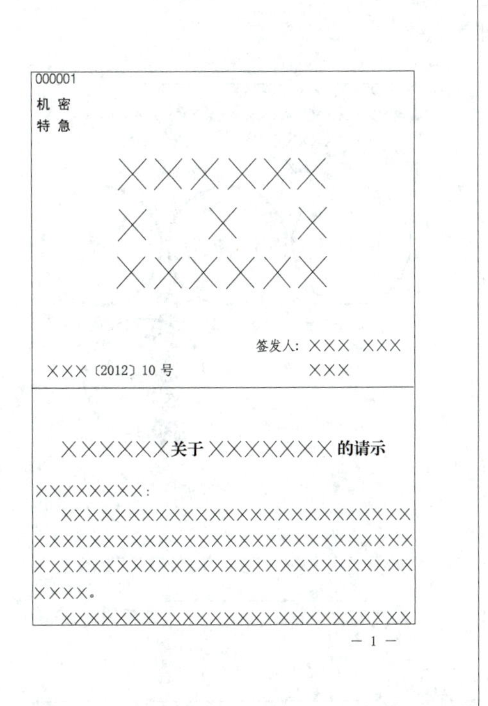

图 2-4　联合行文公文首页版式 2

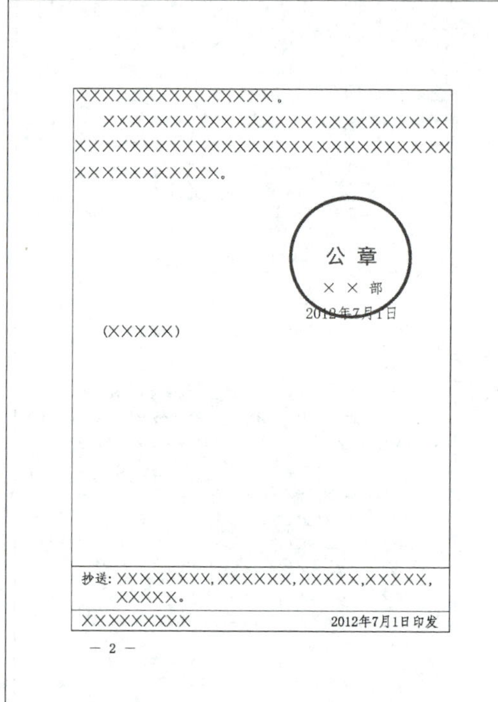

图 2-5　公文末页版式

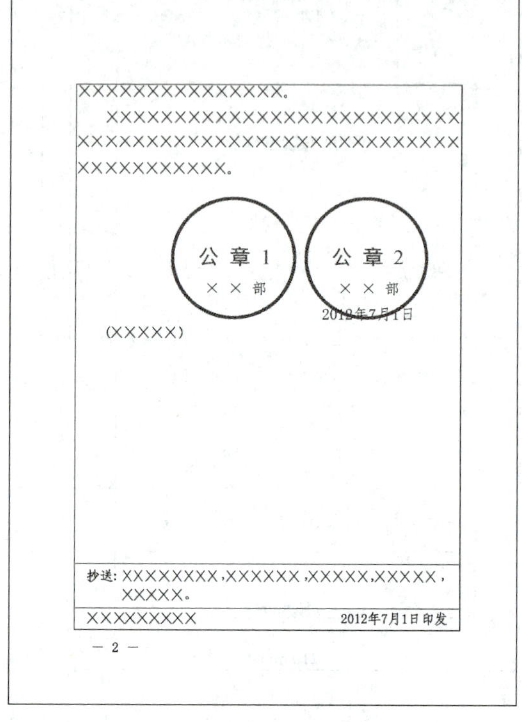

图 2-6　联合行文公文末页版式 1

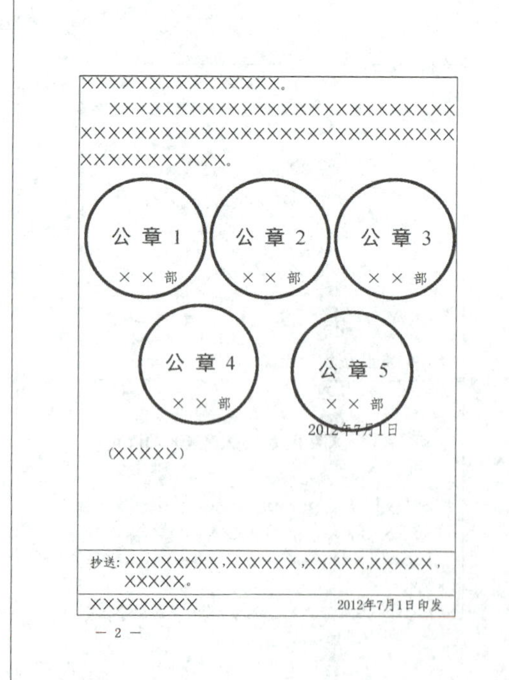

图 2-7　联合行文公文末页版式 2

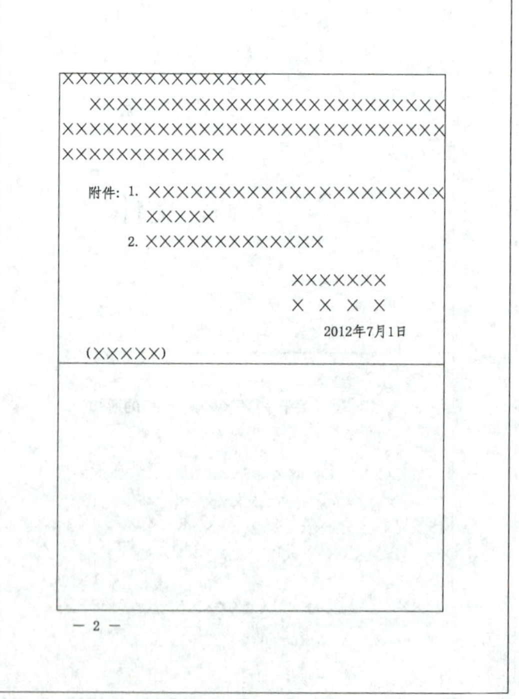

图 2-8　附件说明页版式

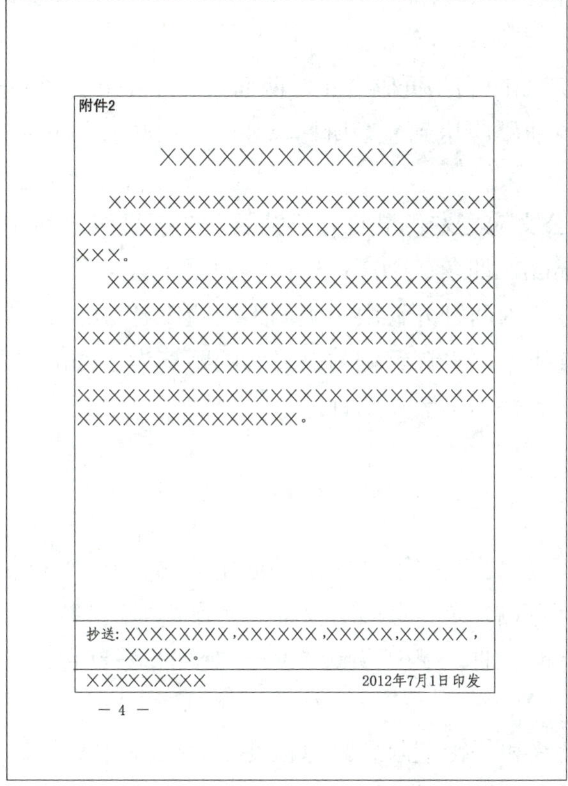
附件2

XXXXXXXXXXXXXX

XXXXXXXXXXXXXXXXXXXXXXXXXXXXXXXXXXXXXXXXXXXXXXXXXXXXXXX。

XXXXXXXXXXXXXXXXXXXXXXXXXXXXXXXXXXXXXXXXXXXXXXXXXXXXXXXXXXXXXXXXXXXXXXXXXXXXXXXXXXXXXXXXXXXXXXXXXXXXXXXXXXXXXXXXXXXXXXXXXXXXXXXXXXXXXXXXXXXXX。

抄送：XXXXXXXX，XXXXXX，XXXXX，XXXXX，XXXXX。

XXXXXXXXX　2012年7月1日印发

— 4 —

图 2-9　带附件公文末页版式

（注：版心实线框仅为示意，在印制公文时并不印出。）

（二）印制装订格式

1．公文用纸尺寸

公文用纸一般使用纸张定量为 60 g/m^2～80 g/m^2 的胶版印刷纸或复印纸。纸张白度为 80%～90%，横向耐折度≥15 次，不透明度≥85%，pH 值为 7.5～9.5。

公文用纸采用 GB/T148 中规定的 A4 型纸，其成品幅面尺寸为 210 mm × 297 mm。张贴的公文用纸大小根据实际需要确定。

公文页边与版心尺寸：公文用纸天头（上白边）为 37 mm ± 1 mm；公文用纸订口（左白边）为 28 mm ± 1 mm；版心尺寸为 156 mm × 225 mm。

2．排版印制装订要求

（1）排版规格。公文一律从左至右横写、横排。在民族自治地方，可并用汉字和通用的少数民族文字。正文用 3 号仿宋字，一般每页排 22 行，每行排 28 个字并撑满版心。特定情况可以做适当调整。

（2）制版要求。版面干净无底灰，字迹清楚无断划，尺寸标准，版心不斜，误差不超过 1 mm。

（3）印刷要求。双面印刷；页码套正，两面误差不得超过 2 mm。黑色油墨应达到色谱所标 BL100%，红色油墨应达到色谱所标 Y80%、M80%。印品着墨实、均匀；字面不花、不白、无断划。

（4）装订要求。公文应当左侧装订，不掉页，两页页码之间误差不超过 4 mm，裁切后的成品尺寸误差 ±2 mm，四角成 90°，无毛茬或缺损。

骑马订或平订的订位为两钉外钉眼距版面上下边缘各 70 mm 处，允许误差 ±4 mm；骑马订钉锯均订在折缝线上，平订钉锯与书脊间的距离为 3 mm～5 mm；无坏钉、漏钉、重钉，钉脚平伏牢固；后背不可散页明订。

（三）特定格式

1. 信函格式

发文机关标志使用发文机关全称或者规范化简称，居中排布，上边缘至上页边为 30 mm，推荐使用红色小标宋体字。联合行文时，使用主办机关标志。发文机关标志下 4 mm 处印一条红色双线（上粗下细），距下页边 20 mm 处印一条红色双线（上细下粗），线长均为 170 mm，居中排布。

如需标注份号、密级和保密期限、紧急程度，则应当顶格居版心左边缘编排在第一条红色双线下，按照份号、密级和保密期限、紧急程度的顺序自上而下分行排列，第一个要素与该线的距离为 3 号汉字高度的 7/8。发文字号顶格居版心右边缘编排在第一条红色双线下，与该线的距离为 3 号汉字高度的 7/8。

标题居中编排，与其上最后一个要素相距两行。第二条红色双线上一行如有文字，与该线的距离为 3 号汉字高度的 7/8（见图 2-10）。首页不显示页码。版记不加印发机关和印发日期、分隔线，位于公文最后一面版心内最下方。

2. 命令（令）格式

发文机关标志由发文机关全称加“命令”或“令”字组成，居中排布，上边缘至版心上边缘为 20 mm，推荐使用红色小标宋体字。发文机关标志下空两行居中编排令号，令号下空两行编排正文。签发人职务、签名章和成文日期的编排同加盖签发人签名章的公文（见图 2-11）。

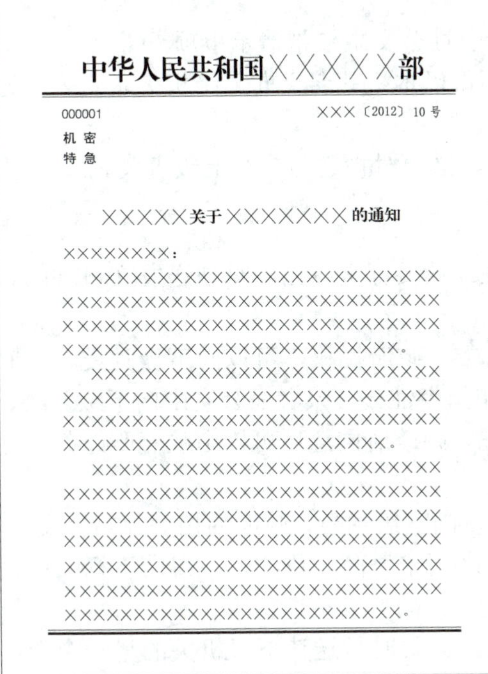
中华人民共和国××××××部

000001　　　　　　　　　×××〔2012〕10 号
机 密
特 急

×××××关于×××××××的通知

××××××××：
　　×××××××××××××××××××××××××
××××××××××××××××××××××××××
××××××××××××××××××××××××××
××××××××××××××××××××××××。
　　×××××××××××××××××××××××××
××××××××××××××××××××××××××
××××××××××××××××××××××××××
××××××××××××××××××××××××。
　　×××××××××××××××××××××××××
××××××××××××××××××××××××××
××××××××××××××××××××××××××
××××××××××××××××××××××××××
××××××××××××××××××××××××××
××××××××××××××××××××××××××
××××××××××××××××××××××××。

图 2-10　信函格式首页版式

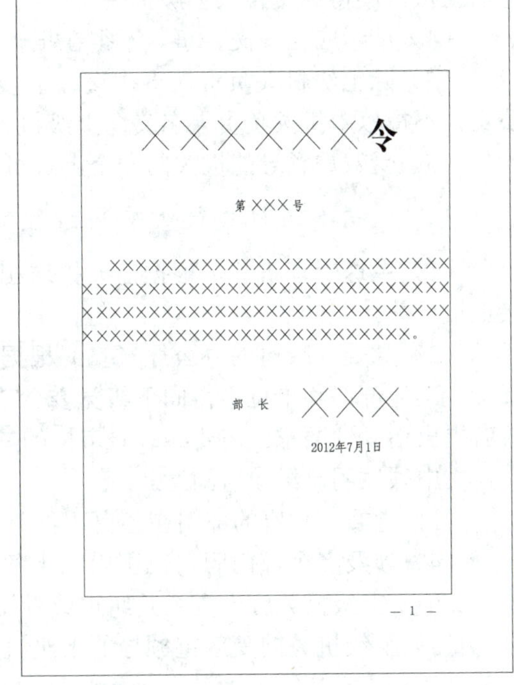
××××××令

第×××号

　　×××××××××××××××××××××××××
××××××××××××××××××××××××××
××××××××××××××××××××××××××
××××××××××××××××××××××××。

部长　×××
2012年7月1日

— 1 —

图 2-11　命令（令）格式首页版式

3．纪要格式

纪要标志由“×××××纪要”组成，居中排布，上边缘至版心上边缘为 35 mm，推荐使用红色小标宋体字。

标注出席人员名单，一般用 3 号黑体字，在正文或附件说明下空一行、左空两字编排“出席”两字，后标全角冒号，冒号后用 3 号仿宋体字标注出席人单位、姓名，回行时与冒号后的首字对齐。标注请假和列席人员名单，除依次另起一行并将“出席”两字改为“请假”或“列席”外，编排方法同出席人员名单。纪要格式可以根据实际制定。

五、党政机关公文的行文规则

《条例》规定：“行文应当确有必要，讲求实效，注重针对性和可操作性。”“行文关系根据隶属关系和职权范围确定。一般不得越级行文，特殊情况需要越级行文的，应当同时抄送被越过的机关。”

（一）向上级机关行文应当遵循的规则

（1）原则上主送一个上级机关，根据需要同时抄送相关上级机关和同级机关，不抄送下级机关。

（2）党委、政府的部门向上级主管部门请示、报告重大事项，应当经本级党委、政府同意或者授权；属于部门职权范围内的事项应当直接报送上级主管部门。

（3）下级机关的请示事项，如需以本机关名义向上级机关请示，应当提出倾向性意

见后上报，不得原文转报上级机关。

（4）请示应当一文一事。不得在报告等非请示性公文中夹带请示事项。

（5）除上级机关负责人直接交办事项外，不得以本机关名义向上级机关负责人报送公文，不得以本机关负责人名义向上级机关报送公文。

（6）受双重领导的机关向一个上级机关行文，必要时抄送另一个上级机关。

（二）向下级机关行文应当遵循的规则

（1）主送受理机关，根据需要抄送相关机关。重要行文应当同时抄送发文机关的直接上级机关。

（2）党委、政府的办公厅（室）根据本级党委、政府授权，可以向下级党委、政府行文，其他部门和单位不得向下级党委、政府发布指令性公文或者在公文中向下级党委、政府提出指令性要求。需要经政府审批的具体事项，经政府同意后可以由政府职能部门行文，文中须注明已经政府同意。

（3）党委、政府的部门在各自职权范围内可以向下级党委、政府的相关部门行文。

（4）涉及多个部门职权范围内的事务，部门之间未协商一致的，不得向下行文；擅自行文的，上级机关应当责令其纠正或者撤销。

（5）上级机关向受双重领导的下级机关行文，必要时抄送该下级机关的另一个上级机关。

（三）同级机关行文应遵循的规则

同级党政机关、党政机关与其他同级机关必要时可以联合行文。属于党委、政府各自职权范围内的工作的，不得联合行文。党委、政府的部门依据职权可以相互行文。部门内设机构除办公厅（室）外不得对外正式行文。

素养把脉

知识竞答

全班同学开展知识竞答活动。教师以放映幻灯片的形式分别展示下列选择题，全班同学举手竞答。在教师发出竞答口令后，先举手的同学将获得答题资格。最后由教师对每个同学的表现情况进行评价，并做总结性发言。

（1）版头的要素不包括（　　）。

A．份号和签发人　　B．密级和保密期限

C．发文机关标志　　D．主送机关

（2）发文字号中的发文顺序号（　　）。

A．能编虚位，但不能加“第”字

B．不能编虚位，不能加“第”字

C．不能编虚位，可以加“第”字

D．能编虚位，也能加“第”字

（3）给直属上级的请示，使用第一人称最恰当的是（　　）。

A．本单位　　B．本人

C．我　　D．该

（4）向下级机关行文时，重要行文应当抄送（　　）。

A．相关机关　　B．发文机关

C．发文机关的直接上级机关　　D．受理机关

格式纠正

以下例文存在三处格式错误，请根据所学知识对例文的格式进行点评。

关于开展“健康中原行　科普进万家”大型公益科普网络直播活动

各省辖市、济源示范区科协，各省学会、协会、研究会，各高校科协，各有关单位：

为贯彻落实《××省委办公厅、××省人民政府办公厅关于加强新时代科普工作提升全民科学素质的意见》《××省人民政府关于推进健康中原行动的实施意见》，省科协决定开展“健康中原行　科普进万家”大型公益科普网络直播活动。现将有关事项通知如下。

一、总体要求

贯彻落实《××省委办公厅、××省人民政府办公厅关于加强新时代科普工作提升全民科学素质的意见》《××省人民政府关于推进健康中原行动的实施意见》，全面展现广大科技工作者矢志创新、科技报国的生动实践，以群众喜闻乐见的直播方式向社会公众开展健康知识普及行动，满足人民群众对美好生活的健康科普需要。

二、活动主题

健康中原行　科普进万家。

三、活动时间

“健康中原行　科普进万家”大型公益科普网络直播活动为期3年，每年计划直播100期。

四、活动方式

“健康中原行　科普进万家”活动主要通过线上网络直播的形式开展。

（一）直播平台（略）

（二）直播方式（略）

（三）直播内容（略）

五、有关事项

（1）“健康中原行　科普进万家”大型公益科普网络直播活动由××省科协科普部组织、××科技报社承办。

（2）各级科协系统，各省学会、协会、研究会，各高校科协组织动员科技工作者参与活动。

（3）参与活动的科普工作者填写“健康中原行科普进万家”活动专家报名表，并发送至47××××××@qq.com。

六、联系方式

省科协科普部

联系人：李××

电话：××××-6570××××

××科技报社

联系人：文××

电话：××××-6933××××

邮箱：47××××××@qq.com

附件："健康中原行　科普进万家"活动专家报名表。

××省科学技术协会（公章）
20××年××月××日

【提示】

（1）标题缺少文种。根据正文可知，该公文属于通知的范畴，故应在原标题上加上"的通知"三个字。

（2）主送机关名称未顶格写，应调整原文格式。

（3）附件名称后加了标点符号，应删掉原文附件名称后的句号。

一脉相承

党政机关公文的语言之美

党政机关公文的语言之美主要表现为修辞简约之朴素美、音节匀称之语音美、语言活用之弹性美和信息传递之准确美。

一、修辞简约之朴素美

公文语言旨在记载和传递公务信息，力求客观朴实，注重规范用词，力避怪词僻句，对修辞格的运用数量非常有限，追求语义表达的严谨准确，以确保政令畅通。

公文的庄重性和严肃性决定了使用某种修辞格是为了更好地表达内容服务，所以，修辞格的使用不可喧宾夺主，也不可形式压过内容。在公文中，围绕内容的清晰阐释和本质的深刻揭示等，适度使用修辞格，并不影响公文的庄重性和严肃性。例如，"老虎苍蝇""照镜子、正衣冠、洗洗澡、治治病""顶层设计""摸着石头过河"等借喻性词语，形象生动，含义为人所共知，将其妙用至公文语言中，能使语言表达更为凝练。此外，其他常用的修辞格还有排比、引用等。

二、音节匀称之语音美

双音节词占优势是现代汉语构词法的一个重要特点。公文语言同样讲究运用双音

节词来增加语句形式和韵律的美感。

首先，在公文行文中，根据不同的需要灵活选用双音节词语，可使公文语言音节匀称。例如，将“赢得胜利”修改为“获胜”，将“特此答复”修改为“此复”，可达到语义不变而用词精练的效果。

其次，增删助词和压缩词语也可以调整音节，实现语言的音韵之美。例如，将“新任务”修改为“新的任务”，将“长征路”修改为“长征之路”，将“学党章党规、学系列讲话，做合格党员”紧缩为“两学一做”，将“丝绸之路经济带”和“21 世纪海上丝绸之路”紧缩为“一带一路”等。

此外，还可以运用双声词和叠韵词。双声是指两个汉字的声母相同；叠韵是指两个汉字的韵母或主要元音和韵尾相同。在公文中恰当地使用双声词和叠韵词，能有效地增强语音美感。例如，“‘建党百年红歌联唱’在东郊公园开唱，气势昂扬，振奋人心”中，“振奋”“昂扬”两个叠韵词的妙用，使语句读来更富声律美。

三、语言活用之弹性美

在公文写作中，有时候会使用一些模糊语言，如“长期以来”“绝大多数”“下一步”“略有”“往往”等。这些词语的使用不但不会使得语意模糊或引起歧义，反而能让语言表达富有高度概括、伸缩灵活、礼貌委婉、准确严谨等特点，极具表现力。德国哲学家伊曼纽尔·康德曾经有过论述：“人类生活中不能缺少模糊语言，因为无法处处用精确语言代替模糊语言。”公文语言在表达程度、时间、数量、界限等内容的时候，虽然可以用不同等级的词语来指代，但通常离精确的标准仍存在较大差距。而如果使用模糊语言，就能让人把握住一定的准确性，使公文表达具有高度的概括性，且留有余地。

四、信息传递之准确美

俗语说：“一字入公门，九牛拔不出。”准确是公文语言的核心和关键。信息传递的准确性关系到公文语言之美的呈现，具体包括词义表达的严谨性，以及病句、歧义句的规避等。

在公文写作中，要想做到信息传递准确，首先要认真推敲用词，精选最恰当的词语准确地表达行为状态。例如，“阻止、劝阻、严禁”为一组近义词，但是在实行方式和轻重程度方面存在差别。其次，要仔细辨析、区分容易混淆的词在含义和用法上的差别。例如，“截至”和“截止”虽只有一字之差，但其词义及用法却完全不同。最后，要避免病句和歧义句。公文语句事关党政机关形象，表达必须规范、严谨。要想避免病句，不仅要熟悉基本的汉语语法知识，还需要遵循客观事物的内在联系，形成正确的语言逻辑关系；要想消除歧义句，必须了解歧义产生的原因、类型，掌握消除歧义的方法，进而确保公文语言表意准确严谨且具有美感。

（资料来源：中国知网，作者刘恋，有改动）

任务二 一体知照，惩恶扬善
——掌握通知、通报的结构与写法

任务清单

每完成一项学习任务，就在对应的方框中打一个“√”。

任务进程	序号	任务内容	是否完成
课前预习	（1）	分别收集5篇党政机关发布的通知和通报，尝试分析这两种应用文的作用和格式	□
	（2）	写出自己对通知和通报的初始认知	□
课中学习	（3）	阅读“例文感知”，简要评价例文，并思考例文后的“问题导入”	□
	（4）	理解通知和通报的概念，并了解它们的种类	□
	（5）	熟悉通知、通报的结构与写法	□
	（6）	掌握通知、通报的写作注意事项，能说出这两种应用文的区别与联系	□
课后复习	（7）	根据通知、通报的分类标准收集公文范文，每种类型收集3篇	□
	（8）	简要分析所收集范文的结构特点与写法，并做好记录	□

例文感知

当前，汛期灾害性天气带来的事故多发，各类风险隐患交织叠加，安全生产形势严峻。为了及时化解安全风险，切实消除安全隐患，重庆市应急管理局发布了一则工作通知。

重庆市应急管理局
关于进一步加强安全生产和自然灾害
视频指挥调度工作的通知

渝应急发〔2021〕67号

各区县（自治县）应急管理局，两江新区、重庆高新区、万盛经开区、双桥经开区应急管理局：

防灾减灾救灾事关人民生命财产安全，要把确保人民群众生命财产安全放在第一位。市委市政府高度重视事故救援和自然灾害防灾减灾救灾工作，要求在第一时间了解灾情，第一时间采取相应措施，第一时间开展应急救援。为切实做好视频保障相关工作，现将有关事项通知如下。

一、领导机构

市应急局成立应急视频指挥调度领导小组，局党委书记、局长冉××任组长，局领导

班子其他成员任副组长，各处室（单位）主要负责人为成员。主要负责决定视频调度所需设备的采购，决定视频调度技术人员的配备，决定视频调度的对象和内容等。

领导小组下设办公室，由调度行业内容的分管局领导担任办公室主任。办公室下设综合组、资料组和技术组，分别承担以下职责。

综合组主要承担方案拟定、通知下发、沟通协调、汇报材料审核、服务保障等工作。

资料组主要承担视频调度音视频、图像等资料的收集、整理，相关PPT制作等工作。

技术组主要承担固定和移动视频会议系统的调试，PPT播放，视频调度等技术工作。

二、设备配备

为确保调度视频清晰流畅，提升视频指挥调度质量，全面真实反映现场情况，各区县应急局须配备2套移动视频会议系统终端、2套4K摄像机或高清摄像机，以同时满足2个现场点的视频调度工作需要，移动视频会议系统要和摄像机配合使用。

设备配置可通过购买或租赁方式进行，要定期保养、定期调试，确保设备随时处于良好状态。

三、人员配备

各区县应急局要落实专人保障视频调度，实行应急值班人员与××视频会议系统技术人员二合一方式，加强值班人员的视频会议技术培训，保证每天24小时会议系统开、关机和设备调试。

现场视频调度要建立专业保障小组，包含移动视频会议系统操作技术人员、宣传人员、摄像人员，负责现场调度时设备的调试、资料提供、现场调度。技术人员负责网络连接和设备调试等技术工作。宣传人员要随时收集、整理安全生产和自然灾害的宣传价值的图片和音视频。摄像人员要有新闻感，结合汇报内容，配合汇报人拍摄有指向、有价值的镜头。保障小组要统筹协调、密切配合，保证调度效果。

现场调度专业保障小组建议由各区县综合应急救援队承担。

四、培训演练

市应急局定期以视频培训和现场培训相结合的方式，开展值班调试、现场调度、新闻摄像方面的专业培训。在无现场调度的情况下，每周二16点与值班调度合并开展全市现场调度演练。熟悉调度流程，解决存在问题，提出改进措施，确保调度流畅，保持队伍战斗状态。

五、工作要求

各区县（自治县、经开区）应急局要成立应急视频指挥调度领导小组，做好综合统筹、指挥协调，保障会议室调度和现场调度效果。

现场调度选址要有代表性和汇报价值，如安全事故现场、自然灾害现场（森林火灾、地震地质灾害、水灾、旱灾）、应急救援现场、灾民安置转移现场、队伍集结现场，杜绝千篇一律。

每次调度情况实行考核评价，每次视频调度前调试情况和调度效果在全市通报。

重庆市应急管理局（公章）
2021年8月23日
（资料来源：重庆市应急管理局）

请思考： 上述通知主要强调了哪些内容？其目的是什么？通知有什么作用？其写作格式有哪些特点？

问题导入

（1）通知是一种适用于什么情况的公文？它有哪些种类？
（2）通知的结构与写法是怎样的？
（3）通报与通知有什么区别？
（4）通报是一种适用于什么情况的公文？它有哪些种类？
（5）通报的结构与写法是怎样的？
（6）撰写通知和通报时应当注意哪些事项？

一、通知

（一）通知的概念

通知是指向特定受文对象告知或转达有关事项或文件，以便受文对象知道或执行的公文。《条例》规定：通知“适用于发布、传达要求下级机关执行和有关单位周知或者执行的事项，批转、转发公文”。

（二）通知的种类

1. 指示性通知

指示性通知是指上级机关就某项工作向下级机关发出指示、提出要求、做出安排的通知，如《国务院办公厅关于加强优抚工作的通知》《××学院关于加强学生暑期安全教育的通知》等。

2. 周知性通知

周知性通知是指向有关单位或人员发出的需要其周知或办理某些事项的通知，如《××学院关于成立大学生心理健康咨询中心的通知》《××学院关于召开宣传工作座谈会的通知》。这些周知性事项通常包括设立或撤销机构、迁移办公地点、修改行政规章、修正或补充文件内容、调整办公时间、召开会议、任免人员等。

3. 颁转性通知

颁转性通知是指用于颁布法律、法规和批转、转发其他机关来文的通知。颁转性通知包含颁布性通知、转发性通知和批转性通知三种类型。

颁布性通知是将发文机关制定的文书下发，要求下级机关知晓或遵照执行的通知，常用于颁布法律、法规或印发有关文件、资料。其标题依发布内容的重要程度分别选用“颁发”“发布”“印发”字样，如《财政部关于印发〈基本建设贷款中央财政贴息资金管理办法〉的通知》等。

转发性通知用于转发上级机关和不隶属机关的公文，其特点在一个“转”字，如《教育部科技司关于转发科技部等部门科研诚信案件调查处理规则（试行）的通知》等。

批转性通知用于批转下级机关的公文。上级机关将下级机关的公文加上批示性意见，要求其他有关的下级机关执行或参照执行时，会使用此类通知，其特点在一个“批”字。这种通知的主要文件精神不在通知的正文本身，而在被批转的公文，如《国务院批转××省人民政府关于大力发展生猪生产的决定的通知》等。

通知与指示的区别

通知和指示都可以用来向下级机关布置工作，两者的主要区别如下。

（1）通知的内容比较具体，侧重于要求下级机关知晓、办理或执行某些事项；指示的内容具有很强的原则性，侧重于向下级机关阐明工作活动的指导原则，一般要求下级机关结合实际情况贯彻执行。

（2）通知的行文具有广泛性，国家党政机关、企事业单位都可以用；而指示一般只能由党政领导机关发出，而且针对重大事项使用，一般行政机关及企事业单位不使用。

（3）通知属于党政机关公文的一个文种，而指示则不属于党政机关公文。

（三）通知的结构与写法

通知一般由标题、发文字号、主送机关、正文和落款构成（见图 2-12）。

标题		发文机关+事由+文种
发文字号		×××〔××××〕×号
主送机关		主送机关名称：
正文	缘由	说明发文缘由，交代有关背景、根据及目的等。
	事项	阐明需要周知或执行的事项。
	结尾	阐明要求主送机关贯彻执行的意见。
落款		发文机关名称（公章） ××××年×月×日

图 2-12　通知的结构模板

1. 标题

标题的结构形式可以分为以下四种。

- **发文机关+事由+文种**：如《××市人民政府办公室关于下达××××年无偿献血计划的通知》。
- **事由+文种**：如《关于发布××××年版企业会计准则通用分类标准的通知》。

- **发文机关+文种**：如《销售部通知》。
- **直接以"通知"命名**：凡不作为正式文件处理的简便通知，可以仅用文种名称"通知"作为标题。

需要注意的是，批转性通知、转发性通知的标题应在事由部分说清来文单位和原文件的名称，但不能机械地照搬原文件名称，而应适当地组织语言，如是否用"关于"两字及在何处使用等。颁转性通知的标题结构见表 2-1 所示。

表 2-1　颁转性通知的标题结构

类型	常见形式
颁布性通知	×××关于印发《××××》的通知
批转性通知	×××关于批转×××××（来文单位名称+原文件名称）的通知
转发性通知	关于转发×××××（来文单位名称+原文件名称）的通知

2. 发文字号

发文字号由发文机关代字、年份和发文顺序号组成，如"国发〔2017〕27 号"。

3. 主送机关

主送机关即受文机关。通常应将若干主送机关的名称全部写上。

4. 正文

不同类型的通知，其正文写作方法不同。

- **指示性通知的正文**：指示性通知的正文一般包括发文缘由、具体事项和执行要求三部分。发文缘由即发布通知的相关背景、根据、目的、意义等；具体事项即所发布的指示、安排的工作、提出的方法、落实的措施和步骤等；执行要求一般为通知的结尾，如无必要，可省略。事项较多时，应分条写出执行要求，确保条理清晰，让人一目了然。
- **周知性通知的正文**：周知性通知的事项应交代清楚，篇幅不宜过长。周知性通知的信息较琐碎时应分项列出，以便主送机关阅读。
- **颁转性通知的正文**：颁转性通知一般篇幅较短，写明相关文件的发文机关名称及批转、转发或发布的意见和执行要求即可。需要注意的是，颁转性通知必须包含附件，附上相关文件的全文。

颁转性通知的范例

不同类型的通知，其正文的常见写法如下（见表 2-2）。

表 2-2　通知正文的常见写法

类型	写法示例
指示性通知	为了……，现将有关事项通知如下： …… 请认真贯彻执行

（续表）

类型		写法示例
周知性通知		为了……，经研究决定召开××××会议，现将有关事项通知如下： …… 特此通知
颁转性通知	颁布性通知	为了……，根据……，×××（发文机关）制定了《××××》，现印发给你们，请遵照执行
	批转性通知	×××（来文单位）《××××》，现批转给你们，请认真贯彻执行
	转发性通知	现将×××（来文单位）《××××》转给你们，请遵照执行

5. 落款

落款包括发文机关和成文日期，并应加盖公章，这是公文生效的标志。

（四）撰写通知的注意事项

（1）主题集中，一事一文。每份通知只说明一件事情或布置一项工作。

（2）重点突出，措施具体。通知的事项应重点突出，要求和措施要明确具体、切实可行，以便主送机关正确理解并准确执行。

（3）结构合理，详略得当。内容简单的通知，可采用短文式结构，写一段或几段不等；内容繁多的通知，可采用分条列项的条文式结构。

（4）讲究时效，快捷及时。通知的写作、传递应当及时、快捷，以免耽误相关事项的周知或执行。

例文赏析

【例文一】

重庆市人力资源和社会保障局等5个部门 关于延续实施部分减负稳岗扩就业政策措施的通知 渝人社发〔2021〕27号	标题点明发文机关、事由和文种。 标题下方列明发文字号。
各区县（自治县）人民政府，两江新区、重庆高新区、万盛经开区管委会：	开头称呼明确主送机关。
为贯彻《关于延续实施部分减负稳岗扩就业政策措施的通知》（人社部发〔2021〕29号）要求，继续发挥2020年就业政策措施作用，促进高校毕业生等重点群体就业，经市政府同意，现就有关事项通知如下。	正文首先说明发文目的和依据。
一、继续实施以工代训政策。（略） 二、继续实施困难人员培训生活费补贴政策。（略） 三、调整失业保险技能提升补贴申领条件。（略） 四、继续实施就业见习补贴提前发放政策。（略） 五、支持毕业生基层就业和升学入伍。（略） 六、鼓励中小微企业吸纳毕业生就业。（略） 七、支持毕业生自强自立、就业创业。（略） 八、政策实施期限。（略）	然后从八个方面阐述具体的通知事项。

各区县（自治县）要继续落实好各项长期就业创业扶持政策，对就业困难人员、离校两年内未就业高校毕业生灵活就业后缴纳社会保险费的，按规定给予社会保险补贴；对重点群体自主创业或被用人单位吸纳就业的，按规定给予税收减免、创业担保贷款及贴息、社会保险补贴、职业培训补贴、创业补贴等。要梳理调整就业政策清单，及时公开发布。要持续加大就业政策宣传落实力度，分类精准推送政策信息，提升就业政策知晓度和到达率。要按照“谁备案、谁监管、谁负责”的要求，运用“互联网+监管”等手段对职业技能鉴定评价活动的关键环节进行审核管控，保证证书质量，加强对违规获证行为的追查问责力度，有效制止各类骗取套取补贴行为。要加快推动更多政策网上办、自助办、帮办快办，提高政策享受便利化水平，促进就业大局持续稳定。

最后对主送机关提出落实事项的要求。

重庆市人力资源和社会保障局（公章）
重庆市发展和改革委员会（公章）
重庆市教育委员会（公章）
重庆市财政局（公章）
重庆警备区动员局（公章）
2021 年 8 月 10 日
（资料来源：重庆市人民政府网）

落款处写明发文机关名称和日期，并由各单位加盖公章。

点评

本文是一篇指示性通知。通知正文列明了八个具体事项，并提出了落实事项的要求。文章结构合理，详略得当，措施具体。落款处列明了 5 个联名发布通知的机关名称与成文日期，并加盖公章。

【例文二】

上海市静安区人民政府
关于批转区市场监管局《静安区企业住所
登记管理细则》的通知

静府规〔2021〕3 号

区政府各委、办、局，各街道办事处、彭浦镇政府，各有关企业：

区市场监管局《静安区企业住所登记管理细则》已经区政府第 231 次常务会议通过，现批转给你们，请遵照执行。

附件：静安区企业住所登记管理细则

上海市静安区人民政府
2021 年 9 月 1 日

（附件正文略）

（资料来源：上海市人民政府网）

标题点明发文机关、事由和文种。

标题下方列明发文字号。

开头称呼明确主送机关。

正文说明通知事项和需批转文件的名称，并提出“遵照执行”的要求。

文后列明附件名称。

落款处写明发文机关的名称和日期，并加盖公章。

文后附上附件正文。

点评

本文是一篇批转性通知。通知在正文中写明了当前的情况及请主送机关执行的具体要求。文末附上了相关文件。通知内容篇幅虽小，但要素齐全，结构合理，重点突出。

病文会诊

重庆市人力资源和社会保障局
重庆市财政局
关于2022年调整退休人员基本养老金

渝人社发〔2022〕34号

各区县（自治县）人力社保局、财政局，两江新区社会保障局、财政局，西部科学城重庆高新区政务服务和社会事务中心、财政局，万盛经开区人力社保局、财政局：

按照人力资源社会保障部、财政部《关于2022年调整退休人员基本养老金的通知》（人社部发〔2022〕27号）和两部批复意见，经市政府同意，现就我市2022年调整退休人员基本养老金有关事项通知如下：

一、调整范围（略）

二、调整时间（略）

三、调整办法及标准（略）

四、资金列支渠道（略）

五、其他（略）

各区县（自治县）社保经办机构按本通知明确的调整对象和调整金额，经当地人力社保局、财政局审核，送市社保局汇总后，报市人力社保局、市财政局备案；各区县（自治县）社保经办机构按报市人力社保局、市财政局备案的调整对象和调整金额执行。

附件：第四批天津市文物保护单位名单

（此件公开发布）

【会诊提示】

（1）标题要素缺乏，语意不明，应改为“重庆市人力资源和社会保障局重庆市财政局关于2022年调整退休人员基本养老金的通知”。

（2）缺少落款。

二、通报

（一）通报的概念

通报是用于表彰先进、批评错误、传达重要精神和告知重要情况的公文。对于工作中

出现的新情况、新问题、新经验、好坏典型等，都可以用通报的形式在一定范围内传播。此文种用法比较灵活，使用频率高。

（二）通报的种类

（1）按照适用范围、内容及作用的不同，通报可分为表彰性通报、批评性通报和情况类通报三类。

- **表彰性通报：**主要用于表彰先进集体或个人、介绍先进事迹、推广典型经验等。
- **批评性通报：**主要用于批评错误行为或具有代表性的错误倾向、不良风气等。
- **情况类通报：**主要用于传达重要精神和动向、沟通重要情况等。

（2）按照表达方式的不同，通报可分为直述式通报和转述式通报两类。

- **直述式通报：**发文机关在通报中直接陈述其下属单位的先进事迹、典型经验、错误事实或者相关情况，然后在此基础上分析、评价，提出处理意见。
- **转述式通报：**发文机关用转发或批转的形式，对所属单位及其他单位所反映的先进事迹、错误事实或者重要情况进行分析、评价，并提出处理意见，发出号召。

（三）通报的结构与写法

通报一般由标题、发文字号、主送机关、正文和落款构成（见图 2-13）。

标题		发文机关+事由+文种
发文字号		×××〔××××〕×号
主送机关		主送机关名称：
正文	概述事实	叙述先进（或错误）事迹，包括时间、地点、人物、经过、结果等。
	分析评价	对上述事迹进行分析评价，明确其性质和典型意义，概括其主要经验或教训。
	做出决定	提出表彰（或批评），写明表彰（或批评）依据及形式。
	提出要求	提出希望或告诫。
落款		发文机关全称或规范简称（公章） ××××年×月×日

图 2-13　通报的结构模板（以表彰性、批评性通报为例）

1. 标题

标题的结构形式可以分为以下两种。

- **发文机关+事由+文种：**如《中国银保监会办公厅关于××××年一季度保险消费投诉情况的通报》。
- **事由+文种：**如《关于××××年××市卫生计生工作情况及××××年工作思路的通报》。

2. 发文字号

发文字号由发文机关代字、年份和发文顺序号组成，如“发改财金规〔2019〕1638 号”。

3．主送机关

指定下发单位的通报应写明主送机关；普发性通报或在本单位公开张贴的通报，可以省略主送机关。

4．正文

不同类型的通报，其正文的写作方法也不相同。

（1）表彰性、批评性通报。表彰性通报和批评性通报的正文一般由以下四个部分组成。

- 概述事实：采用概括叙述的方式，叙述先进（或错误）事迹，包括时间、地点、人物、经过、结果等。这部分内容应简明扼要、条理清晰。
- 分析评价：主要采用议论的写法，分析和评价先进事迹，或者分析错误事实的性质，总结经验教训。评价性的文字应注意措辞，确保语言的准确性，避免出现夸饰的现象。
- 做出决定：表彰性通报应提出表彰方式，写明给予何种奖励；批评性通报应以有关法律规章为依据，对错误事实做出恰当的处理决定。
- 提出要求或发出号召：表彰性通报应有针对性地提出希望，希望有关方面向先进单位或个人学习，共同做好工作。批评性通报应提出告诫或重申纪律，希望有关单位和个人从错误事实中吸取教训，以改进工作。

（2）情况类通报。情况类通报的正文一般由以下三个部分组成。

- 概述缘由：叙述基本事实，阐明发布通报的依据、目的、原因等。这部分内容应简明扼要，篇幅不宜过长。
- 介绍情况与信息：叙述具体情况，传达重要信息。通常，这部分内容较多，篇幅较长，要注意合理安排结构，分类梳理。
- 提出希望与要求：在叙述情况的基础上进行必要的评价，有针对性地向主送机关提出相应的意见和要求；或说明指导原则，申明态度，提出解决问题的方法。

5．落款

落款处应注明发文机关全称或规范简称和成文日期，并加盖公章。

（四）撰写通报的注意事项

（1）事例典型。写通报时应从全局出发，着眼于整体利益，确保所通报的事例有代表性、典型性，有普遍的指导意义，所提炼出的经验教训必须是从通报事例中归纳出来的，应具有较强的针对性。这样才能起到宣传教育的作用。

（2）材料真实。对于通报所使用的材料，一定要核对清楚，确保其真实、准确。与此同时，做到措辞严谨、判断准确，并注重说理的逻辑性。

（3）详略得当。通报的事例是写作的重点，固然要多用笔墨，但应注意详略得当。若过于简单，将内容变成抽象的概念，则会让人难以理解；若过于详细，将通报写得近似于报告文学，则会让人难于把握要领。

（4）叙述简明。通报以叙述事实为主，叙述应准确无误，写明事情发生的时间、地点、相关人物和事情的起因、经过、结果等，并分析原因，有叙有议，确保内容简明扼要。

（5）评议得当。无论是表彰性通报、批评性通报还是情况类通报，都涉及对人或事

的评价、定性问题，要确保评论合情合理、切中要害、恰如其分。

（6）有教育性。通报与决定不同，它不是一种行政命令，其主要特点是具有教育性。在写通报时，要注意突出这一特点。

视野纵横

通报与通知的区别

（1）目的不同。通报主要用于沟通信息、宣传教育；通知则用于部署具体工作。

（2）行文对象不同。通报属于下行文，行文对象是全体下级机关；而通知的行文对象可以是下级机关或平级机关。

（3）作用不同。通报主要用于表彰先进、批评错误和通报情况；通知主要用于发布规章、布置工作、传达指示和转发文件，让受文机关了解相关情况。

例文赏析

重庆市人民政府关于表彰重庆市第十次社会科学优秀成果和第七届重庆市发展研究优秀成果的通报

渝府发〔2020〕31 号

各区县（自治县）人民政府，市政府各部门，有关单位：

为充分调动我市广大社会科学工作者从事学术研究的积极性和创造性，根据《重庆市社会科学优秀成果奖励办法》（重庆市人民政府令第 257 号）、《重庆市发展研究奖奖励办法》（渝办发〔2009〕337 号）规定，经申报、评审和市第五届人民政府第 123 次常务会议审定，并经公示无异议，市政府决定对《科学发展运行系统建构研究》等 149 项社会科学优秀成果、《建设长江三峡生态经济走廊的必要性及总体架构》等 49 项发展研究优秀成果予以表彰。

希望获表彰的单位和个人以及全市广大社会科学工作者再接再厉，……坚持以人民为中心的研究导向，立足新发展阶段，坚持新发展理念，融入新发展格局，积极述学立论、建言献策，不断推出更多高质量研究成果，为构建中国特色哲学社会科学贡献重庆力量，为新时代重庆推动高质量发展、创造高品质生活做出新的更大贡献。

附件：1. 重庆市第十次社会科学优秀成果名单
　　　2. 第七届重庆市发展研究优秀成果名单

重庆市人民政府（公章）
2020 年 12 月 30 日

（此件公开发布）

（附件正文略）

（资料来源：重庆市人民政府网）

标题写明发文机关、事由和文种。通过标题可知，此文为表彰性通报。

标题下方写明发文字号。

开头称呼明确主送机关。

正文首先阐明了发文目的、表彰依据、基本情况和表彰决定。

然后有针对性地提出希望和要求。

结尾附上正文提及的优秀成果名单作为正文的补充资料。

落款处写明发文机关名称和日期，并加盖公章。

文后附注“此件公开发布”，说明了此文内容的发布范围。

最后附上附件全文。

点评

本文是一篇表彰性通报。正文先简明扼要地阐明了表彰目的，即“充分调动我市广大社会科学工作者从事学术研究的积极性和创造性”，然后列明了表彰依据，并简要介绍了“审定”和“经公示无异议”的基本情况，最后提出表彰决定。这部分内容语言凝练、条理清晰。

在正文的结尾，发文机关对主送机关发出了“再接再厉”的号召，并提出了一系列具体要求。这部分内容紧跟时代步伐，立意高远。

病文会诊

××市人民政府的通报

×府发〔20××〕26 号

各区县（自治县）人民政府，市政府各部门，有关单位：

根据《××市市长质量管理奖评选办法（修订）》（×府办〔20××〕37 号），经评审委员会审议、市第五届人民政府第 97 次常务会议审定，决定授予××国际复合材料股份有限公司、××京东方光电科技有限公司、英业达（××）有限公司、××三峰卡万塔环境产业有限公司 4 家企业第七届××市市长质量管理奖，××建峰化工股份有限公司、××盾之王实业有限公司、××威斯特电梯有限公司 3 家企业第七届××市市长质量管理奖提名奖。

××市人民政府

20××年 10 月 30 日

（此件公开发布）

【会诊提示】

（1）标题不规范，应补齐相关事由，如“关于表彰第七届××市市长质量管理奖及提名奖获奖企业的通报”。

（2）正文在阐明依据、说明情况和决定表彰之后，没有提出有针对性的希望和要求。

（3）落款处没有加盖公章。

博古通今

古代公文常识

我国历史悠久，政府公文不仅数量庞大，而且形式丰富多样。

从公文制成的材料看，殷商王朝的卜辞刻在龟甲兽骨上，商周的铭文铸刻在青铜器上，秦汉时使用得最多的是竹简和缣帛，东汉以后有了纸，公文书写材料逐渐被纸替代，一些特殊的文书还用金、铁制成，如武则天祭嵩山的金简文书，宋代、明代颁发给勋贵的铁券诰命，等等。

从书写公文的文字看，唐宋以后，楷书是公文书写的主要字体，有些公文对文字有特别的要求，例如，一般用于封赠的公文以篆书书写，用于罢免大臣的公文以隶书书写，有些朝代还规定不得用行书、草书书写国家正式公文。

至于公文的种类，更是名目繁多，主要有以下几类。

（1）典、谟、训、诰、誓、命。它们是《尚书》里的公文文体。典指国家的法典、法规；谟是谋的意思，指规划一类的文书；训是训示、训令；诰是告示、布告；誓是誓言、誓词，相当于后来的檄（xí）文；命是常见的命令之类。

（2）制、诏、策（册）、戒、敕、旨、谕。它们是皇帝在政务活动中颁发的各种公文的名称。制是皇帝用于颁布重大制度时所用的文书；诏多用于对官僚的训示、答复臣僚的上奏、皇帝即位的布告；策是用于封赠或罢免大臣的命令性文书；戒是皇帝对臣下进行训诫所用的文书；日常政务活动中所用的命令性文书称敕，即民间称谓的“圣旨”，明代则称敕谕。

（3）奏、章、表、议。它们是文武百官向皇帝上奏的文书形式。奏是封建时代官僚向皇帝言事的主要公文形式；章多用于庆典时向皇帝致敬，官员就任新职，依例须撰写谢章感恩，同类的公文还有表、笺；议是臣僚向皇帝表达不同意见的文书。

（4）启、移、谘（zī）、关、札、状、檄、露布。它们是政府衙署相互往来或个人与官署交往的文书。启是官府往来的书信或下级给上级个人的书信；移是同级衙署互相送达的文书；谘是两个衙署相互商量事情的文书；关是此衙署通知彼衙署有关事情的文书；札是上级官员给属员的文书；状是百姓向官府申诉的文书；檄与露布是指军事行动中的讨伐性文告。

（资料来源：百度文库，有改动）

任务三

一事一文，有请必复

——掌握报告、请示、批复的结构与写法

任务清单

每完成一项学习任务，就在对应的方框中打一个“√”。

任务进程	序号	任务内容	是否完成
课前预习	（1）	分别收集5篇党政机关发布的报告、请示和批复，尝试分析这三种应用文的作用和格式	□
	（2）	写出自己对报告、请示和批复的初始认知	□
课中学习	（3）	阅读“例文感知”，简要评价例文，并思考例文后的“问题导入”	□
	（4）	理解报告、请示和批复的概念，并了解它们的种类	□
	（5）	熟悉报告、请示和批复的结构与写法	□
	（6）	掌握报告、请示和批复的写作注意事项，能说出报告和请示这两种应用文的区别与联系	□
课后复习	（7）	根据报告、请示和批复的分类标准收集公文范文，每种类型至少收集一篇	□
	（8）	简要分析所收集范文的结构特点与写法，并做好记录	□

例文感知

北京市东城区人力资源和社会保障局就按月领取养老金（退休费）未参加基本医疗保险人员有关问题，向北京市人力资源和社会保障局发出了请示。随后，北京市人力资源和社会保障局就该请示做出了批复。

关于对《关于按月领取养老金（退休费）未参加基本医疗保险人员有关问题的请示》的批复

京人社医复〔2013〕295号

东城区人力资源和社会保障局：

你局《关于按月领取养老金（退休费）未参加基本医疗保险人员有关问题的请示》（东人社文〔2013〕8号）收悉，经研究，批复如下：

根据《国务院关于建立城镇职工基本医疗保险制度的决定》（国发〔1998〕44号）“基本医疗保险费由用人单位和职工共同缴纳”的原则，符合按月领取基本养老金或退休费条

件，但未参加过本市职工基本医疗保险的本市户籍职工，自愿提出补缴申请的，按照《关于印发〈关于超过国家规定劳动年龄的本市城镇人员社会保险有关问题的处理办法〉的通知》（京劳社养发〔2005〕111号）补缴基本医疗保险费用的规定，补缴后方可享受退休人员的基本医疗保险待遇。

此复。

北京市人力资源和社会保障局（公章）

2013年4月28日

（资料来源：北京市人民政府网）

请思考：什么情况下使用“请示”文书？上述批复传达了哪些信息？

问题导入

（1）什么是报告？报告有哪些种类？

（2）什么是请示？请示有哪些种类？

（3）什么情况下使用报告？什么情况下使用请示？

（4）请示和批复之间存在着什么样的关系？

（5）报告、请示、批复的结构与写法各是怎样的？

（6）在写报告、请示和批复时应当注意什么？

一、报告

（一）报告的概念

报告是下级机关向上级机关汇报工作情况的陈述性公文。《条例》规定，报告“适用于向上级机关汇报工作、反映情况，回复上级机关的询问”。报告属于上行文，适用于有直接隶属关系的上下级机关。

（二）报告的种类

1．工作报告

工作报告是指向上级部门或领导汇报本机关工作情况的报告，主要用于汇报成绩经验、问题教训、方法计划等，如《××省农业银行关于信贷扶贫工作的报告》。

2．情况报告

情况报告是指向上级机关或领导反映本机关、本地区突发情况的报告，主要用于反映特殊情况、较大事故、突发事件等，以便上级机关及时了解情况并做出决策，如《中国人民银行××市××区分行关于发现变相货币的报告》。

3. 答复报告

答复报告是指用于答复上级机关询问或交代的事项的报告，如《关于治理××河水质污染问题的报告》。

4. 报送报告

报送报告是指用于向上级报送文件、物件的报告。这种报告的正文通常非常简略，只需写明“现将××××报上，请查收”即可，相关的具体内容都在所报送的文件里。

（三）报告的结构与写法

报告一般由标题、发文字号、主送机关、正文和落款构成（见图 2-14）。

标题		发文机关+事由+文种
发文字号		×××〔××××〕×号
主送机关		上级机关或部门名称：
正文	导语	介绍报告的写作目的、依据或原因，概述工作或事件的总体情况。
	主体	或汇报工作内容，或反映情况，或答复询问。
	结尾	使用惯用语收尾或自然收尾。
落款		发文机关名称或个人姓名（签字盖章） ××××年×月×日

图 2-14　报告的结构模板

1. 标题

标题的结构形式可以分为以下三种。

- **发文机关+事由+文种：**如《××市××局××××年法治政府建设年度情况报告》。
- **事由+文种：**如《关于承办市政府工作报告重点工作落实情况》。
- **文章式标题：**如《百尺竿头，更进一步——宣传部××××年工作报告》。

2. 发文字号

发文字号由发文机关代字、年份和发文顺序号组成，如“晋政办函〔2021〕121 号”。

3. 主送机关

报告的主送机关具有单一性，一般为发文机关的直属上级机关（或上级业务指导机关），通常可写其规范化简称。受双重领导的机关向上级机关呈递报告时，应根据报告内容的实际需要写明主送机关和抄送机关。在某些特殊情况下，报告可多头主送，以便有关机关尽快了解情况。需要注意的是，报告不得越级行文，不得抄送下级机关。除特殊情况外，不得送发领导者个人。

4. 正文

正文一般由导语、主体和结尾构成。

（1）导语。导语通常应写明报告的写作目的、依据或原因，概述工作或事件的总体情况，接着可用“现将有关事项报告如下”等句子过渡到下一段。

（2）主体。不同类型的报告，其主体部分应采取不同的写法。

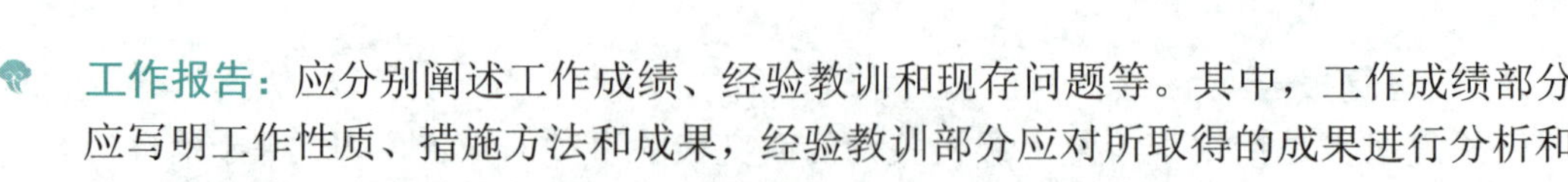

- **工作报告：**应分别阐述工作成绩、经验教训和现存问题等。其中，工作成绩部分应写明工作性质、措施方法和成果，经验教训部分应对所取得的成果进行分析和总结，现存问题部分应指出工作中存在的问题和不足。
- **情况报告：**应将发生的灾害、事故或案情，以及召开的重要会议等各种特殊情况的原委或背景、经过、结果和建议表述清楚。
- **答复报告：**应针对上级机关或领导的询问进行回答。

（3）结尾。结尾可以使用“专此报告”“特此报告”等惯用语结束，也可以采用简要概括全文等方式收束全文。

5. 落款

落款处应注明发文机关名称，写明成文日期，最后由部门领导签字并加盖发文机关公章。如果发文机关已经在标题中标明，落款时可省略。

（四）撰写报告的注意事项

（1）汇报及时，注重实效。报告是上级机关做决策的重要依据，所以对有关事件或情况应及时、高效地汇报，以便上级机关及时做出决策。

（2）实事求是，内容真实。下级机关对有关事项或情况的报告，是上级机关做决策的依据，所以报告的内容必须是真实、可靠的，有喜报喜，有忧报忧，无论是成绩、经验，还是问题、教训，都必须忠于事实，不能有丝毫虚假。

（3）重点突出，详略得当。报告的内容应有主次轻重之分。重点的、主要方面的内容应安排在前面，且详写；非重点的、次要方面的内容应安排在后面，可略写；可写可不写的内容就不写。点面结合，有详有略，才能突出重点，使报告的内容具体而不空泛，以达到汇报工作、反映情况的目的。

（4）一事一文，切勿夹带。《条例》明文规定，报告中“不得夹带请示事项”。报告属于陈述性文体，不要求上级回复。工作中若需要上级机关给出指示或帮助解决一些问题，应另外用“请示”行文，不能出现“请示报告”类字样。

例文赏析

【例文一】

广东省公路事务中心关于2023年全省公路养护作业资质第一批申报企业初步审查意见的报告 粤公养〔2023〕47号 省交通运输厅： 根据《广东省交通运输厅关于印发公路养护作业单位资质管理实施细则的通知》（粤交〔2022〕3号）和《公路养护作业单位资质审查要点》（广东省），我中心组织广东粤路勘察设计有限公司开展了2023年第一批全省公路养护作业资质申报企业资料咨询。结合省公路学会反馈的专业意见，经研究和公示，现形成初步审查意见如下。	标题写明发文机关名称、事由和文种。 开头称呼明确主送机关。 正文先说明申报情况与初步审查意见，再介绍公示申诉与建议答复意见的情况。

一、申报情况及初步审查意见

本批共受理22家企业申报56项序列，其中，22项序列通过，34项序列不通过（详见附件1）。我中心开展的初步审查总体情况如下：

（一）申报资质汇总梳理分析（略）

（二）初步审查意见（略）

二、公示申诉及建议答复意见

2月22日起，在《广东省交通运输厅建设管养平台—公路养护作业单位资质管理系统》公示我中心提交的初步审查意见，至3月1日结束。公示期间，共有2家企业为2项序列提出申诉；经会同省公路学会和广东粤路勘察设计有限公司研究，均建议答复不通过。具体内容如下（详见附件2）：

（一）中建昆仑工程建设（广东）有限公司为其申报的路基路面乙级序列提出申诉。

（二）广州中咨交通研究院有限公司为其申报的交通安全设施（各等级公路）序列提出申诉。

现随文上报，请厅审核。

附件：1. 2023年全省公路养护作业资质第一批申报企业初步审查意见明细表（共22家56项序列）

2. 2023年全省公路养护作业资质第一批申报企业公示申诉及建议答复意见明细表（共2家2项序列）

广东省公路事务中心（公章）

2023年3月6日

（资料来源：广东省交通运输厅）

> 结尾以“现随文上报，请厅审核”结束。
>
> 落款处写明发文机关名称和日期，并加盖公章。

点评

报告正文介绍了对申报企业初步审查的总体情况与初步审查意见，并说明了公示期间对相关企业申诉的建议答复意见。文章注重实效，一事一文，重点突出，详略得当。

【例文二】

关于报送10月份防范遏制重特大事故工作统计表的报告

黑环呈〔2019〕288号

省政府安委会：

按照防范遏制重特大事故信息报送工作有关要求，根据各市（地）生态环境局上报情况，现将10月份“防范遏制重特大事故工作统计表”进行上报。

附件：防范遏制重特大事故工作统计表

黑龙江省生态环境厅（公章）

2019年11月6日

（附件正文略）

（资料来源：黑龙江省生态环境厅）

> 标题写明事由和文种。通过标题可知，此文为报送文件的报告。
>
> 开头称呼明确主送机关。
>
> 正文直截了当地说明上报依据和上报文件的名称。
>
> 文末附件补充正文。
>
> 落款处写明发文机关名称和日期，并加盖公章。

点评

本文是一篇报送报告。报告主题是“报送10月份防范遏制重特大事故工作统计表”。全文语言简练，主题突出，符合行文规范。

病文会诊

关于我镇化工厂爆炸事故的报告

××县政府：

20××年××月××日下午，我镇化工厂发生了一起严重的爆炸事故，事故造成一定的人员伤亡和财产损失。这是我们工作的失职，特向县领导做深刻检讨。事故发生后，消防队员、公安民警当即赶到现场紧急抢救，努力把损失降到最低。至于事故原因，尚在调查之中。据说，可能是职工操作失误所致。

特此报告。

××县××镇人民政府（公章）
20××年××月××日

【会诊提示】

（1）标题不规范。“我镇化工厂”语义含糊，应当写明镇机关全称和具体的工厂名称。

（2）正文结构不符合“报告”文种的要求。报告正文没有将事故发生的原因、经过、结果等情况写清楚，且“可能是职工操作失误所致”这样的表述不符合报告的写作规范。

（3）关键数据不明确。正文未列明数据来说明“一定的人员伤亡和财产损失”。

二、请示

（一）请示的概念

请示是下级机关向上级机关请求指示或批准的报请性公文。《条例》规定，请示“适用于向上级机关请求指示、批准”。请示是上行文，只限于下级机关向上级机关递交，没有直接隶属关系的单位之间不能用请示。

（二）请示的种类

1．请求指示的请示

请求指示的请示是指当下级机关对上级政策、规定产生疑问或在工作中遇到难以解决的问题时，请求上级机关予以明确答复的公文。请求指示的请示常用于以下四种情况。

（1）上级机关的有关方针、政策、指示或法规、规章不够明确或下级机关对其产生疑问，需要上级机关做出明确解释和答复。

（2）根据本地区、本单位的实际情况，需要对上级机关的某项政策、规定做出变通

处理，有待上级机关重新审定，明确答复。

（3）遇到新情况、新问题，在有关的方针、政策、规章及上级机关的指示中找不到相应的处理依据，无章可循，因而没有对策，需要上级机关给予指示。

（4）与友邻机关或协作单位在较重大的问题上出现意见分歧，需要上级机关裁决。

2．请求批准的请示

请求批准的请示是指当下级机关遇到无权做出决定的事项（如项目立项、人员编制、机构设置、外事活动、换届选举、土地使用权转让等重大问题）时，请求上级机关审定、批准的公文。

请求批准的请示常用于以下两种情况。

（1）请求批准有关规定、方案、规划。下级机关依据有关规章和管理权限制定了某些规定、方案、规划等，请求上级机关批准，以便发布、实施。

（2）请求审批某些项目、指标。下级机关在工作中遇到人、财、物方面的困难时，可提出解决的方案，请上级机关审核批准并在人、财、物方面给予相应的调配，如请求审批基建项目、请求审批购进设备物资、请求增加人员编制等。

3．请求批转的请示

请求批转的请示是指机关单位在自己的职权范围内制定了相关的办法和措施，却不能直接要求平级机关和不相隶属机关照办时，请求上级机关批转给有关部门执行的公文。写这类请示时，要针对实际工作中遇到的新情况、新问题提出具体的措施和办法。一旦上级机关批准、转发，请示的内容便具有法定的权威和约束力。

（三）请示的结构与写法

请示一般由标题、发文字号、主送机关、正文和落款构成（见图 2-15）。

标题		发文机关+事由+文种
发文字号		×××〔××××〕×号
主送机关		上级机关或部门名称：
正文	缘由	提出请示的原因和理由。
	事项	列出请示事项。
	结语	以祈请语结尾。
落款		发文机关或部门名称（公章） ××××年×月×日

图 2-15　请示的结构模板

1．标题

标题的结构形式可以分为以下两种。

- **发文机关+事由+文种构成：**如《××镇关于实施扣蟹池塘改造建设工程的请示》。
- **事由+文种：**如《关于申请批复设立国家植物园的请示》。

拟制标题时应简明、准确地概括请示的意图，以便上级机关把握要点。

2. 发文字号

发文字号由发文机关代字、年份和发文顺序号组成，如“自然资发〔2023〕5号”。

3. 主送机关

主送机关即发文机关或部门的直属上级机关或部门。

4. 正文

请示的正文一般由缘由、事项、结语三部分组成。

（1）缘由。提出请示的原因和理由，并用“现将有关事项请示如下”等语句过渡到下一段。

（2）事项。说明请求批准的具体事项。需要上级指示的，应写明问题或疑惑；需要上级审批的，应写明具体的处理方案或意见。

（3）结语。一般以惯用祈请语结束，如“请审批”“妥否，请批示”“如无不妥，请批准”等。

5. 落款

落款处应写明请示机关或部门名称及成文日期。

（四）撰写请示的注意事项

（1）明确主送机关。请示只能主送一个上级机关或主管部门，不可多头请示。若需要同时送达其他机关，则可用抄送形式。请示是上行公文，除极其特殊的情况外，原则上不得同时抄送平级机关或下级机关，更不能要求平级机关或下级机关执行上级机关未批准或未批复的事项。

（2）不得越级请示。一般不得越过直属上级机关请示问题，而应逐级请示。因情况特殊必须越级请示时，应当同时抄送所越过的直属上级机关或主管部门。

（3）坚持一文一事。请示的内容应集中、单一，确保一文一事，而不可一文多事。若有几件事需要请示，则应呈报多份请示。

（4）理由充分，事项明确。请示的理由应充分，突出请示的必要性，切忌堆砌辞藻。请示事项应明确，提出的意见或办法应合理、具体，不能含糊其词。

（5）用词准确、恰当。写请示时应特别注意用词的准确性，不能错用、滥用“希望”“申请”“请批准”“要求”等词。

（6）不得送交领导者个人。除领导者直接交办的事项外，不得以机关名义将请示直接送交领导者个人。

课堂互动

党政机关在向上级机关提交“请示”公文的同时，为什么不得同时将其抄送给下级机关？请与同学展开讨论，举例说明为什么“可以”或者“不可以”，并谈一谈按照流程办事的重要性。

请示与报告的异同

一、请示与报告的相同之处

（1）行文方向一致，两者均属上行文，且应用范围广泛。

（2）在格式上，都由标题、发文字号、主送机关、正文和落款五个部分构成。

二、请示与报告的不同之处

（1）行文目的、作用不同。请示旨在请求上级批准、指示或批转，需要上级批复，重在呈请。报告旨在向上级汇报工作、反映情况、提出意见或建议、答复上级询问，不需上级答复，重在呈报。

（2）行文时间不同。请示应事前行文，报告一般在事后或者事中行文。

（3）主送机关数量可以不同。请示只能写一个主送机关。报告有时可写多个主送机关，如在情况紧急而需要多级领导机关尽快了解灾情时。正式印发请示报送上级机关时，还应在附注处注明联系人的姓名和电话，以便主送机关在必要时查询，而报告没有此项要求。

（4）写作侧重点不同。虽然二者都要陈述、汇报情况，但报告的重点在于汇报工作情况，报告中不能夹带请示事项；而请示中所陈述的情况是用于解释请示原因的，即使反映情况及阐述缘由所占的篇幅较大，其重点依然是请示事项。

例文赏析

【例文一】

广东省交通运输厅
关于广州中船航运有限公司更新运力的请示

粤交水〔2020〕29 号

交通运输部：

广州中船航运有限公司是一家经营国内沿海省际成品油船、化学品船运输的企业。为拓展运输业务，提高企业的经济效益，现该司申请新增 1 艘 2 400 载重吨散装化学品船运力指标，经营国内沿海各港间散装化学品运输，顶替该司 2018 年报废退出市场的“盛荣华”轮（共 1 600 载重吨）。经研究，我厅拟同意该司申请，现将有关资料报上，请审批。

广东省交通运输厅（公章）

2020 年 1 月 16 日

（资料来源：广东省交通运输厅）

标题写明发文机关名称、事由和文种。

开头称呼明确主送机关。

正文首先简要介绍航运公司；然后写出请示的理由、事项和方案。请示内容列明了相关数据，用语严谨。结尾请求批示。

落款处写明发文机关名称和日期，并加盖公章。

点评

这是一份请求批准的请示。请示的正文写明了请求审批事项的背景、缘由和具体方案。文章在表述请示事项时，列明数据，阐明理由，有理有据。

【例文二】

关于批转《关于静安区街道经费保障的实施意见》的请示

静财发〔2016〕6号

区政府：

为切实保障街道加强基层党建、公共服务、公共管理和公共安全等工作，进一步增强我区社会治理能力，我局对《上海市静安区人民政府批转区财政局〈关于调整完善街道经费保障机制的意见〉的通知》（静府发〔2015〕13号）、《闸北区街道经费保障方案》（闸财〔2015〕95号）进行了修订，形成了《关于静安区街道经费保障的实施意见》，并经区政府第二次常务会议审议通过。根据区领导要求，现提请区政府批转《关于静安区街道经费保障的实施意见》。

妥否，请批示。

附件：关于静安区街道经费保障的实施意见

上海市静安区财政局（公章）
2016年4月11日

（附件正文略）

（资料来源：上海市静安区人民政府网）

> 标题写明事由和文种。通过标题可知，此文为请求批转的请示。
>
> 开头称呼明确主送机关。
>
> 正文首先阐明请示的理由，然后说明请示的事项和方案。
>
> 结尾使用惯用祈请语。
>
> 文末附有正文提及的相关文件。
>
> 落款处写明发文机关名称和日期，并加盖公章。

点评

这是一份请求批转的请示。请示的正文写明了请求审批事项的背景、缘由和具体方案，列明了需要批转的相关文件。全文层次清晰，逻辑严密，语言简练。

病文会诊

县职教中心关于增加专业教师、经费和培训器材的请示

××县教育局：

我校自创办以来，在县委、县政府和县教育局的大力支持下，取得了长足的发展，但也遇到了一些急需解决的困难：

其一，专业教师缺编。我校××个专业班尚缺××个专业教师。这直接影响到教学工作的顺利开展。

其二，办学经费缺少。由于校舍的建筑、维修、设备的增添，学校经济出现了严重困难，现已无法正常运转。

其三，活动器材缺乏。体育器材严重缺乏，急需购买补充。

以上请示报告，请批复。

××县职业教育中心（公章）

20××年××月××日

【会诊提示】

（1）违背了“一事一文”原则。一次请示三个问题，不符合规定。

（2）请示要求不具体，且未提出具体方案，上级机关无法批复。

（3）结尾语使用不当，混用了“请示”和“报告”两个文种。

（4）缺少发文字号。

三、批复

（一）批复的概念

《条例》规定：批复“适用于答复下级机关请示事项”。批复是上级机关针对下级机关的请示而制发的具有针对性和指挥性的公文。批复是下行文，是对请示的回文，没有请示也就没有批复。

（二）批复的种类

根据批复内容的特点，批复可以分为肯定性批复、否定性批复和解答性批复三种。

- **肯定性批复：**是对下级的请示事项表示同意的批复。其正文应对请示事项的落实、执行或重要意见提出指示性意见。
- **否定性批复：**是对下级的请示事项加以否定的批复。这种批复要说清楚否定的理由。
- **解答性批复：**是针对下级机关对有关法律、法规、政策、措施等的询问而进行解答的批复。法律、法规、政策、措施等的解释权在制定机关，本机关无权解答时可以逐级向上级请示。这种解答对下级具有指示性，是下级开展工作的依据。

（三）批复的结构与写法

批复一般由标题、发文字号、主送机关、正文和落款构成（见图 2-16）。

标题		发文机关+事由+文种
发文字号		×××〔××××〕×号
主送机关		下级机关或部门名称：
正文	引语	引述来文作为批复依据。
	意见	讲明批复的态度和意见。
	结语	以习惯用语结尾。
落款		发文机关或部门名称（公章） ××××年×月×日

图 2-16　批复的结构模板

1. 标题

标题的结构形式可以分为以下三种。

- 发文机关+事由+文种：如《国家发展改革委关于××市液化天然气接收站项目核准的批复》。
- 发文机关+事由+受文机关+文种：如《国务院关于××市住房制度改革试行方案给××省人民政府的批复》。
- 事由+文种：如《关于同意设立大学生就业指导中心的批复》。

2. 发文字号

发文字号由发文机关代字、年份和发文顺序号组成。

3. 主送机关

批复的主送机关只能是来文请示的下级机关。如果批复带有普遍指导意义，需要发给其他下级机关，则可用抄送的形式。

4. 正文

批复的正文一般由批复引语、批复意见、批复结语三部分组成。

（1）批复引语。批复的开头通常引述请示的标题、发文字号、发文日期或主要事项作为依据，然后使用“现批复如下”作为承上启下的过渡句。批复的具体引述方法一般有四种：一是直接引述来文的日期，如“××××年××月××日来文收悉”；二是来文日期+发文字号，如“××××年××月××日（××〔××××〕××号）文收悉”；三是来文日期+来文名称，如“××××年××月××日《关于××××的请示》收悉”；四是来文日期+请示事项，如“××××年××月××日关于××问题的请示收悉”。

（2）批复意见。批复意见是针对下级请示中的问题给予明确的答复或指示。对请示的批复一般分三种意见：完全同意、不完全同意、完全不同意。意见不同，写法也不同。完全同意的批复可以不写同意的理由，只明确表态；根据实际情况，还可就具体工作做出指示，指出注意事项。不完全同意的批复，可以先说明同意部分，再讲清不同意部分及其理由。完全不同意的批复，一定要讲明不同意的理由和依据；也可以在发文之前，先向下级单位讲明理由和依据。

（3）批复结语。另起一行写批复结语。批复结语通常为“此复”“特此批复”等习惯用语。

5. 落款

文末右下方署名发文机关，写明成文日期。

（四）撰写批复的注意事项

（1）有请必复，一请一复。批复内容必须针对请示事项，一份批复文件只涉及一项请示，不可将对多项请示的回复写在一份批复文件中。

（2）态度鲜明，观点明确。上级机关必须在批复中明确地表明态度，不可含糊其词。批复内容必须具有指挥性和可行性。

（3）及时批复，以免贻误工作。上级机关收到下级机关的请示后要及时研究、讨论，然后做出批复，切忌拖延，以免影响下级机关工作的开展。

例文赏析

关于同意中国×××有限公司向专业投资者公开发行公司债券注册的批复

证监许可〔2020〕1160号

中国×××有限公司：

中国证券监督管理委员会收到上海证券交易所报送的关于你公司向专业投资者公开发行公司债券的审核意见及你公司注册申请文件。根据《公司法》《证券法》《国务院办公厅关于贯彻实施修订后的证券法有关工作的通知》和《公司债券发行与交易管理办法》（证监会令第113号）等有关规定，经审阅上海证券交易所审核意见及你公司注册申请文件，现批复如下：

一、同意你公司向专业投资者公开发行面值总额不超过16亿元公司债券的注册申请。

二、本次公司债券采用分期发行方式，首期发行自同意注册之日起12个月内完成；其余各期债券发行，自同意注册之日起24个月内完成。

三、本次发行公司债券应严格按照报送上海证券交易所的募集说明书进行。

四、本批复自同意注册之日起24个月内有效。

五、自同意注册之日起至本次公司债券发行结束前，你公司如发生重大事项，应及时报告并按有关规定处理。

中国证监会（公章）
2020年6月16日
（资料来源：中国证券监督管理委员会）

标题写明事由和文种。

标题下写明发文字号。

开头称呼明确主送机关。

正文首先引述请示单位报送的申请文件，然后列明批复的依据，并使用“现批复如下”作为承上启下的过渡句。

接着分条阐述具体的批复事项，条理清晰，语言简练。

落款处写明发文机关名称和日期，并加盖公章。

点评

该批复首先引述来文，说明了是对什么问题所做的答复，然后阐述了批复的依据。正文主体部分写明了批复的事项，清楚地写出了相关的数据、起止日期和批复要点。全文简洁明了，重点突出。

病文会诊

××市人民政府
关于××县××水库工程下闸蓄水阶段
移民安置验收结果的批复意见

×府〔20××〕38号

××县人民政府：

你县的请示收悉。现批复如下：

一、同意你县青杉水库工程下闸蓄水阶段移民安置通过验收。

二、你县要按照市级验收委员会提出的要求，加快推进青杉水库后靠集中安置点建房

工作，进一步落实水库移民后期扶持政策，巩固征地移民安置成果，推动工程早日竣工验收并发挥效益。

另外，你县上个月关于修建另一全新水库的请示，相关部门正在讨论研究，部分领导认为暂不修建为宜。

此复。

××市人民政府

20××年××月××日

（此件公开发布）

【会诊提示】

（1）标题“批复意见”的表述不规范，应删掉“意见”两字。

（2）正文开头缺乏批复引述部分，仅用“请示收悉”无法准确表明下文是对哪一项请示文件做出的批复。

（3）违背了“一请一复”原则，夹带了对其他事项的批复，且该批复观点不明确。

酌古御今

《陈情表》的艺术手法及其带来的启示

“表”又称“奏议”“奏疏”，是中国古代臣子向君王陈情言事的一种特殊文体，也是封建社会下臣对君王有所陈述或请求、建议时使用的一种文体。《陈情表》是三国两晋时期的文学家李密写给晋武帝的奏章。

李密自如地驾驭了表的文体特点，直面君王这个特定的读者，晓之以理，动之以情，并寓法于理，将事、理、情、法完美地融为一体，辞意恳切，真情流露，语言简洁，委婉畅达，最终得到君王的同情，被允许回乡侍奉祖母。此文被认定为中国文学史上抒情文的代表作之一。

一、《陈情表》的艺术手法

李密在写《陈情表》这篇表时，委婉铺陈，分四个层次一步步获得了君王的认可。

第一个层次写祖孙情深、相依为命：臣“夙遭闵凶”，祖母刘氏“躬亲抚养”。在这一层次，李密并不急于从正面提出自己的要求，而是大力陈述自己与祖母之间的感情，以人伦之情感动君王，为下文辞不赴命的请求埋下伏笔。

第二个层次写沐浴圣恩、处境两难：“逮奉圣朝，沐浴清化”，“臣之进退，实为狼狈”。在这一层次，李密先表明自己对君王的忠心耿耿，然后简述自己想要报效朝廷，但祖母无人照顾，自己在忠心与孝心之间进退两难。

第三个层次写圣朝国策、岂敢盘桓：“圣朝以孝治天下”，同时，刘氏“日薄西山，气息奄奄，人命危浅，朝不虑夕”。在这一层次，李密用“以孝治天下”的国策来为自己的行为找合理的解释，使得晋武帝无法拒绝自己的请求。

第四个层次写尽孝心愿、解决方案：“臣尽节于陛下之日长，报养刘之日短也”，先写“乌鸟私情，愿乞终养”，再写“臣生当陨首，死当结草”。在这一层次，李密在

前文陈情和说理的基础之上，表达了他先尽孝、再尽忠的请求，并用“臣之辛苦，非独蜀之人士及二州牧伯所见明知，皇天后土，实所共鉴”彻底打消君王的疑虑，使君王被自己的孝心感动并答应自己的请求。

二、《陈情表》带来的启示

（1）突出重要性与紧迫性。《陈情表》成功的关键在于李密淋漓尽致地表达了侍奉祖母的重要性和紧迫性。在高效、务实的现代社会，“请示”公文的写作也应该注意这一点，行文时应构思缜密，措辞严谨，要让受文对象感受到请示事项的重要性和紧迫感。

（2）理由明白晓畅，陈述方式得当。李密以一己私情上升到国家大政，晓以大义，明以大理，用“圣朝以孝治天下”为依据来表达自己的请求，并在提出请求之后给君王一个台阶，即自己只是暂时侍奉祖母，往后在报效朝廷时一定“生当陨首，死当结草”。这种陈述方式真可谓占尽了天时地利人和之势。现代“请示”公文的写作也应当讲究这样的技巧，除了提出请示事项之外，还应着重分析请求批准的理由与依据，理由与依据越充分，上级批准请示事项的可能性就越大。而且，公文的读者是人，而人都是有感情的，所以在阐明道理的同时还可采取合适的表达方式渗透情感。

（3）注重求尊心理。李密在写《陈情表》时，处处谦卑自抑，让晋武帝充分感受到了他的衷心与虔诚，从而让晋武帝在阅读这份公文时心情愉悦。在现代社会，虽然没有必要再卑躬屈膝，但获得尊重是任何一个人的心理需求，阅读“请示”公文的上级机关领导更是如此。因此，“请示”公文的写作也应注重受文对象的求尊心理，在需要向上级讲道理时，只需适当点拨，而不宜以推论性论证的方式阐明道理。在公文结尾更应当写上“请予审批”之类的祈请语。

（资料来源：中国知网，作者王玉林，有改动）

任务四

以文传情，择要而记
——掌握函、纪要的结构与写法

任务清单

每完成一项学习任务，就在对应的方框中打一个“√”。

任务进程	序号	任务内容	是否完成
课前预习	（1）	分别收集5篇党政机关发布的函和纪要，尝试分析这两种应用文的作用和格式	□
	（2）	写出自己对函和纪要的初始认知	□

（续表）

任务进程	序号	任务内容	是否完成
课中学习	（3）	阅读“例文感知”，简要评价例文，并思考例文后的“问题导入”	□
	（4）	理解函和纪要的概念，并了解它们的种类	□
	（5）	熟悉函和纪要的结构与写法	□
	（6）	掌握函和纪要的写作注意事项，能说出这两种公文的区别与联系	□
课后复习	（7）	根据函和纪要的分类标准收集公文范文，每种类型至少收集2篇	□
	（8）	简要分析所收集范文的结构特点与写法，并做好记录	□

例文感知

国务院办公厅关于同意将α-苯乙酰乙酸甲酯等6种物质列入易制毒化学品品种目录的函

国办函〔2021〕58号

公安部、商务部、卫生健康委、应急部、海关总署、药监局：

根据《易制毒化学品管理条例》第二条的规定，国务院同意在《易制毒化学品管理条例》附表《易制毒化学品的分类和品种目录》中增列α-苯乙酰乙酸甲酯、α-乙酰乙酰苯胺、3，4-亚甲基二氧苯基-2-丙酮缩水甘油酸和3，4-亚甲基二氧苯基-2-丙酮缩水甘油酯为第二类易制毒化学品，增列苯乙腈、γ-丁内酯为第三类易制毒化学品。

国务院办公厅

2021年5月28日

（资料来源：中华人民共和国中央人民政府网）

请思考：上述例文属于哪种类型的函？该函说明了哪些事项？

问题导入

（1）什么是函？它有什么作用？通常适用于哪些情况？

（2）函的常见分类标准有哪些？函按照这些标准可以分为哪些种类？

（3）什么是纪要？它有什么作用？

（4）纪要的常见分类标准有哪些？纪要按照这些标准可以分为哪些种类？

（5）函和纪要的结构与写法是怎样的？在写作时各应注意哪些事项？

一、函

（一）函的概念

《条例》规定，函“适用于不相隶属机关之间商洽工作、询问和答复问题、请求批准和答复审批事项”。

（二）函的种类

1．按性质和格式分类

函按性质和格式可分为公函和便函。公函即公文函，属于正式公文，按公文格式制作；便函不属于正式公文，格式较为灵活，近似于一般书信。

2．按用途分类

函按用途可分为商洽函、询答函、告知函和请批函。

- 商洽函：是指平行机关、不相隶属机关之间商洽工作、联系有关事宜时所使用的函，如《国务院办公厅关于解决北京大学新生在军训期间粮油等问题的函》等。
- 询答函：是指不相隶属机关之间相互询问和答复有关问题的函。询答函又可分为询问函和答复函。其中，发文机关向主送机关询问有关情况的函是询问函，如《关于询问全国方便食品会议后贯彻落实情况的函》；答复其他机关来函中所提问题的函是答复函，如《国务院办公厅关于中国科学技术协会设立科技开发型企业问题的复函》等。
- 告知函：是指告知不相隶属机关相关事项、某一活动，或请对方参加等使用的函。
- 请批函：是指向不相隶属的机关、有关主管部门请求批准事项的函，如《关于批准录用×××等 24 名同志为国家公务员的函》等。

3．按行文方向分类

函按行文方向可分为去函和复函。

- 去函：也称“发函”，是指某单位主动向另一单位发的函。
- 复函：也称“回复函”，是指回复对方来函的函。

（三）函的结构与写法

函一般由标题、发文字号、主送机关、正文和落款构成（见图 2-17）。

1．标题

标题的结构形式可以分为以下两种。

- 发文机关+事由+文种：如《国务院办公厅关于同意调整外语中文译写规范部际联席会议制度的函》。
- 事由+文种：如《关于开展××××年行业调研工作的函》。

标题		发文机关+事由+文种
发文字号		×××〔××××〕×号
主送机关		受文机关名称：
正文	开头	说明发函缘由，即阐明发函的原因、目的和依据。
	主体	说明致函的事项，告知对方情况、要求或答复意见。
	结尾	根据函件种类，选用不同的结语。
落款		发文机关名称（公章） ××××年×月×日

图 2-17　函的结构模板

2．发文字号

发文字号由发文机关代字、年份和发文顺序号组成，如“国办函〔2020〕6 号”。

3．主送机关

主送机关即接受函件的机关或单位，应写全称、规范化简称或同类型机关的统称。大多数情况下，函的主送机关只有一个。若函的内容涉及多个部门，也可排列多个主送机关。

4．正文

正文由开头、主体和结尾三个部分构成。

- **开头：**开头写明发函缘由，即发函的原因、目的或依据。商洽函、询答函、告知函和请批函应阐明发函目的。复函应先写明来函名称、发文字号与“收悉”两字，写明答复的依据，然后用“现将有关事项函复如下”等过渡语引出下文。
- **主体：**主体主要说明致函事项，明确地将问题、要求或答复意见告知对方。函的主体内容单一，应符合“一函一事”原则。函的行文应直陈其事，如果内容较多，则可分条陈述，使之条理清晰。
- **结尾：**致函结尾一般可采用诸如“特此函达”“请研究函复”“请函复”“盼复”“以上意见当否，请复函”等习惯用语结束。复函的结尾有“此复”“特此函复”等字样。函的结束语可直接放在函告的事项之后，也可提行另写。

5．落款

落款处应写明发文机关名称和成文日期，并加盖公章。

各类函的标题和结尾的用语示例如下（见表 2-3）。

表 2-3　函的标题和结尾的用语示例

文种	标题示例	结尾示例
商洽函	××关于商洽（合作、协助）××的函	① 恳请协助 ② 不知贵方意见如何，请函告 ③ 望协助办理，并请尽快见复

（续表）

文种		标题示例	结尾示例
请批函		××关于请求××（事项）的函	① 请审查，批准 ② 当否，请审批
询答函	询问函	××关于请回复××（事项）的函	① 即请函复 ② 盼予函复
	答复函	××（复函机关名称）关于××（答复事项）的复函	① 特此函复 ② 特此函达，即希查照

课堂互动

中国是礼仪之邦。从古至今，公务文书和日常信函的行文，一般都会体现对他人的恭敬和自己的谦恭。大量谦辞与敬语沿用至今，中华民族的优秀传统文化之美就蕴含在这些用语之中。

你所知晓的谦辞和敬语有哪些？它们可以如何运用到公函或其他党政机关文书中去？请与同学展开讨论。

（四）撰写函的注意事项

（1）行文目的明确，确保一函一事。函的行文应开门见山。无论是致函还是复函，都要尽快切题，力戒漫无边际。函在行文上强调一文一事，不可一文数事。若有其他事项，则须另外行文。

（2）使用陈述性语言，行文朴实。函的内容以陈述为主，只需把商洽的工作、询问或答复的问题、向有关部门请求批准的事项写清楚即可。函的语言要朴实，语气要恳切，态度要谦逊，忌用命令、指导的语气。

函与请示的区别

函和请示都有“请求批准”的作用，但两者的区别十分明显，不应该混淆。从行文方向来看，函是平行文，适用于平级单位之间、不相隶属单位之间的工作往来；请示是上行文，适用于向上级机关请求指示、批准或批转。用请示行文的下级机关与上级机关之间在业务工作方面存在主管和被主管的关系，或者在行政组织方面存在法定的领导和被领导关系。

例文赏析

自然资源部办公厅关于国土空间规划编制资质有关问题的函

自然资办函〔2019〕2375 号

各省、自治区、直辖市及计划单列市自然资源主管部门，新疆生产建设兵团自然资源局，省会城市自然资源主管部门：

为深入贯彻落实《中共中央 国务院关于建立国土空间规划体系并监督实施的若干意见》，加强国土空间规划编制的资质管理，提高国土空间规划编制质量，我部正加快研究出台新时期的规划编制单位资质管理规定。新规定出台前，对承担国土空间规划编制工作的单位资质暂不作强制要求，原有规划资质可作为参考。

自然资源部办公厅（公章）

2019 年 12 月 31 日

（资料来源：中华人民共和国自然资源部网）

> 标题写明发文机关名称、事由和文种。
>
> 标题下面写明发文字号。
>
> 开头称呼明确主送机关。
>
> 正文首先说明致函事项的相关背景，然后明确地将有关问题的答复意见告知对方。
>
> 落款处写明发文机关名称和日期，并加盖公章。

点评

本文是一篇答复函，发函目的是解答“关于国土空间规划编制资质有关问题”。在答复问题之前，正文先简要说明了致函事项的相关背景，即“我部正加快研究出台新时期的规划编制单位资质管理规定”，然后回答了“国土空间规划编制工作的单位资质”的问题。全文层次分明，逻辑严密，行文符合规范。

病文会诊

××市文化局关于申请拨款维修省政府机关办公室的函

×函〔20××〕25 号

市财政局：

市文化局办公楼都是 20 世纪 70 年代修建的，不少墙体已十分破烂，今年雨水量又多，漏雨现象十分严重。有两个办公室近乎倒塌，急需维修。由于我局除财政拨款外无另外的资金来源，故请及时拨款，以解决急需之用。

请迅速回应是否予以批准。

附件：维修图纸与预算

××市文化局（公章）

二〇××年十月四日

（附件正文略）

【会诊提示】

（1）正文语气含有命令的意味。发文单位与受文单位是平级关系，发文单位理应以商量、请求的口吻行文，而正文中“请及时拨款”“请迅速回应”等字眼都有命令的意味，显得不尊重对方。

（2）未说明拨款的具体数额，这会使得受文单位无法答复。

（3）落款日期的写法不符合行文规范，应当用阿拉伯数字书写。

二、纪要

（一）纪要的概念

纪要即会议纪要，是指记载、反映会议情况和议定事项的纪实性公文。它是党政军机关、社会团体和企事业单位经常使用的一种公文。《条例》规定，纪要“适用于记载会议主要情况和议定事项”。

（二）纪要的种类

1．按会议性质分类

按会议性质的不同，会议纪要可分为日常例会纪要和专项会议纪要两类。

（1）日常例会纪要。日常例会是机关单位为研究工作、做出决定或解决某些实际问题而召开的常规性会议，如党委常委会、行政办公会等，反映这类会议具体情况的纪要就称为日常例会纪要。

（2）专项会议纪要。专项会议是为研究专项问题而召开的会议。反映这类会议具体情况的纪要就称为专项会议纪要，常见的有工作会议纪要、座谈会纪要、研讨会纪要等。

2．按会议内容与作用分类

按会议内容与作用的不同，会议纪要可分为决议性会议纪要、协议性会议纪要和研讨性会议纪要三类。

（1）决议性会议纪要。主要记载和反映会议做出的重要决策，常用于各级领导机关的办公会，如省长办公会议、市（县）长办公会议等。

（2）协议性会议纪要。主要记载双边或多边会议的有关内容及达成的协议等情况，常用于领导机关主持召开的多部门协调会或不同单位共同召开的联席办公会等。

（3）研讨性会议纪要。主要记载和反映经验交流会议、各种专业会议或学术性会议的研讨情况，常用于职能部门或学术研究机构召开的专业会议、学术研讨会议等。

（三）纪要的结构与写法

纪要一般由标题、发文字号、正文和落款构成（见图 2-18）。

<table>
<tr><td colspan="2">标题</td><td>发文机关+议题+文种</td></tr>
<tr><td colspan="2">发文字号</td><td>×××〔××××〕×号</td></tr>
<tr><td rowspan="3">正文</td><td>开头</td><td>概述会议的基本情况，包括会议名称、时间、地点、目的、主持人、参加人、会议议程和主要成果等。</td></tr>
<tr><td>主体</td><td>包括会议研究的问题、讨论的意见、做出的决定和提出的措施等。</td></tr>
<tr><td>结尾</td><td>提出要求、希望或发出号召；进行简要评价；向有关部门提出意见或建议。</td></tr>
<tr><td colspan="2">落款</td><td>发文机关名称（公章）
××××年×月×日</td></tr>
</table>

图 2-18 纪要的结构模板

1. 标题

标题的结构形式可以分为以下三种。

- **发文机关+议题+文种**：如《省经贸委关于企业扭亏会议纪要》。
- **会议名称+文种**：如《全国农村工作会议纪要》等。这类标题最为常见。
- **正标题+副标题**：正标题提出问题或揭示会议主旨，副标题多由“会议名称+文种”构成，如“加强未成年人思想道德教育是家庭、学校和社会的共同责任——××市××区教育工作研讨会纪要”。这种标题常见于报刊发表的会议纪要。

2. 发文字号

发文字号由发文机关代字、年份和发文顺序号组成，如“湖政专纪〔2020〕3 号”。

3. 正文

（1）开头。开头又称“导言”，主要用于概述会议的基本情况，包括会议名称、时间、地点、目的、主持人、参加人、会议议程和主要成果等。这部分内容一般比较简练，通常用“现将会议主要精神纪要如下”或“现将这次会议研讨的几个问题纪要如下”等过渡句引出下文。开头的常见写法有以下两种。

- **列项式**：即将会议名称、时间、地点等要素依次列出，各占一行，让人看起来一目了然。这种写法多用于办公会议纪要。
- **概述式**：即用一段文字对会议的基本要素进行简要叙述，使人看后对会议情况和基本精神有大致的了解。

（2）主体。主体的内容一般包括会议研究的问题、讨论的意见、做出的决定和提出的措施等。其常见写法有以下四种。

- **条款法**：采用条款形式对会议议定的事项加以简要说明，并分别标上序号，一个条款写一个事项。这种写法适用于工作部署会议、办公会议、工作协调会议等。
- **综述法**：将会议所讨论、研究的问题概括成若干部分，每个部分集中谈一个方面的问题。较复杂的工作会议或经验交流会议的纪要多采用这种写法。
- **归类法**：当会议涉及的内容较广、讨论的问题较多时，按所讨论的问题或议定的事项对会议内容进行分类整理，为各部分内容标注序号、加上标题，并采用分段或分条的方式阐述相关内容。

摘记法：按会议发言顺序记录每个人的发言要点，根据各人提出问题的不同角度，整理出各方面的主要内容，并署上发言人的姓名和职务。

（3）结尾。结尾部分通常对与会单位和个人提出要求、希望或发出号召。必要时可对会议进行简要评价，或就会议议定的相关问题向有关部门提出意见或建议。

4．落款

会议纪要的落款一般包括署名和时间两项内容。署名只用于办公室会议纪要，署上召开会议的机关单位名称，下面写上成文的年、月、日，加盖公章。一般会议纪要不署名，只写成文时间，加盖公章。

（四）撰写纪要的注意事项

（1）真实准确。纪要应真实、准确地反映会议的情况和精神。这要求纪要撰写人认真地进行会议记录，详尽地了解会议情况，做好各项基础工作。

（2）内容精练。纪要的语言文字应简练准确，朴实无华，通俗易懂。

（3）要点突出。纪要就是记录会议的中心内容和讨论要点。对于会议涉及的重要内容，应着重写；反之，就应少写或不写。

（4）取舍适当。对于符合会议宗旨的多数人的一致意见，会议纪要应集中反映；对少数人的意见，如果是正确的，也应予以反映；如果与会者的意见确有分歧，难以取得统一，一般可不写入纪要，但研讨性会议纪要除外。对于集中性会议，还应特别留意会议主持人发表的意见，特别是其总结性发言和结论性意见。

例文赏析

关于市人民政府第一招待所
资产归属有关事宜专题会议纪要

湖政专纪〔2019〕35号

5月20日，市委常委、常务副市长杨××召集市机关事务局、市机关事务中心、市城市集团、市交通集团等有关单位负责人，就市人民政府第一招待所（以下简称“一招”）资产归属等有关事宜召开专题会议。市政府副秘书长龚×参加会议。会议就有关事项明确如下。

一、关于一招资产权属问题

会议明确一招新址上的资产归一招所有，鉴于目前该资产融资担保的实际情况，在市交通集团融资抵押到期后（2024年3月26日），再研究过户事宜。一招改制完成后整体无偿划转至市城市集团名下。改制过程中改制成本不足部分，由市城市集团负责解决。

二、关于一招管理模式问题

按照一招现有建制作为市城市集团子公司，委托市机关事务中心管理。市机关事务中心要加强对一招人、财、物的全面管理，确保一招正常经营，确保国有资产保值增值。

三、关于市交流干部宿舍楼产权过户问题

与一招一同搬迁至中兴大厦地块的市交流干部宿舍楼产权，根据中办、国办《关于异地调动干部住房管理暂行规定》的有关条款和《关于中兴大厦有关问题专题会议纪要》（市政府2012年第91号）精神划转至市机关事务中心，市

> 标题写明事由和文种。通过标题可知，此文为专项会议纪要。
>
> 正文开头概述会议的基本情况，包括会议时间、议题、参加人等。
>
> 然后采用条款形式，从六个方面对会议议定的事项进行简要说明。

城市集团配合做好过户工作。

四、关于地下车库管理问题

一招（中兴大厦）地下车库由市城市集团统一管理经营。市城市集团、一招干部职工在地下车库停车实行免费。市城市集团予以保障一招经营所需车位，相关事项双方协商解决。市交流干部停车由市城市集团负责，一招做好配合。

五、关于中兴大厦 14 楼会议中心管理问题

中兴大厦 14 楼会议中心是市人大和市政协召开常委会会议的主要地点，根据《关于中兴大厦有关问题专题会议纪要》（市政府 2012 年第 91 号）精神和 2015 年 12 月 17 日有关市领导的批示精神，由市机关事务中心管理。市城市集团使用会议室实行免收费用。

六、关于加强合作问题

市城市集团、一招确定专人，加强日常工作的沟通对接，及时解决发生的问题。市城市集团、一招要本着理解、体谅原则，加强配合，互利共赢。

出席：吴×× 周×× 黄×× 沈×× 曾××
分送：市级有关单位。

湖州市政府办公室（公章）
2019 年 7 月 22 日
（资料来源：湖州市人民政府网）

> 结尾列明出席人员姓名和分送单位名称。
>
> 落款处写明发文机关名称和日期，并加盖公章。

点评

本文是一篇专项会议纪要，是针对“市人民政府第一招待所资产归属有关事宜”专项会议而撰写的纪要。全文内容层次分明，条理清晰，语言简练，重点突出，让人一目了然。

病文会诊

关于中心城区内河蓝藻防控与保洁有关事宜专题会议纪要

××专纪〔2020〕29 号

会议听取了市生态环境局关于中心城区内河蓝藻防控与保洁有关情况的汇报。会议认为，厘清中心城区内河蓝藻防控与保洁的责任体系，从根本上改变多头管理的局面，对提升中心城区内河水生态环境质量具有重要作用。会议要求，各有关单位要按照 4 月 16 日市委副书记、市长王×调研蓝藻防控工作的讲话要求，统一思想、协同协作，确保中心城区内河蓝藻防控与保洁工作平稳有序过渡。会议就有关事项明确如下：

中心城区内河蓝藻防控与保洁以属地管理为原则，各责任单位要做到河道“不绿不臭”“日聚日清”，保持河道干净整洁。

（1）××区负责 11 条河段。（略）

（2）××新区负责 7 条河段。（略）

（3）市建设局负责 2 条河段。（略）

自 2020 年 7 月 1 日起，以上河段的蓝藻防控与保洁等管理权责按要求移交到位。

根据以上责任划分和移交时间，由市财政局对××区政府、××新区管委会和市建设局蓝藻防控与保洁的财政保障经费重新划分落实。××港和××港的管理经费参照2015年湖办第54号抄告单执行。

××市人民政府办公室

2020年6月25日

【会诊提示】

（1）正文缺少会议的基本情况，包括会议名称、时间、地点、目的、主持人、参加人、会议议程和主要成果等。

（2）正文主体层次不清，应采用条款形式列明小标题，如“责任划分”“移交时间”“经费保障”。

（3）文末没列明出席人员姓名和受文单位或部门。

源远流长

函的渊源

函的原意是“包含”“容纳”，后引申为盛放器物的盒子、书信的封套。东汉时期，人们开始把用封套封装的个人信件或由个人具名的书信称为“函”。清代时期，曾有名为“加函”的文书，但不属于正式公文。

在古代，与今天的“函”的性质、用途相近的公文有“移”“关”“刺”“解”“牒”“咨”六种。

“移”在春秋时期为诸侯国之间的往来文书；秦、汉时起，用于平行机关之间相互告知事项；至清代，函的使用范围稍有扩大，上级官署为表示客气，对不相隶属的下级官署也用“移”行文。这种文书在辛亥革命后废止。

“关”在战国时期为“百官询事”的文书，南北朝时期用于平行机关之间互相通告事项，隋、唐时期只用于尚书省内部各司之间互相质询，宋、元、明时期因袭唐制，在清代时期演变为下行文。

“刺”在汉代属于上行文，三国后演变为平行文，唐代只用于尚书省内部各司之间，唐代以后少见。

“解”在魏晋时代用于平行机关之间，唐代以后未见。

“牒”在先秦时是书写在短简上的书札之通称，在汉代用作下行公文，南北朝时期成为百官询事的平行公文，宋朝用于六部之间往来，称“公牒”；至明代，其使用范围扩大，可兼而向下行文，平行时仍称“牒”，下行时称“故牒”，上行者为“牒呈”；清代时期只有向上的“牒呈”，辛亥革命后革除。

“咨”起源于宋代，初为学士院给中书、尚书、门下三省的行文。此后，地位较高的平行机关之间商洽公务、询问答复事项的公文通称为“咨”，元、明、清三代沿用不替，辛亥革命后成为同级官署的往复公文，1942年取消。

“函”用作正式公文种类名称始于 1912 年，时称“公函”，是北洋军阀政府时期规定的七种正式公文之一。这一时期，“公函”的用途是“行政各官署无隶属关系者，公复文书，以公函行之”。1928 年，“公函”的用途稍有增加，除“不相隶属之机关公文往复时用之”外，“官署对于人民或团体有报通知时，亦准用之”。1951 年，中央人民政府政务院颁布的《公文处理暂行办法》，将“函”分为“公函”和“便函”，规定“平行机关及不相隶属机关行文时用‘公函’，“介绍、商洽、询问、催办等事得用‘便函’”。

1981 年，国务院办公厅发布的《国家行政机关公文处理暂行办法》又合并“公函”和“便函”为“函”，规定其用途为“机关之间互相商洽工作、询问和答复问题等”。1987 年的《国家行政机关公文处理办法》在 1981 年《国家行政机关公文处理暂行办法》规定的基础上，给函又增加了“向有关部门请求批准”的用途，1996 年 5 月 3 日发布的《中国共产党机关文件处理条例》也做了类似的规定。而目前施行的《党政机关公文处理工作条例》，将函的用途界定为“不相隶属机关之间商洽工作、询问和答复问题、请求批准和答复审批事项”，从而使函成为今天这种应用广泛、使用灵活的泛行性、商洽性公务文书。

（资料来源：张瑞年，张国俊编．应用文写作大全［M］．北京：商务印书馆国际有限公司，2016，有改动）

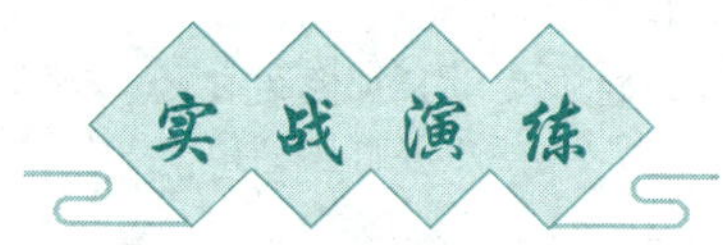

实战演练

请根据以下材料提供的信息，以××市商务局的名义向××省商务厅起草一份文书，文种自选（从请示、报告中选），具体种类（即某文种的某一类型，如请求批准的请示、工作报告等）自定。

时间及地点：××××年×月×日上午 9:20，××市××百货大楼发生重大火灾事故。

事故后果：未造成人员伤亡，但一幢三层楼房及大部分商品烧毁，直接经济损失约 792 万元。

施救情况：事故发生后，市消防队出动 15 辆消防车，经过 4 个小时的扑救，才将大火扑灭。

事故原因：直接原因是电焊工王×违章作业，在一楼铁窗将电焊火花溅到易燃货品上，进而引起火灾。火灾的发生也与××百货公司管理层及员工的安全意识淡薄、公司安全制度落实不到位及许多安全隐患长期得不到解决有关。

善后处理：市商务局副局长带领有关人员赶到现场调查处理；市人民政府召开紧急防火电话会议；市委、市政府视情节轻重对有关人员做出了相应处理。

1．构思步骤

确定文种

区分类别

明确目的

篇章结构

标题

开头

正文

结尾

2．书写正文

正　文

3．反思总结

项目评价

全班同学每5人一组，每个小组的成员结合小组的课业学习情况与项目实战演练情况，按照表2-4的评价标准进行自评和互评，并请老师进行总体评价。

表2-4　考核评价表

考核内容	评价标准	分值	评价得分		
			自评	互评	师评
知识与技能考核（40%）	能复述党政机关公文的概念和作用	5			
	能区分党政机关公文的种类	5			
	明确党政机关公文的文面格式，能简要介绍党政机关公文的行文规则	5			
	能复述通知、通报、报告、请示、批复、函和纪要的概念，并能举例说明它们各自的种类	5			
	能区分通知、通报、报告、请示、批复、函和纪要的结构与写法	10			
	熟悉通知、通报、报告、请示、批复、函和纪要的写作注意事项	10			
过程与方法考核（20%）	课前主动预习，积极收集各类党政机关公文范文	5			
	认真分析所收集党政机关公文的作用、结构和语言特点	5			
	积极参与课堂讨论，并与同学交流自己的观点	5			
	认真完成课后作业，注重写作体验，善于通过模仿锻炼写作水平	5			
综合素养考核（40%）	积极树立法治意识和国家安全意识	10			
	愿意去了解与应用文相关的传统文化，能欣赏蕴藏于应用文中的美，增强文化自信	10			
	拥有规范标准、严谨求实的学习态度，增强社会责任感	10			
	提升对社会信息的洞察力和判断力，增强思辨能力	10			
总评	自评（20%）+互评（20%）+师评（60%）=	教师（签名）：			

项目三

社交文书

项目导读

社交文书是党政机关、社会团体及个人用于解决社会交往活动中的事务性问题，以及表达恭敬之情或礼貌之意的文书。社交文书通常风格庄重、文笔典雅、感情真挚，不仅能够传播信息，还能起到沟通情感的作用。本项目着重介绍简历、求职信、申请书、邀请函、介绍信等。

学习目标

知识目标

- 了解社交文书的概念、种类和写作要求。
- 了解简历的概念和种类，理解求职信、辞职信的概念。
- 掌握简历、求职信、辞职信的结构、写法与写作注意事项。
- 熟悉申请书、邀请函、请柬的概念和种类。
- 掌握申请书、邀请函、请柬的结构、写法与写作注意事项。
- 了解介绍信、证明信的概念和种类。
- 掌握介绍信、证明信的结构、写法与写作注意事项。

能力目标

- 能结合实际需要选用社交文书文种，并按照规范格式撰写文书。

素质目标

- 树立礼仪观念，弘扬传统美德，自觉提升礼仪素养。
- 增强竞争意识和团队精神，培养乐学善学的品质。
- 培养自我认知、自我营销的能力。

任务一 以礼相待，德才兼备
——社交文书概览

任务清单

每完成一项学习任务，就在对应的方框中打一个“√”。

任务进程	序号	任务内容	是否完成
课前预习	（1）	收集 10 篇社交文书范文，并尝试对其进行分类	□
	（2）	写出自己对社交文书的初始认知	□
课中学习	（3）	阅读“例文感知”，简要评价例文，并思考例文后的“问题导入”	□
	（4）	理解社交文书的概念，并了解其种类	□
	（5）	熟悉社交文书的写作要求	□
课后复习	（6）	对课前收集的社交文书范文进行分类	□
	（7）	简要分析所收集范文的结构特点与写法，并做好记录	□

例文感知

教师节祝词

亲爱的各位老师、同学们：

大家好！

金秋九月，桃李芬芳，硕果盈枝。在这充满丰收喜悦的美好时节，我们迎来了光荣而神圣的第××个教师节。我谨代表校党委、校行政向辛勤耕耘在教学、科研、管理和服务第一线，为学校建设和发展做出积极贡献的全校教师致以亲切的问候和崇高的敬意！向多年来支持学校改革发展的各级领导、各界人士、离退休老同志、海内外校友，致以诚挚的感谢和美好的祝愿！

百年大计，教育为本。教育大计，教师为本。在学校的发展中，广大教师发挥了关键性作用。多年来，我们在引才、育才、用才的征程上奋楫笃行。……这些成绩的取得，饱含着广大教师的心血，凝聚着广大教师的智慧，诠释着夙兴夜寐、矢志不渝的师者情怀和使命担当。

教师是寄托着理想和未来的崇高职业。正是广大教师的脚踏实地、辛勤奉献，造就了一代又一代服务祖国、服务人民的优秀人才；正是广大教师的锐意进取、追求卓越，创造了教学科研工作的丰硕成果；正是广大教师的孜孜求索、严谨治学，形成了××大学的文化传统和大学精神。这支优秀的队伍，是××大学的骄傲，是我们办学最宝贵的财富。希望广大教师继续保持“时时放心不下”的精神状态、一往无前的奋斗姿态，弘扬太行精神，传承红色基因，赓续红色血脉，光荣担负起为党育人、为国育才使命，努力开创创新活力竞相迸发的生动局面，在接续奋斗中书写服务国防、服务地方的精彩华章，以优异成绩迎接党的二十大的胜利召开！

衷心祝愿全校教师节日快乐、身体健康、工作顺利、阖家幸福！

党委书记 ×××

2023年×月×日

请思考：上述祝词能产生什么样的效果？在社交场合，人们常用的社交文书有哪些？

问题导入

（1）什么是社交文书？它有什么作用？

（2）社交文书有哪些种类？它们分别适用于什么场合？

（3）社交文书的写作要求有哪些？

一、社交文书的概念

社交文书是党政机关、企事业单位、团体及个人在社会交往活动中使用的各种应用文书的统称。

社交文书的成功写作和恰当运用，有助于传播信息、增加了解、沟通情感、密切关系、美化组织、塑造形象，最终产生广泛的社会效益和良好的经济效益。学习社交文书的写作，对于丰富和发展现代社交理论和实践具有积极的意义。

二、社交文书的种类

社交文书大致可分为两类。第一类是事务性文书，多用于解决事务性的问题，包括介绍信、证明信、求职信、申请书、邀请函、请柬、倡议书等；第二类是礼仪类文书，是人们在人际交往活动中用书面形式表达恭敬之情、礼貌之意的各种社交文体的总称，包括祝词、贺词、迎送词、慰问信、感谢信等。本项目主要介绍事务性社交文书。

三、社交文书的写作要求

社交文书的写作除了应遵循普通文章写作的一般要求（如主题明确、材料确凿、结构合理、表达明晰、语言生动）之外，还要把握社交文书的基本要求，具体包括以下三个方面。

（一）以诚相见，感情真挚

无论是从交际目的来说，还是从交际情景来说，感情真挚都是社交文书的首要因素。因为“不真不诚，难以感人”，也就难以达到交际目的。

1. 显示坦诚之心

以诚待人是一切社交之本，“诚”的核心是坦诚。坦诚包含真诚和热诚两层含义。面对交际对象，提笔行文时，只有尊敬对方、态度真诚、言辞恳切、言由衷发，才能以真诚打动人、以热诚感染人，进而收到“精诚所至，金石为开”之效。

2. 表达真情实感

真情发自真心，实感源于事实，“感人心者莫过于情”。在社交文书中，要想将自己的真情实感充分地表现出来，就要通过生动的叙事、形象的描绘、精妙的议论和恰当的抒情，让对方顿悟其理，从而达到沟通双方情感的目的。需要指出的是，在真情与坦诚的前提下还要把握住一个度：行文时应注意分寸，不因对方身份高贵而自轻自贱，不因对方身份低微而轻慢之。

（二）风格庄重，文笔典雅

社交文书大多用在庆典、祝贺、迎送等场合，特殊的功能和语境，决定了它必须既庄重又典雅，以达到求真、求善、求美的行为目的，从而创造出愉快和谐的氛围。

1. 风格庄重

所谓庄重，就是郑重、严肃。文书风格既能表现作者为文的态度，也能反映作者的价值取向。从态度的层面看，文明清新的文风、谦谦君子的风格，能显示作者的道德修养；敬语、谦辞，尤其是社交用语的运用，是人文精神的体现，能促使双方进行愉悦性互动。从价值层面上看，因为“语言是思想的直接显示”，社交文书必须表现积极向上的价值取向，这些是与整个社交活动的氛围相协调、相一致的。

2. 文笔典雅

典雅的字面含义是指文辞优美而不粗俗，语言简洁而不繁缛。事实上，古今典范的社交文书无一不是典雅之作，其艺术魅力亦历久弥新。要达到典雅的语言境界，一方面要根据不同的社交内容和表达的需要，准确、得体地用语，尤其注意修辞，讲究辞章，做到笔下生辉，恰到好处，生动活泼，不滥不俗；另一方面要针对交际对象的层次性，如职位层次、文化层次、年龄层次，适当选用精辟的文言词语、贴切的交际词汇与得体的祝颂语。

（三）格式正确，写作规范

社交文书和其他应用文体一样，既要注意一定的格式，也要讲究写作规范。

1. 注意文种格式

社交类文书因用途多样而种类繁多。各类社交文书都有其固定格式，既有法定的，也有约定俗成的。研究它们的格式，既有助于区分文种功能（如认清请柬与聘书之不同功用），也有助于掌握不同社交文书在写作上的异同（如感谢信与慰问信在结构和语言运用上的差别）。掌握不同文种的格式，写作时安排结构、遣词造句、驾驭情感才能“从心所欲而不逾规”。

2. 遵守写作规范

写作规范主要表现为对行文规则的遵守。首先，要注意标题的严肃性，不要任意省略，造成对方对文种理解上的困惑；其次，要尽量把事实和背景交代清楚，以方便对方阅读和领会；最后，要注意行文关系，如平行或不相隶属机关、单位之间，应当使用平行的社交类文书，而不可使用上行的或下行的社交类文书。

素养把脉

知识竞答

全班同学开展知识竞答活动。教师以放映幻灯片的形式展示下列题目，全班同学举手竞答。在教师发出竞答口令后，先举手的同学将获得答题资格。最后，由教师对每个同学的表现情况进行评价，并做总结性发言。

（1）你如何理解社交文书的作用？

（2）社交文书有哪些种类？

（3）在撰写社交文书时，应注意哪些要点？请举例说明。

礼节体悟

品读下列邀请函的语言之美，并领略其中蕴含的礼仪传统。

（1）爱是我们永恒的话题。为了让学生更好地感受爱、分享爱、表达爱，××职业技术学院的老师们在学校领导的支持下，结合德育处的“感受亲恩，弘扬孝德”主题实践活动，开展了“孝心绽放、爱心传递”感恩教育系列体验活动。今天，我们向您发出热情的邀请，希望您能在百忙之中抽空参加这次主题活动，和我们一起分享学习的快乐，一起聆听爱的声音。相信有了您一如既往的支持，我们的工作将会更加出彩！

（2）有人曾说过：“世界上最广阔的是大海，比大海更广阔的是天空，比天空更广阔的是人的胸怀。”爱心是一泓清泉，能涤荡世间的尘埃！爱心是一缕阳光，能扫除心底的阴霾！爱心是一股暖流，能温遍人们的心怀！随着社会现代化的发展，人与人之间越来越缺少真诚的沟通与交流，人们拥有爱，却不敢表达爱，不善于表达爱。常听家长们感慨：“这代的孩子只会接受爱，不会献出爱。”为了改善这一状况，在元旦来临之际，我校特开展“敞开心扉，携爱出发”主题活动。现诚意邀请您前来参加。

腹有诗书

李白的自荐信

李白，被称作“诗仙”，在唐诗当中具有很高的地位，其留下的千古名作数不胜数。生性洒脱豪迈的他也曾为求职写过一封自荐信。

这封自荐信的开头是这样写的：“白闻天下谈士相聚而言曰：‘生不用封万户侯，但愿一识韩荆州。’何令人之景慕一至于此！岂不以周公之风，躬吐握之事，使海内豪

俊，奔走而归之，一登龙门，则声价十倍！所以龙蟠凤逸之士，皆欲收名定价于君侯。君侯不以富贵而骄之、寒贱而忽之，则三千之中有毛遂，使白得颖脱而出，即其人焉。”

相信大家都听过“生不用封万户侯，但愿一识韩荆州”。这封自荐信的开头，完美地展示了李白的文采，短短的一段话，不仅把主考官夸了一遍，而且还将自己推荐了一番，这文采丝毫不比写诗差。

李白介绍自己时，言简意深，句句铿锵有力：“白，陇西布衣，流落楚、汉。十五好剑术，遍干诸侯。三十成文章，历抵卿相。虽长不满七尺，而心雄万夫。皆王公大人许与气义。此畴曩心迹，安敢不尽于君侯哉！”

通过短短几十个字，李白就叙述清楚了自己的身世经历、远大志向，还说明白了自己希望被推荐的原因。李白的这封自荐信堪称自荐信的“教科书”。

（资料来源：百家号，有改动）

任务二

毛遂自荐，礼貌辞别

——掌握简历、求职信、辞职信的结构与写法

任务清单

每完成一项学习任务，就在对应的方框中打一个“√”。

任务进程	序号	任务内容	是否完成
课前预习	（1）	分别收集5篇各具特色的简历、求职信和辞职信，并尝试对其进行分类	□
	（2）	写出自己对简历、求职信和辞职信的初始认知	□
课中学习	（3）	阅读“例文感知”，简要评价例文，并思考例文后的“问题导入”	□
	（4）	理解简历、求职信和辞职信的概念，并了解简历的种类	□
	（5）	熟悉简历、求职信和辞职信的结构与写法	□
	（6）	掌握简历和求职信的写作注意事项，并说出这两种文书的区别与联系	□
课后复习	（7）	简要分析课前所收集范文的结构与写法，并做好记录	□
	（8）	根据实际情况为自己设计一份简历，并写一封求职信	□

例文感知

华××是××大学光电工程学院测控技术与仪器专业大四学生，想寻求一份电子商务工作，为此，他制作了多个版本的简历。

按照求职方向，华××把简历分成互联网、汽车、软件开发、电子硬件、销售和机械工程六个基础版本。“我的简历是按照行业来分的，”华××说，“根据不同公司的要求，我又在相应版本的基础上进行了修改，目前已经有了12个修改版本。”

华××介绍，在校期间，他创建了两个网站，一个是网店，另一个网站主要用于连载自己的小说。同时，他获得了两项国家专利。此外，他还参加了××市大学生科研训练计划项目，先后到××汽车公司、××自动化股份有限公司、××中环系统工程公司实习。

“12个版本的简历，就是针对不同的行业来突出我的不同能力。”华××说。如果申请的职位在互联网行业，他就会突出自己创建两个网站的经历；如果应聘汽车类职位，就会突出自己在××汽车公司实习的经历；如果应聘电子硬件类职位，则会突出自己的两项专利；如果应聘机械工程类职位，就会突出自己在××自动化股份有限公司的实习经历。

华××的每份简历都只有一页，除了学校、专业、联系方式等必要信息外，主要分为四大版块：项目经验、实习经历、校园活动、相关能力。

在他的汽车类版本的简历中，项目经验共列出了三项，重点突出了参与建设中国汽车技术研究中心新址安防系统的经验；在实习经历中，他把在××汽车公司的实习经历写在了显眼的位置。在相关能力中，他特意写上了“熟悉汽车基本知识，熟悉汽车行业的众多品牌文化，了解汽车行业市场”这句话。

华××说，刚开始找工作时，他只做了一份简单的简历，投出了30多份却没有一点回音。“难道是我的简历有问题吗？”华××自问。后来，他针对不同行业做了不同版本的简历，把与行业相关的经历重点展示出来，于是陆续收到了十多家单位的面试通知。

（资料来源：武穴人才网，有改动）

请思考：个人简历是要面面俱到，还是要有很强的针对性？怎样写好一份个人简历？

问题导入

（1）简历的作用是什么？它有哪些种类？
（2）简历应包括哪些内容？其有哪些格式规范？
（3）求职信的作用是什么？它与简历有什么联系？
（4）求职信、辞职信的结构与写法各是怎样的？
（5）写简历、求职信、辞职信时应注意哪些事项？

一、简历

（一）简历的概念

简历是指求职者向有关单位或部门负责人有选择、有重点地介绍自己的生活、学习、工作、经历和成绩时所使用的一种专用文体，是帮助求职者顺利就业的主要材料。简言之，简历是求职者的一种自我营销工具，是用人单位对求职者进行分析、比较、筛选和决定是否录用的重要依据。

（二）简历的种类

针对不同的岗位使用合适的简历，有助于求职者顺利获得心仪的职位。由于文字式简历使用范围较广，因此这里我们主要介绍文字式简历的几种类型，即时序型简历、功能型简历和复合型简历。

1．时序型简历

时序型简历是指按照时间顺序列出工作经历、教育背景等信息的简历。这种简历清晰、简洁，便于用人单位阅读，是最常用的个人简历。这种简历适用于以下人员：① 所申请职位与工作经历和教育背景高度吻合的求职者；② 工作经历能很好地反映出工作技能有不断提升趋势的求职者；③ 最近所担任的职务足以体现自身竞争优势的求职者。

2．功能型简历

功能型简历一般包括求职意向、成绩、能力、工作经历和技能等内容。其中，工作经历与技能是功能型简历的核心内容，它强调求职者的资历与能力，并要求分析和说明求职者的专长和优势。功能型简历一般适用于以下人员：① 只有部分工作经历和技能与应聘职位相关的求职者；② 只想突出那些与应聘职位相关内容的求职者；③ 工作经历有中断或存在特殊问题的求职者。

时序型简历与功能型简历各有千秋。一般而言，没有工作经验的大学应届毕业生比较适合采用时序型简历；而对于已经有过工作经验和实习经验的求职者，功能型简历更能突出其优势，更能吸引用人单位的眼球。

3．复合型简历

复合型简历是对时序型简历和功能型简历的综合运用。求职者可以按照时间顺序列举个人信息，同时刻意突出成绩与优势。复合型简历一般包括求职意向、概况、成绩、经历和学历等内容，能最直接地体现求职者的求职目的。它一般适用于以下人员：① 应届毕业生、退伍军人或者想改行的求职者；② 曾有过事业巅峰的求职者；③ 既想突出成就与能力，又想突出个人经历的求职者。

（三）简历的写法

应聘者可以根据自身情况设计自己的专属简历。一般而言，简历应包含以下基本内容。

1. 个人基本信息

简历中个人基本信息是必不可少的，主要包括姓名、性别、出生年月、籍贯、学历、专业、政治面貌、联系方式等。

2. 求职意向

简历上要写清楚应聘的职位和目标。注意求职意向不要写得太多，以一至两个为宜。如果有多个求职意向，可以采用不同版本的简历，以体现求职的目的性和针对性。

3. 教育背景

一般从自己的最高学历写起，写明毕业院校、所学专业、学位、学历、主要学习的课程及成绩、在校期间担任的职务等。

4. 工作经历

求职者要重点介绍和强调与求职目标相关的工作经历和成绩，一定要说出最主要、最有说服力的工作经历，如为原工作单位获取的利润和在原工作单位取得的相关成绩等。一般先写近期的工作经历。在每一项工作经历中先写工作期限，再写工作单位和职务，最好附上证明人信息。

刚毕业的学生可以写勤工助学、社会实践、实习经历和实习单位的评价等。这部分内容要写得详细些，并重点强调自己做了哪些工作、取得了怎样的成绩。

5. 所获奖励和荣誉

这一部分内容可以采用列表的形式展示出来，依次写出获得奖项或荣誉的时间、名称、级别、地点，让人一目了然。

6. 特长和兴趣爱好

这部分内容要具体介绍自己有哪一方面的特长和爱好，但不可泛泛而谈，而要针对求职意向有针对性地介绍。

（四）撰写简历的注意事项

1. 简短

简历篇幅不要太长，应届毕业生的个人简历通常占一页 A4 纸即可。简历中不要出现大段文字。据调查，用人单位花在每份简历上的平均时间不到 90 秒，要想在这短短的 90 秒内迅速抓住招聘者的眼球，不将简历写得短小精悍是不行的。

2. 清晰

简历应一目了然，以确保简历的阅读者一眼就能看到他们所需要的信息；要使用通俗易懂的语言，避免写一些晦涩难懂的文字；尽量不使用缩略语或网络流行语；打印时应选择合适的字体和字号。

应届毕业生的简历写作技巧

3. 准确

一份简历能凸显一个人的语言文字功底和修养，而招聘人员对应聘者的文字能力、细心程度等素质的考查就是从简历开始的。语言表达清楚、准确、规范、精练，是简历的基本要求。

4. 整洁

整洁的简历能让招聘者在细看内容之前就产生好感，进而对求职者产生兴趣。因此，求职者应该确保简历干净整洁。

5. 真实

简历内容应当真实可靠，既不要自我夸大，也要不过分谦虚，切忌编造虚假信息。

6. 正确

简历的文字、语法、标点符号等都要准确无误。简历是求职者的第一张名片，存在错误的简历往往会让招聘者对求职者留下不良印象。

例文赏析

个人简历

姓　名：许××　　性　别：女
地　址：××大学经管学院　　邮　编：××××××
手　机：×××××××××××　　E-mail：××××××

求职意向：销售部主管

个人简介：非常热爱市场营销工作，有着十分饱满的工作热情。

工作经历：

2017 年 5 月—2020 年 3 月，担任××瓷器公司的市场部业务员。

主要负责经销合同的签订，产品的包装、运输，保险、货款的结算，售后产品的跟踪，市场反馈，以及新的销售渠道的开拓等。此外，还负责公司新业务员的培训，在实际工作中具体指导和协调业务员的销售工作，多次受到公司的表扬。

2016 年 7 月—2017 年 5 月，担任××公司市场调查员。

主要通过电话形式向客户收集他们对产品的意见，并填写相应的表单转报给公司。

教育经历：

2013 年 9 月—2017 年 7 月，就读于××大学国际经济与贸易专业。在校期间，一直担任学生干部，工作认真负责，学习成绩优秀，多次被学院评为“优秀学生干部”“优秀团干”“优秀个人标兵”等。

培训经历：

2016 年 9 月—2016 年 11 月，通过英语中级口译考试。

2015 年 7 月—2015 年 9 月，通过外销员考试。

外语水平：

可与外商进行日常沟通，能阅读业务范围内的英文资料。

计算机操作能力：

能熟练运用办公软件进行文档编辑、数据处理等工作。

> 标题写明文种。
> 开头介绍个人基本信息。
> 然后列明求职意向，用一句话表达自己的求职热情。
>
> 接着按照由近到远的顺序介绍自己的工作经历。每段经历都由时间段、职务和主要职责构成。
>
> 再介绍自己的教育经历和培训经历，以便招聘单位了解自己的教育背景。
>
> 最后特别说明自己的外语水平和计算机操作能力，以突出自身特长。

点评

这是一篇复合型简历。简历清晰地展示了求职者的个人基本信息、求职意向、工作经历、教育经历及相关的技能水平。全文条理清楚，使读者一目了然。

病文会诊

找出表 3-1 所示简历中存在的问题。

表 3-1 简历病文

个人简历

姓　名：李××	性　别：男
开朗坚毅，积极进取，拥有将近四年的新闻访谈、稿件编辑、人物采访和节目策划等相关领域的工作经验	
教育经历	毕业院校：××职业技术学院（2013 年 9 月—2016 年 7 月） 专业及学历：新闻学院　专科
专业知识	广播电视概论、广播电视技术基础、广播电视新闻采访与写作、广播电视编辑与节目制作、电视专题与电视栏目、电视摄像、广播电视史、广播电视法规与广电职业道德、播音主持艺术等
工作经历	所在单位：××电视台（2016 年 7 月—2020 年 4 月） 所在部门：新闻采访部 工作描述：处理一档民生类栏目的相关工作
工作技能	在将近四年的工作实践中，我的新闻采访技能、新闻编写技能、新闻制作技能、新闻摄影技能、新闻广播技能、口头及书面表达等能力都得到了进一步提升

【会诊提示】

（1）个人基本信息不完整，缺乏出生年月、政治面貌、联系方式等。

（2）求职意向不明确。

（3）工作经历中的职责描述太笼统。

二、求职信

（一）求职信的概念

求职信是求职者为达到求职的目的而撰写的自我介绍和自我推荐的信函。求职信的主要作用是使用人单位对求职者有一个初步的了解并对其感兴趣。

求职信包括两类：一类是非定向求职信，又称“自荐信”，即求职者不知晓工作单位是否有用人需求而直接投递的求职信；另一类是定向求职信，又称“应聘书”，即求职者根据用人单位的要求投递的求职信。相比之下，定向求职信更具优势。

（二）求职信的结构与写法

求职信一般由标题、称谓、正文、祝颂语、落款和附件构成（见图 3-1）。

1. 标题

直接以文种名称“求职信”为标题，体现此信的性质和行文目的。

<table>
<tr><td colspan="2">标题</td><td>求职信</td></tr>
<tr><td colspan="2">称谓</td><td>尊敬的××（职务）：</td></tr>
<tr><td rowspan="3">正文</td><td>导语</td><td>写明问候语、个人简介及求职意图。</td></tr>
<tr><td>主体</td><td>重点介绍与招聘职位对口或相关的专业背景和工作经历，适当展示自己的职业素养和特长。</td></tr>
<tr><td>结尾</td><td>表明胜任该项工作的信心，恳请用人单位给予面试机会和工作机会。</td></tr>
<tr><td colspan="2">祝颂语</td><td>此致
敬礼！</td></tr>
<tr><td colspan="2">落款</td><td>求职者姓名
××××年×月×日</td></tr>
<tr><td colspan="2">附件</td><td>个人简历、证件复印件、主要论文篇目、证书复印件等。</td></tr>
</table>

图 3-1　求职信的结构模板

2. 称谓

求职信的称谓要礼貌周全，可以写单位全称，也可以直接写单位负责人的职务称呼。

3. 正文

正文由导语、主体和结尾三个部分构成。

（1）导语。导语部分开门见山，内容包括问候语、个人简介及求职意图。

- **问候语：**简单问候“您好”，以示礼貌，不要拖泥带水。
- **个人简介：**简单介绍个人信息，包括自己的姓名、年龄、毕业学校、学历、专业等。
- **求职意图：**说明获取招聘信息的渠道和想要应聘的职位。

（2）主体。主体部分应根据岗位要求突出自身能力，集中介绍自己的专业背景、工作经历、职业素养、特长等，以证明自己符合岗位要求，能够胜任该工作。

主体内容应详略得当。重点介绍与招聘职位对口或相关的专业背景和工作经历。紧扣用人单位的核心要求，突出专业优势，如所学专业课程及成绩、所获的专业技能证书、所取得的专业竞赛成绩等。初次就业的应届毕业生应突出自己的实习经历，展示自己的工作能力，这一部分内容应尽量用具体事例和数据进行说明，以增强说服力。

此外，适当展示自己的职业素质和特长，如在各种工作中表现出来的组织能力、人际交往能力、语言表达能力等，以及与所应聘职位的任职要求相关的特长。这一部分是前一部分主体内容的延伸和补充，能让用人单位更全面地了解求职者的工作潜力。

（3）结尾。结尾部分要表明胜任该工作的信心，恳请用人单位给予面试机会和工作机会。

4. 祝颂语

文末应写上祝颂语以示礼貌，如“此致敬礼”“谨祝公司蓬勃发展”等。

5. 落款

落款处应写明求职者的姓名和求职日期。姓名前不必加谦语；成文日期应年、月、日俱全。

6. 附件

附件是证明个人成绩、荣誉的材料，如学历证书、资格证书、奖励证书、发表的论文论著等。这些材料不在于多，而在于精，要能引起用人单位的注意。

（三）撰写求职信的注意事项

1. 称呼得当

使用具体的称呼，且尽量写给负责招聘事宜的人。如果无法确定具体的名字或姓氏，则可称呼“尊敬的招聘经理”“尊敬的人事部先生或女士”，或者直接称“尊敬的先生或女士”。

2. 内容简练

求职信应力求语言简洁、语意清楚、突出主题，避免空泛啰唆和拖沓冗长。篇幅最好控制在一页以内。

3. 实事求是

诚实是用人单位对员工最基本的要求。因此，求职信切忌弄虚作假，求职者应用事实阐述代替华而不实的修饰语，恰如其分地介绍自己，并根据所应聘职位来突出相应的重点内容。

4. 用语规范

招聘者希望通过求职信来了解求职者的文字表达能力、求职态度及与岗位相符的基本素质。因此，求职信中应避免出现错别字、病句和文理不通的现象，否则会给招聘者留下缺乏诚意和缺少职业素养的不良印象。

5. 自成一体

求职信往往与简历一同发送，但求职信也要自成一体，不要成为简历的翻版。在简历中已经列出的具体内容不应在求职信中重复出现，如确有必要，则可以挑选简历中与所应聘职位相关的实践经验或业绩来写。

求职信与简历的区别

简历是求职者给用人单位发的一份简要介绍，重点介绍求职者做过什么、取得过何种成绩；而求职信除了需要大致介绍简历内容外，还要重点介绍求职者想做什么（包括个人的职业规划、价值追求等）、能做什么（包括学习能力、工作能力、沟通能力、社交能力等）、能做成什么（要结合以往业绩和招聘职位来谈）。

换言之，求职信是针对特定的个人来写的，而简历是针对特定的职位来写的；简历主要叙述求职者的客观情况，而求职信则应将简历中的亮点提炼出来，将求职者的竞争力直接展示给招聘人员。相对于简历来说，求职信是对简历的简要概述与补充，应更加突出求职者的个人特征与求职意向，力求打动招聘人员的心。

求职信是求职者和用人单位之间的沟通桥梁，便于求职者与用人单位建立联系，并充分展示自身才干，突出自我优势，以吸引用人单位的注意，最终得以录用。因此，表现自我，意在录用，也是求职信的另一功能。

（资料来源：乔布简历）

课堂互动

有人说，写求职信时要谦虚谨慎，不要“王婆卖瓜，自卖自夸”；也有人说，写求职信时就应该“自卖自夸”，而不能过于谦逊。你如何看待这两种观点？请与同学展开讨论，说出自己的看法。

例文赏析

求职信

××大学人事处主管：

您好！

我叫张××，女，25岁，是一个渴望施展自身才华的在职人员。一年前，我从××师范大学教育系管理专业毕业，进入××市直机关幼儿园当了幼儿教师。一年来，在用非所学（专长）的岗位上已经耽误了许多宝贵时光，这对社会、对个人无疑都是损失，所以本人渴望寻觅一个能发挥自己专长的地方。

现将本人情况简单介绍如下：语言学是本人的特长，高考时，语文单科考了118分，并以总分534分的成绩被××师范大学教育系录取。在校期间，曾在省报发表过诸多文学作品，曾获学校硬笔书法比赛二等奖（正楷）；在大学就读期间曾在省级刊物上发表过翻译作品两篇；大学四年级时通过了全国大学英语四级考试。在工作期间，曾被市直××机关借用，写过多种行政公文。鉴于以上情况，我觉得自己更适合担任助理秘书工作或外语教学工作。

尊敬的校领导，如果您能让我担任助理秘书工作或外语教学工作，我一定会珍惜这来之不易的机会，竭尽全力地奉献自己的力量。

此致

敬礼！

求职者：张××

××年×月×日

联系地址：×××理工学院196号

邮政编码：××××××

联系电话：×××××××××××

附件：1. 本人简历及近照一张

2. 各科成绩登记表

3. 推荐信一封

（资料来源：吴勇斌，王玲香．新编应用文写作教程［M］．北京：航空工业出版社，2015，有改动）

标题写明文种。

开头称呼明确了求职信的阅读对象。

正文开篇问候对方后，简要地介绍了自己的基本信息和求职意向。

然后从高考成绩、毕业专业、本人特长、学习成绩、实践经历、所获奖项等方面介绍了自己的基本情况，并将自己的情况与职业岗位类型进行匹配。

结尾用具有感染力的语言再次表达强烈的求职愿望。

文末附上祝颂语。

落款处写明求职者姓名和日期。

文后注明联系地址和电话，方便用人单位与求职者联系。

最后附上正文提及的或能为求职加分的各种材料。

点评

这是一封符合格式规范和写作要求的求职信。求职信介绍了求职者的基本情况、求职意愿及能够胜任某项工作的理由。最后以“此致敬礼”结尾，向对方表达了敬意。全文语言简洁，重点突出。

病文会诊

求职信

敬爱的王××总经理：

您好！

我是××大学××系的应届毕业生。得知贵公司一贯尊重人才，所以盼望到贵公司工作。

虽然我毕业于全国一流高校，同时是一名获得全额奖学金的高才生，但是我的身上还有许多不足之处。例如，知识面不广，社交能力不强，处理事情不果断，常有一些不切实际的想法，内心常有自卑感，等等。今后，我将努力克服缺点，发挥自身优势。恳求贵公司高抬贵手聘用我，我一定不负厚望，把本职工作做好，让公司得到益处。

现已有多家公司要聘用我，所以请贵公司从速答复。

祝贵公司事业蒸蒸日上！

刘××

××××年××月××日

【会诊提示】

（1）未标明求职意向。

（2）用语过于谦虚，甚至到了刻意贬低自己的地步，缺少自我展示亮点的内容，达不到自我推销的目的。

（3）文末告知招聘单位“已有多家公司要聘用我”，并催促招聘单位“从速答复”，这种话语极其不妥，不仅暴露了求职者的不专一、无诚意，而且表现出求职者缺乏基本的礼仪素养。

（4）没有写联系方式，招聘单位无法与求职者联系。

三、辞职信

（一）辞职信的概念

辞职信，也称辞职书或辞呈，是辞职者向工作单位申请辞去职务时写的书信。它是辞职者在辞去职务时的一种必要材料。

（二）辞职信的结构与写法

辞职信通常由标题、称谓、正文、结语和落款构成（见图 3-2）。

1. 标题

在辞职信第一行正中写上文种的名称，即“辞职信”。

2. 称谓

在标题的下一行顶格处写明接受辞职信的单位组织名称或领导人的职务称呼，并在称呼后加冒号。

标题	辞职信
称谓	尊敬的××（职务）：
正文	写明辞职理由和请求。
结语	写上表示敬意和感谢的话。
落款	辞职者姓名 ××××年×月×日

图 3-2 辞职信的结构模板

3. 正文

正文是辞职信的主要部分，要写明辞职理由和请求。

4. 结语

结尾要求写上表示敬意和感谢的话，如“此致敬礼”等。

5. 落款

落款要求写上辞职人的姓名及递交辞职信的具体日期。

例文赏析

辞职信

尊敬的银行领导：

您好！

首先感谢您在百忙之中抽出时间阅读我的辞职信。

我是怀着十分复杂的心情写这封辞职信的。自从我进入银行工作之后，领导给予了我无微不至的关怀，并在工作上给予我悉心的指导，让我快速熟悉了工作业务，并提升了工作技能。通过这些年在银行里的工作，我学到了很多金融领域的知识，积累了一定的经验。对此，我深表感激。

由于自身能力的不足，近期的工作让我觉得力不从心。为此，我进行了长时间的思考，觉得行里目前的工作安排和我自己之前做的职业规划并不完全一致，而自己对一些新的领域也缺乏学习的兴趣和动力。为了避免行里的工作安排和发展因为我个人能力问题而受到影响，经过深思熟虑之后我决定辞去银行的工作。我知道这个过程暂时会给行里带来一些不便，对此我深表歉意。

非常感谢行里的领导与同事十多年来对我的关心和教导。在银行的这段经历于我而言非常珍贵，将来无论什么时候，我都会为自己曾经是××银行的一员而感到荣幸。我确信在××银行的这段工作经历将是我整个职业生涯发展中相当重要的一部分。

祝行里所有领导和同事身体健康、工作顺利！再次对我的离职给行里带来的不便表示歉意。同时，我也希望行里领导能够体恤我个人的实际情况，对我的申请予以考虑并批准。

吴××

20××年×月×日

（资料来源：瑞文网，有改动）

标题写明文种。

开头称呼明确信件的阅读对象。

正文开篇问候对方后，简要地说明自己写信的目的。

然后简要回顾入职以来的经历，并对领导表示感谢。

接着阐明了提出辞职的理由，并再次表达歉意。

最后肯定这段职业经历在自己人生中的价值。

文末表达对领导和同事的祝福，再次表达歉意，并恳请领导批准自己的要求。

落款处写明辞职者姓名和日期。

点评

这是一封由银行职员写给银行领导的辞职信。正文层次分明，条理清晰；情感真挚，态度恳切；辞职理由充分，措辞委婉。

病文会诊

辞职信

尊敬的领导：

你好！

我现在正式向你提出辞职。要问我为什么要离开你们公司，这个问题你是纸糊灯笼——肚里明。这几年，公司效益不好，福利差，人心涣散，一盘散沙，眼看着在走下坡路，不知哪天就会轰然倒闭、彻底破产。留在这里还有什么奔头！谁会这么傻，还等着奇迹出现？！

你不要挽留我。我坚信，将会有更多的人踩着我的脚印离开公司，这是大势所趋。天有不测风云，建议你也做好思想准备。

赵××

【会诊提示】

（1）正文措辞过于尖刻，有斥责、嘲笑、挖苦的意味，毫不留情面，没给对方和自己留有任何余地。

（2）缺乏表示敬意和感谢的话，如“此致敬礼”等。

（3）落款处没写明日期。

厚德载物

名人的自我介绍

一、人民艺术家老舍的自我介绍

“舒舍予，字老舍，现年四十岁，面黄无须。生于北平，三岁失怙，可谓无父。志学之年，帝王不存，可谓无君。无父无君，特别孝爱老母，布尔乔亚之仁未能一扫空也。幼读三百千，不求甚解。继学师范，遂奠教书匠之基。及壮，糊口四方，教书为业，甚难发财；每购奖券，以得末彩为荣，示甘于寒贱也。二十七岁，发奋著书，科学哲学无所懂，故写小说，博大家一笑，没什么了不得。三十四岁结婚，今已有一男一女，均狡猾可喜。闲时喜养花，不得其法，每每有叶无花，亦不忍弃。书无所不读，全无所获，并不着急。教书做事，均甚认真，往往吃亏，亦不后悔。如是而已，再活四十年也许能有点出息！”

这是现代文学大师老舍先生40岁时写的自传，谦逊朴实，幽默风趣，“没什么了不得”的自我评价，说明先生的眼光远不在自己已有的成就上。一个人，尤其是一个“成功人士”，成功之后如何认识自己，是自视甚高、自我膨胀，还是低调务实、牢记本色，这映现的是这个人的胸怀。

二、国学大师启功的“人生总结”

“中学生，副教授。博不精，专不透。名虽扬，实不够。高不成，低不就。瘫趋左，派曾右。面微圆，皮欠厚。妻已亡，并无后。丧犹新，病照旧。六十六，非不寿。八宝山，渐相凑。计平生，谥曰陋。身与名，一齐臭。”

这是书法和国学大师启功在他66岁时为自己撰写的墓志铭，豪爽风趣之中透出的岂止是谦逊自知，更有看透人生的淡泊与超然。

三、科学巨匠诺贝尔的“自我画像”

“诺贝尔，呱呱坠地之时，小生命差点断送在仁慈的医生手中。主要美德：保持指甲干净，从不累及他人。主要过失：终身不娶，脾气不佳，消化力差。唯一愿望：不要被人活埋。最大罪恶：不敬鬼神。重要事迹：无。”

这是诺贝尔自传中的一段文字。一位科学巨匠，如此“轻视”自己，其实是告诉世人，他看重的是永恒的人类科学事业，而绝不是个人名利。

自我陶醉者，常常迷途；自我标榜者，遭人鄙弃；自以为是者，终获大非。只有那些谦虚谨慎、不骄不躁、低调务实、牢记本色、清醒自知、宁静淡泊的人，才堪称真正的高人。

（资料来源：中国知网，作者张峰，有改动）

任务三 敷陈愿望，奉申贺敬

——掌握申请书、邀请函和请柬的结构与写法

任务清单

每完成一项学习任务，就在对应的方框中打一个“√”。

任务进程	序号	任务内容	是否完成
课前预习	(1)	分别收集5篇各具特色的申请书、邀请函和请柬，并尝试对其进行分类	□
	(2)	写出自己对申请书、邀请函和请柬的初始认知	□
课中学习	(3)	阅读“例文感知”，简要评价例文，并思考例文后的“问题导入”	□
	(4)	理解申请书、邀请函和请柬的概念，并了解申请书和邀请函的种类	□

（续表）

任务进程	序号	任务内容	是否完成
课中学习	（5）	熟悉申请书、邀请函和请柬的结构与写法	□
	（6）	掌握申请书、邀请函和请柬的写作注意事项，能说出邀请函和请柬这两种文书的区别与联系	□
课后复习	（7）	简要分析课前所收集范文的结构特点与写法，并做好记录	□
	（8）	试着写一份入党申请书	□
	（9）	选用合适的文种邀请朋友到家里做客	□

例文感知

不知不觉中，小刘在××商贸有限公司已经度过了近三个月的时间。在实习的过程中，小刘学到了很多工作技巧，也多次受到领导的表扬。实习期快要结束时，人事经理找他谈话，表示公司对他的工作很满意，希望他可以留在公司，需要他写一份转正申请书并办理转正手续。小刘查阅了相关资料，并总结自己入职以来的工作表现，写了一份转正申请书。

转正申请书

尊敬的领导：

您好！

我于20××年××月××日进入公司担任××一职，负责总经办内勤管理工作。

本人性格开朗，自入职以来，工作认真负责、勤勉不懈、极富热情，能完成领导交代的工作，也能和公司同事全力合作，配合各部门负责人顺利完成各项工作；乐于与他人沟通，具有良好的沟通能力和团队协作能力，与同事相处融洽，关系和睦。同时，我积极学习新知识、新技能，注重自身的发展和进步，平时利用下班时间学习各方面知识，以提高自己的综合素质，以期将来学以致用，与公司共同发展、进步。

根据公司的规章制度，试用人员在试用期满三个月且经考核合格后，即可被转为公司正式员工。因此，我特向王总申请：希望公司能根据我的工作能力、态度及综合表现，给予我良好的评价，允许我如期转为正式员工，并根据公司的薪金福利情况，让我从20××年××月起享受每月××××元的转正工资待遇。

来到公司工作后，我无论是在思想境界上还是工作能力上，都得到了很大的提升。我深深地明白，公司的美好明天需要大家通过共同努力去创造。在今后的工作中，我将更加努力上进，与同事们共同奋斗，创造更加辉煌的明天。希望领导批准我转正。

此致

敬礼！

申请人：刘××

20××年××月××日

请思考：小刘的转正申请书包含哪几部分内容？要写好一份申请书，需要把握哪些要点？

问题导入

（1）什么是申请书？它有哪些种类？
（2）什么是邀请函？它有哪些种类？
（3）什么是请柬？它与邀请函有什么区别？
（4）申请书、邀请函、请柬的结构和写法各是怎样的？
（5）在写申请书、邀请函、请柬时分别应该注意什么？

一、申请书

（一）申请书的概念

申请书是个人或集体向组织、机关、企事业单位、社会团体表达愿望、提出某种请求时撰写的一种专用书信。一份申请书只能申请一件事，不能同时申请多件事。

（二）申请书的种类

从内容上分，申请书一般分为以下三种。

1. 思想政治方面的申请书

申请人写思想政治方面的申请书通常是为了加入某些进步的党派团体，如申请加入少先队、共青团、中国共产党等。

2. 工作学习方面的申请书

工作学习方面的申请书是指申请人在求学或实际工作中遇到问题时，向上级或有关机构提出申请，希望协助解决问题的申请书，如入学申请书、带职进修申请书、工作调动申请书、增加设备申请书、奖学金申请书等。

3. 生活方面的申请书

生活方面的申请书是指申请人在生活中遇到一些问题或困难时，希望得到组织、集体、单位照顾或帮助解决而写的申请书，如福利性住房申请、结婚申请或困难补助申请等。

（三）申请书的结构与写法

申请书通常包括标题、正文和落款三个部分（见图 3-3）。

标题		申请书
正文	称谓	尊敬的××（职务）：
	主体	提出申请的具体事项、要求及申请的理由。
	结语	写希望批准或表示致敬的话。
落款		申请人姓名或申请单位名称 ××××年×月×日

图 3-3　申请书的结构模板

1．标题

申请书的标题在第一行居中的位置，一般直接用“申请书”作为标题。有的标题还可以由事由和文种组成，如《入党申请书》《住房申请书》《转正申请书》等。

2．正文

申请书的正文一般由称谓、主体和结语组成。

（1）称谓。在标题下一行顶格写上接受申请书的部门、组织的名称或有关负责人的姓名，如“××党支部”“××总经理”。

（2）主体。主体包括提出申请的具体事项及要求、申请的理由，有时还要表明申请人的态度或提出保证。要求言简意赅，重点突出，理由充分，有理有据。

（3）结语。结语一般写一些希望批准或表示致敬的话，如“望领导批准”“此致敬礼”。有些申请书也可以没有单独的结语。

3．落款

申请书正文的右下方，写上申请人或申请单位的名称，署名下写成文日期。

（四）撰写申请书的注意事项

（1）理由充分，内容真实。申请书要有理有据，内容真实可靠，不可夸张、虚构、作假。

（2）语言朴实，感情真实，态度诚恳。申请书要求语言简洁、准确、朴实，不可华而不实、没有重点。感情要真实，态度要诚恳，要凸显申请者的诚意。

（3）对象明确，详略得当。要明确申请对象，根据接受申请书的有关部门或领导所知晓的情况来确定详略。对于其不了解或了解不详细的情况，要详写；反之，则略写。

例文赏析

工作调动申请书

尊敬的院领导：

您好！感谢您在百忙之中抽空阅读此申请报告。

我于20××年×月毕业以后来我院工作至今。在这8年里，我从一个刚刚跨出校门的懵懂毕业生，成长为一个合格的儿科医师，在此，由衷地感谢领导和同事们对我的栽培和帮助。

本人在儿科工作期间认真负责，关爱患者，团结同事，遵守医院的各项

> 标题写明事由和文种。
>
> 开头称呼明确申请对象。
>
> 正文开篇先问候对方，简要回顾自己入职以来的变化，并感谢领导和同事。

规章制度。在儿科做总住院医师期间，工作积极上进，兢兢业业，业务能力有了很大的提升，能熟练开展儿科及新生儿科常见病和多发病的诊治工作。随着社会的进步，人们越来越重视医疗保健和疾病的预防，我院儿童保健科业务蓬勃发展，不管是健康儿童保健，还是高危儿保健及儿童疾病的早期康复，都需要一名专业的儿科医师。	然后阐述自己入职以来的工作表现和业务能力，接着话锋一转，展望儿童保健科的光明前景，为下文提出申请做铺垫。
本人自愿申请到儿童保健科工作，一方面，我具有儿科诊疗方面的专业知识，能将临床思维融入保健工作；另一方面，我性格温和，有耐心，能够热情地对待每一个就诊的儿童，我相信我的加入能够为儿童保健科注入新的力量。	下一步明确提出工作调动申请，并阐明自己可以胜任儿童保健科工作的理由。
我坚信，在院领导的悉心培养和自己的勤奋努力下，我能够在新的工作岗位上做得更加出色。希望领导能够相信我的能力和诚意，给我一个发挥自己能力的机会。我将珍惜这次机会，为医院的发展竭尽全力。恳请领导予以批准！ 此致 敬礼！	最后对现在所在科室的领导表示感谢，再次表达转岗意愿。 文末附上祝颂语。
申请人：××× 20××年×月×日 （资料来源：龚琪，史杰，刘云岚．应用文写作基础［M］．北京：航空工业出版社，2018，有改动）	落款处写明申请者姓名和日期。

点评

这是一篇工作调动申请书。申请书的正文写明了工作调动的请求，提出了申请的理由，并表明了申请人的态度。该申请书重点突出，有理有据，语言朴实，感情真挚。

病文会诊

转正申请书

尊敬的领导：

您好！

我于20××年××月××日成为公司的试用员工。作为一名应届毕业生，初来公司时，曾经很担心不能很快融入新的集体或者不能做好工作，但是公司融洽的工作氛围、积极向上的企业文化，让我很快适应了公司的工作环境，并快速完成了从学生到职员的转变。

在本部门的工作中，我一直严格要求自己，认真完成领导布置的每一项任务；遇到不懂的问题时，就虚心向他人请教，不断提高自己的业务技能。在此，我要感谢部门领导对我的入职指引和悉心帮助。

经过试用期的磨炼，我现在已经非常熟悉工作流程，并掌握了各种工作技能。今基于以下理由申请转正，望领导批准：

（1）经过三个多月的自身努力，现已有特别强的工作能力，希望能早日成为公司正式的一员。

（2）在试用期内，我为公司做出了很大的贡献。

（3）因来自外地，生活方面的开支较大，而试用期薪酬较正式员工薪酬较低，支撑生活开支很困难。

恳请领导给我锻炼自己、实现理想的机会。我将充满热情地做好本职工作，为公司创造价值，同公司一起展望美好的未来！

请领导及时批准！

申请人：张××

20××年××月××日

【会诊提示】

（1）表述申请转正的理由时很不谦虚，显得自高自大，如“已有特别强的工作能力”“为公司做出了很大的贡献”等。

（2）结尾用了祈使句，这是一种命令的语气，用于申请书中不妥。

（3）缺乏祝颂语，如“此致敬礼”等。

二、邀请函

（一）邀请函的概念

邀请函也称“邀请信”，是党政机关、企事业单位、社会团体或个人在举行各种纪念活动、重要会议、宴会、茶话会等活动或会议时邀请有关人员参加的一种专用文书。

（二）邀请函的种类

（1）会议类，即邀请有关单位或人员参加会议或座谈会的邀请函。

（2）纪念类，即为纪念某事件或节日举办重大活动，邀请相关人员参加的邀请函。

（3）商务类，即为开展各类展览、商务活动而发出的邀请函。

（三）邀请函的结构与写法

邀请函一般由标题、称谓、正文和落款构成（见图 3-4）。

标题	邀请函
称谓	尊敬的×××先生/女士：
正文	写明举办活动的时间、地点、目的，以及参与活动的方式、被邀请者需要配合的事项。 结语一般使用礼貌性的问候语。
落款	发文单位名称（公章） ××××年×月×日

图 3-4 邀请函的结构模板

1．标题

邀请函通常直接以文种名称“邀请函”作为标题。

2．称谓

标题下一行左侧顶格写被邀请单位或人员的名称，后加冒号，如“尊敬的×××先生/

女士:”或“尊敬的×××总经理/局长:”。

3. 正文

正文部分要交代清楚举办活动的时间、地点、目的，参与活动的方式，以及被邀请者需要配合的事项。正文的结语一般使用“恳请光临”“敬请莅临指导”等。必要时应附上活动联系人的姓名、电话等信息。

4. 落款

正文右下方写明发文单位名称和成文日期，并加盖公章。

（四）撰写邀请函的注意事项

（1）语言真挚、诚恳。邀请函用语要得体、委婉、礼貌，语气诚恳。

（2）内容准确、清楚。邀请函要写清楚准确的活动时间、地点、参与者、事项、缘由等要素。

（3）提前发出。邀请函要提前发出，以便被邀请者有足够的时间安排行程。

课堂互动

邀请函的写作除了应符合语言要求与格式要求，还应体现谦逊恭敬的情感态度和高雅得体的传统礼仪。请与同学讨论以下话题：

（1）如何用谦恭有礼的话语表达“希望你们一定来参加会议”的意愿？

（2）在其他事务文书中，常用的礼仪用语有哪些？请举例说明。

例文赏析

<table>
<tr>
<td>

邀请函

尊敬的×××先生/女士：

您好！

兹定于20××年×月×日（星期×）×时×分，在××举行集团迎新年文艺晚会。诚邀您拨冗莅临！谢谢！

此致

敬礼！

地址：×××××××××××××

联系人：易××

联系电话：×××××××××

邀请人：×××

20××年×月×日

</td>
<td>

标题写明文种。

开头称呼明确邀请对象。

正文开篇先问候对方，然后写明文艺晚会的举办时间和地点，并发出诚挚的邀请。

文末附上祝颂语，以及联系地址、联系人和联系电话。

落款处写明邀请者姓名和日期。

</td>
</tr>
</table>

点评

这是一则新年文艺晚会邀请函。正文中写明了文艺晚会举办的时间和地点，正文的结尾写了邀请惯用语。全文语言简练，信息准确，情感真挚。

病文会诊

邀请函

××职业学校××班全体同学：

为慰问因病住院的××班李××老师，兹定于20××年×月×日下午×时×分，在学校××楼前集合，集体前往××医院探望。务必准时到场集合，不见不散。

××职业学校学生会

20××年××月××日

【会诊提示】

（1）文种选用不当，因为看望生病的老师并非喜庆之事，不应发邀请函。

（2）看望老师属于平常事情，而不是纪念性活动或重大庆祝活动，不必发邀请函。

（3）用语不当，如“务必准时到场集合，不见不散”。邀请函的结束语应为礼貌性祝福语，而非命令式话语。

三、请柬

（一）请柬的概念

请柬，也称请帖，是单位或个人为约请客人参加某项活动或出席某个会议而使用的一种应用文书。

请柬

请柬是社交活动中传递感情、通报事务的一种便捷的联络工具。可以说，请柬是礼节性的“通知书”，通知对方在什么时间、地点参加什么活动或集会。有时它也作为入场的凭证。

（二）请柬的结构和写法

请柬通常由标题、称谓、正文、敬语和落款构成（见图3-5）。

标题	请柬
称谓	尊敬的××：
正文	写明邀请的事由，以及活动的内容、时间、地点。
敬语	写上表示敬意和邀请的话。
落款	邀请单位名称（公章）或个人姓名 ××××年×月×日

图3-5　请柬的结构模板

1. 标题

应用醒目的字体在封面或第一行居中写（印）上“请柬”或“请帖”两字，必要时还可以写上活动名称。通常还要做些艺术加工，如图案装饰、美术字体、烫金等。

2. 称谓

在标题下一行顶格或内页顶格处写明被邀请单位名称或个人姓名。

3. 正文

在起始行空两格书写，写明邀请的事由，交代清楚活动的内容、时间、地点。

4. 敬语

敬语应在正文下另起一行空两格或在换行顶格处书写，一般为表示敬意和邀请的语句，如“敬请光临”“恭候光临”等。

5. 落款

在正文右下方写上邀请单位名称（加盖公章）或个人姓名，有时还可加上“谨启”“鞠躬”等敬语。换行写明成文日期。

（三）撰写请柬的注意事项

1. 交代要清楚

请柬上务必写清会议或活动的时间、地点及有关事项，确保被邀请者的姓名、头衔准确无误。

2. 措辞须讲究

请柬的用语要简明通达、热情文雅，尽量使用经过提炼的口语，避免使用“务必”“必须”等强制性词语，应突出“请”的意愿。

3. 制作宜精美

请柬的装帧尽可能美观、大方，以示对被邀者的尊重。

邀请函与请柬的区别

在社交活动中，邀请函和请柬的应用范围非常广泛。邀请函和请柬均属于向他人发出邀请时使用的专用礼仪信函，都必须体现庄重性、明达性和美观性，且在结构要点上具有相似性，但两者还存在着一定的区别，写作时不可混淆。

一、内涵性质差异

邀请函和请柬在内涵性质上的差异在于：邀请函一般是针对事务性工作、任务或事项发出的，如学术研讨会、科技成果鉴定会、纪念会、订货会等大型公务活动，且多由单位发出；而请柬一般是针对具有礼仪性、例行性、娱乐性的活动发出的，如联谊会、纪念仪式、婚宴、节日庆典等礼节性活动，且单位、个人均可使用。此外，若邀请的事项单一，则可用请柬；若需要向被邀请者说明有关事项，则通常用邀请函。

二、回复要求差异

邀请函和请柬在回复要求上的差异在于：邀请函要求被邀请者回复是否接受邀请，且文末需要邀请者加盖公章，表示承担法律意义上的责任；而请柬则不要求被邀请者回复。

三、结构要素差异

邀请函和请柬在结构要素上的最大差异在于：邀请函往往对事宜的内容、项目、程序、要求、作用、意义做出说明，结构复杂，篇幅较长，可通过邮局寄出，或通过电子邮件发送；请柬大多由里瓤和封面构成，正文内容单一，结构简单，篇幅短小，封面写有“请柬”或“请帖”两字，设计美观，装帧精良，可使用美术字体和烫金工艺，图案色彩装饰以鲜红色居多，表示喜庆。

四、语言特征差异

邀请函和请柬在语言特征上的差异在于：邀请函的语言更加准确、明白和平实，要求表意周全、敬语有度、语气得体；而请柬的语言更加简洁、庄重和文雅，要求话语简练、达雅兼备、谦敬得体，用语以文言词语为佳，但忌晦涩难懂。

鉴于邀请函和请柬具有上述四种差异，写作者在使用这两种礼仪文书时应慎重行文，以求“文”“意”相匹配，以便准确无误地传达有关信息，并充分发挥文书的社交礼仪作用。

例文赏析

请　柬	标题写明文种。
尊敬的××先生：	开头称呼明确邀请对象。
感谢您多年来对本公司热忱的关心与支持。现本公司因发展需要，已迁至××开发区××路，诚挚地邀请您在××××年×月×日×时来参观本公司新址，并赴××大酒店多功能大厅参加本公司的庆典午宴。	正文开篇先回顾过往、感谢对方，然后向对方发出邀请，并写明活动的举办时间和地点。
恭候 光临！	文末附上祝颂语。
××有限公司董事长张××　敬邀（公章） ××××年×月×日	落款处写明请柬发出者姓名和日期。

点评

这是一则搬迁请柬。请柬正文写明了邀请的事由、新址的具体位置和参观时间，以及庆典午宴的地点。全文语言简练，措辞讲究，要点突出。

病文会诊

建校庆祝会请柬

兹定于 20××年×月×日上午×时于镇政府大礼堂举行××镇中心初级中学建校×周年庆祝大会。请务必准时参加。

恭请

光临！

××镇中心初级中学（公章）

（附座位号××××××）

【会诊提示】

（1）未写明被邀请的单位或个人，即缺乏明确的邀请对象。

（2）用语不恰当，如"请务必准时参加"有祈使的语气和强制的意味。这种话语不适合用于请柬。

（3）落款处未写明成文日期。

诗词之美

中国古代最美的邀请函

众所周知，中国是诗的国度，诗歌用词优美，读来口有余香。即便是邀请客人，古人也会把邀请函写得很优美，而不是粗鲁地说"晚上来喝酒呀""明晚潇洒去"之类的话。下面列举几份流传千古的邀请函。

一、白居易的邀请函

白居易为了邀请大诗人刘禹锡的堂兄刘禹铜喝酒，便写了一首《问刘十九》："绿蚁新醅酒，红泥小火炉。晚来天欲雪，能饮一杯无？"意思是说：新酿的米酒，色绿香浓，小小红泥炉，烧得殷红；天快黑了，大雪将至，能否一顾寒舍共饮一杯暖酒？

白居易在任杭州刺史时，在一个灯火阑珊、星河灿烂的夜晚登高望远，面对美景的他想请当地的朋友饮酒，于是写下一首《江楼夕望招客》："海天东望夕茫茫，山势川形阔复长。灯火万家城四畔，星河一道水中央。风吹古木晴天雨，月照平沙夏夜霜。能就江楼消暑否？比君茅舍较清凉。"这首诗描绘了诗人夏夜登楼远眺时见到的景色，尾联向友人发出邀请，呼应题中"招客"两字。

二、杜甫的邀请函

杜甫邀请崔明府时写下脍炙人口的名篇《客至》："舍南舍北皆春水，但见群鸥日日来。花径不曾缘客扫，蓬门今始为君开。盘飧市远无兼味，樽酒家贫只旧醅。肯与邻翁相对饮，隔篱呼取尽余杯。"全诗流露出诗人诚朴恬淡的情怀和好客的心境，自然浑成，一线相接，把居处景、家常话、故人情等富有情趣的生活场景刻画得细腻逼真，表现出了浓郁的生活气息和人间温情。

三、李白的邀请函

李白一生视酒为友，"会须一饮三百杯"的豪情对于历代读者言犹在耳。李白喜欢游览名山大川，足迹遍布大江南北，"一生好入名山游"也让无数读者为之向往。同时，李白交友广泛，在其诗作中也到处可见。他为邀请王汉阳和他一起喝酒，曾写下一首《早春寄王汉阳》："闻道春还未相识，走傍寒梅访消息。昨夜东风入武阳，陌头杨柳黄金色。碧水浩浩云茫茫，美人不来空断肠。预拂青山一片石，与君连日醉壶觞。"这首诗前四句围绕着"春还"两字生动地描写了早春的气息；后四句邀请友人前来醉饮赏春，其中，五、六句是全诗的承转机杼之句，七、八句虽未直言"邀请"，却以超脱的想象把邀请的殷切之情表达了出来。

四、汪伦的邀请函

地方绅士汪伦曾写信邀请李白来做客：“先生好游乎？此地十里桃花。先生好饮乎？此地有万家酒店。”李白读罢欣然前往。李白见汪伦是泾川名士，为人豪爽大度、倜傥不羁，便问十里桃花、万家酒店在何处。汪伦道：“桃花者，潭水名也，并无桃花；万家者，店主人姓万也，并无万家酒店。”引得李白大笑。李白游玩数日之后离去，临行时汪伦来送别，李白便信口吟出一首流传千古的赠别诗《赠汪伦》。

（资料来源：360个人图书馆，有改动）

任务四

搭桥牵线，信而有征

——掌握介绍信、证明信的结构与写法

任务清单

每完成一项学习任务，就在对应的方框中打一个“√”。

任务进程	序号	任务内容	是否完成
课前预习	（1）	分别收集6篇各具特色的介绍信和证明信，并尝试对其进行分类	□
	（2）	写出自己对介绍信和证明信的初始认知	□
课中学习	（3）	阅读“例文感知”，简要评价例文，并思考例文后的“问题导入”	□
	（4）	理解介绍信和证明信的概念，并了解它们的种类	□
	（5）	熟悉介绍信和证明信的结构与写法	□
	（6）	掌握介绍信和证明信的写作注意事项，能说出介绍信和证明信这两种文书的区别与联系	□
课后复习	（7）	简要分析课前所收集范文的结构与写法，并做好记录	□

例文感知

吴×工作了两年，小有成就。由于住所离公司较远，为解决每日舟车劳顿之苦，他决定买一辆汽车代步。

他来到一家汽车4S店，选中了一辆价格约为10万元的车。在确定支付方式时，4S店的销售顾问表示可以为其提供银行贷款。吴×大喜，遂向其询问如何办理贷款手续。工作人员表示，除需要个人相关证件外，还需要单位开具收入证明。于是，吴×向所在单位

说明了情况之后，找单位开具了一份收入证明。

收入证明

××××汽车销售有限公司：

兹证明吴×先生（身份证号：××××××××××××××××××）是我公司正式员工，于20××年××月××日进入我公司并工作至今，在我公司设计部门担任平面设计师职务。至今，其税后年收入约为10万元（壹拾万元）。

特此证明。

证明人：××××公司（公章）

20××年××月××日

（本证明仅用于证明我公司员工的工作及在我公司的工资收入，不作为我公司对该员工任何形式的担保文件。）

请思考： 通常在哪些情况下需要开具证明信？开具证明信时需要注意些什么？

问题导入

（1）介绍信具有什么作用？它有哪些种类？
（2）证明信具有什么作用？它有哪些种类？
（3）介绍信和证明信有什么区别？
（4）介绍信和证明信的结构与写法各是怎样的？
（5）写介绍信和证明信时各需要注意哪些事项？

一、介绍信

（一）介绍信的概念

介绍信是信函的一种，具有介绍和证明的双重作用。它是机关团体、企事业单位派本单位人员前往有关部门商洽事情、联系工作或者参观学习、出席会议时所使用的一种专用书信。持信人可凭介绍信同有关机构或个人联系、商洽某些事项，并得到对方的信任和支持；收信机构和个人则可从中了解被介绍人的姓名、身份、政治面貌，以及要办什么事情、有什么具体要求和希望等。

（二）介绍信的种类

一般来讲，介绍信通常可以分为手写式介绍信和印刷式介绍信两种。

1. 手写式介绍信

手写式介绍信是一种较常见的介绍信，一般书写在公文信纸或机关、团体、单位自制的信笺上，最后加盖公章即可。

2. 印刷式介绍信

印刷式介绍信是一种正式的介绍信，内容、格式固定，铅印成文，使用者只需填写姓名、单位，并加盖公章即可。印刷式介绍信又可以细分为两种：

（1）带存根的介绍信（见图 3-6）。其通常一式两联，存根联由开介绍信一方留档备查，正式联由被介绍人随身携带。格式统一的介绍信方便使用，只需填写相应内容即可，可以提高工作效率，是公用介绍信中使用得较多的一种。

介绍信存根

介字第　　号

前往单位：________

姓名________等____人

前往事由：________

____

____

经办人：

开具日期：　年　月　日

有效期至：　年　月　日

介字第（盖章处）号

介绍信

介字第　　号

________负责同志：

兹介绍________等____人前往你处洽谈________等事项。请予以接洽，并请支持协助为荷。

此致

敬礼！

（盖章处）

年　月　日

（有效期至　年　月　日止）

图 3-6　带存根的介绍信

（2）不带存根的介绍信。它与带存根的介绍信在正文的内容、格式上没有差别，也是随用随填，只是未留存根而已。

（三）介绍信的结构与写法

介绍信（手写式）通常由标题、称谓、正文、结尾、落款和有效时间构成（见图 3-7）。

标题	介绍信
称谓	尊敬的××：
正文	说明被介绍人的姓名、身份、人数，以及要接洽的事情和要求。
结尾	写上“请予以协助”等，并另起一行写上表示敬意的话。
落款	介绍单位名称（公章） ××××年×月×日
有效时间	（有效期×天）

图 3-7　介绍信的结构模板

1. 标题

第一行居中写“介绍信”三个字，字距要适度，字体要比正文稍大些。

2. 称谓

标题下一行顶格写对方单位名称或对方负责人的姓名及称谓，后加冒号。

3．正文

称谓下另起一行空两格写介绍信的内容。介绍信的开头习惯用“兹”“今”“现”等字。正文主要说明被介绍人的姓名、身份、人数，以及要接洽的事情和要求。若要办理重要事项或具有保密性的事项，则还要写明被介绍人的政治面貌、年龄、职务、级别等信息。另外，当被介绍人的人数较多时，不必将其姓名一一写出，可写成“×××等×（数字要大写）人”。

4．结尾

正文末尾写上“请予接洽为荷”“请予以协助”等。另起一行写上“此致敬礼”等表示敬意或祝愿的话。

5．落款

写清楚介绍单位名称和成文日期，并加盖公章。

6．有效时间

落款下一行左侧顶格加括号注明介绍信有效时间，天数要用大写数字。

（四）撰写介绍信的注意事项

（1）要写明被介绍人的真实姓名和身份，不得冒名顶替。

（2）一份介绍信只用于一个单位，不可将盖有公章的空白介绍信发给外出人员自行填写。

（3）接洽和联系的事项要写得简明扼要，尽可能用一句话概括，不写与此无关的内容。

（4）字迹要工整清晰，不得任意涂改。若有涂改，则涂改处必须加盖公章。

例文赏析

介绍信

××市××公司：

兹介绍我校杨××等伍位同学前往贵公司实习。请予接洽为荷。

此致

敬礼！

广东××××大学（公章）

××××年×月×日

（有效期叁天）

> 标题写明文种。
>
> 开头称呼明确介绍的对象。
>
> 正文单刀直入地说明被介绍人的基本信息及要接洽的事情，文末附上祝颂语。
>
> 落款处写明介绍者姓名和日期。
>
> 最后用大写数字顶格注明有效期。

点评

这是一封格式标准的介绍信。介绍信正文以惯用字“兹”开头，说明了被介绍人的姓名、身份、人数及要接洽的事情和要求，事项表述简明扼要。

病文会诊

介绍信

××市人力资源和社会保障局：

我公司介绍王××、易××、秦××等5人作为我公司指定社保经办人，前往贵处办理并领取××市民卡事务，请给予协助和支持。

此致

敬礼！

（有效期10天）

××××有限责任公司（公章）

20××年××月××日

【会诊提示】

（1）正文开头未使用“兹”“现”“今”等惯用语。

（2）正文中的人员数量未使用大写数字。

（3）有效期的格式错误，应在落款日期的下一行顶格写，同时有效期天数应使用大写数字。

二、证明信

（一）证明信的概念

证明信通称“证明”，是党政机关、社会团体、企事业单位、个人用来证明有关人员的身份、经历、表现、学历或者其他事情的真实性的一种专用书信。证明信对了解和考察有关人员和事件的真实情况有着重要的证明作用或参考作用。

（二）证明信的种类

从证明事项上分，证明信有身份证明信、毕业证明信、事件真相证明信等。每种证明不同事项的证明信又可分为组织证明信、个人证明信与随身携带证明信三类。

扫一扫

证明信

1. 组织证明信

组织证明信是指以组织名义书写的，用来证明在本单位或曾在本单位工作的职工的政治面貌、身世、经历、学历、工作表现等有关情况或与本单位有关的其他事件的证明信。

2. 个人证明信

个人证明信是指以个人名义书写的，用来证明某人或某事真实情况的证明信。

3. 随身携带证明信

随身携带证明信是指一种由被证明者随身携带，以保证其工作、生活、学习、旅行等正常进行的证明信。这种证明信具有证件作用，一般有一定的有效期，过期即自动失效。

（三）证明信的结构与写法

证明信通常由标题、称谓、正文、结尾和落款构成（见图 3-8）。

标题	证明
称谓	尊敬的××：
正文	写清楚要证明的事项。
结尾	写“特此证明”或“此致 敬礼”。
落款	出示证明的单位名称（公章）或个人姓名 ××××年×月×日

图 3-8 证明信的结构模板

1. 标题

证明信的标题有两种：一种是在第一行居中写上“证明信”“证明”等字样；一种是由事由和文种组成，如《关于××同志身体状况的证明》。

2. 称谓

标题下一行顶格写收信单位或收信个人的名称，后面加冒号。若没有明确的收信方，则称谓可以省略。

3. 正文

称呼下一行空两格，简明扼要地写清楚要证明的事项，包括被证明人的姓名、身份、经历，或者事情的起因、经过和真实的情况等。注意用词要准确，确保内容有针对性，不要写无关的内容。

4. 结尾

正文末尾另起一行空两格写“特此证明”或“此致敬礼”。

5. 落款

正文右下方写上出示证明的单位名称和个人姓名，署名下方写成文日期，并加盖公章。有时还需在落款左下方顶格加小括号注明有效期。

（四）撰写证明信的注意事项

（1）证明信的语言要简明、准确，讲究分寸。

（2）不得随意涂改。若有涂改，则应在涂改处加盖公章。

（3）要做到言之有据、实事求是，不得虚构、夸张或故意隐瞒。若对事实情况把握不准，则应写上“仅供参考”字样。

视野纵横

介绍信与证明信的区别

介绍信是国家行政机关、企事业单位或社会团体为了本单位人员外出联系工作、了解情况、参观学习、出席会议等事宜而开具的一种专用信函。证明信是用来证明某人的身份、经历或证明某件事情的真相的专用信函。两者都可从本单位的角度来证明本单位的人和与之有关的事，但介绍信主要是介绍情况，是派人到有关单位商洽工作时所使用的函件，而证明信的作用主要是证明情况，往往是应有关单位的要求而出具的函件。证明信具有凭证作用，在司法诉讼活动中，可作为证据在法庭上出示。

例文赏析

证明信	标题写明文种。
××有限责任公司：	开头称呼明确接受证明的对象。
兹有学生×××，男，中共党员，学号为×××，20××年 9 月入我校××学院××专业学习，该专业学制四年。该生现为我校 20××级普通全日制应届本科毕业生。 该生在校期间，于20××年××月至20××年××月担任××学院学生会主席、20××级学生党支部书记等职，任职期间，能积极组织、参与各类学生课外活动，具备了较强的管理、组织和协调能力，得到了师生的广泛认可和好评。 特此证明。	正文先证明学生身份，再证明其干部身份及表现。
××大学××学院（公章） 20××年×月×日	落款处写明证明者姓名和日期，并加盖公章。

点评

这是一封组织证明信。在招聘员工时，一些用人单位可能要求毕业生开具学生干部证明信。该证明信证明了学生×××的学生干部身份，并提供了任职的起止时间，然后简要评价了该生任职期间的表现。全文重点突出，信息准确，内容全面。

病文会诊

实习证明

兹有经济管理系物流管理专业学生杨×（学号为××××××），自2021年7月1日至2021年8月31日在我公司市场部实习，岗位是实习美编。

该学生家住农村，父母在家务农。由于家乡地处小乡村，经济欠发达，所以家庭收入微薄，大学期间的高额学费和生活费使得经济困难的家庭雪上加霜。而且，其父母身体不好，更需要一笔大额的医疗费。因此，该学生在暑假期间来到我公司实习。在实习期间，该学生工作认真、态度端正，在遇到不能解决的问题时，能虚心地向有经验的职员请教，并善于思考总结，进而做到举一反三；对于他人提出的工作建议，能够虚心接纳；对于上级交代的任务，能够保质保量地完成，将自己所学的知识灵活运用到工作中。同时，该学生严格遵守我公司的各项规章制度，在实习期间服从公司安排，尊敬公司的工作人员，并能与同事和睦相处。与该学生一起工作的工作人员都对其表现予以肯定。

广东××大学（公章）

20××年××月××日

【会诊提示】

（1）开头未顶格写明接受证明信的对象，根据上下文可知，该对象为实习学生所在学校。

（2）正文花一定篇幅阐述了与证明事项无关的内容，即实习学生的家庭经济状况。

（3）结尾处未写“特此证明”或“此致敬礼”等惯用结束语。

（4）落款单位错误，应写实习单位名称。

光辉岁月

向组织报到——马识途的两封介绍信

马识途，1915年1月生于四川忠县（今重庆市忠县），中国当代作家、诗人、书法家，与巴金、张秀熟、沙汀、艾芜并称“蜀中五老”。在四川省乐山市档案馆里，珍藏着两封关于马识途先生的介绍信——马识途先生在1950年担任川康特委负责人时写的两封信。

一封信是给川东区党委、川东地下党负责同志萧泽宽、邓照明的，信纸为“成都市军事管制委员会用笺”，左下角缺失，现已微微泛黄。信上说：“杨青平同志原在嘉定（今乐山）做组织工作，因红调渝。现嘉定解放，急需他回乐山整理组织。”信中交代了杨青平的身份，并说明了急需他回乐山的原因。同时，信中还写道：“我工作很忙，地下党整理尤费功夫。”这是因为在中华人民共和国成立前，地下党组织笼罩在白色恐怖下，党员之间都是单线联系的，并且他们四处疏散隐蔽，整理起来很困难。这封信的落款时间是1月9日，也就是成都解放12天之后。

另一封信是给乐山地委鲁大东的，落款时间是1月14日，用纸稍微偏硬，保存完好。信上说："兹介绍乐山地下党工作同志杨子明（杨彦经）、华文江、陈文治、高静培、喻友峰、毛文成六同志和你们联上工作关系，他们都是正式党员，组织关系以后由川南区党委转过来，你们即可分配工作。""他们所介绍各县同志关系都是真实的，都可联上工作关系。你们如有疑问，可来电川西区党委向我查询。"

原来，1948年11月，雅乐工委书记陈俊卿在牛华溪被捕，杨子明去成都找时任川康地下党特委副书记的马识途面报。按川康特委的指示，暴露的杨子明和可能暴露的喻友峰、高静培转移到重庆，伺机开展学生运动；乐山工作由陈文治负责，他与毛文成一道，组织其余地下党员分散在沐川县马边河一带。

1949年4月20日，特务到川大实施大逮捕。川大地下党组织闻讯后，立即组织进步学生撤出学校，分散各地。7月，调川大学生、地下党员华文江到乐山，负责领导川大在此的同志，壮大革命力量。

于是，经联络商议，相遇在马边河的乐山地下党与川大地下党两组织，决定打开横向关系，按川康特委的指示，争取各方力量，组建了约1 500人的"川西南军区游击队"，配合人民解放军，阻击国民党溃逃残部，策动说服五通桥盐警等和平起义，掌控沐川和马边全局，使其和平解放。

正是这两封信的到来，让乐山绝大多数地下党员和进步人士及时接上了组织关系，成为当地各项事业的骨干。这两封信，一方面凸显了马识途作为川康地下党特委负责人的高度责任感和强烈使命感，另一方面也展现了乐山地下党员坚定的理想信念和临危不惧的革命精神。

（资料来源：四川日报，有改动）

阅读以下材料，按步骤完成材料之后的实战任务。

金阳光集团公司拟于2021年11月12日上午10时举办公司成立20周年庆典暨新一届董事会就职典礼，地点在广州会展中心1号馆。此次庆典活动以"为社会创造价值"为主题，回顾金阳光集团公司20年风雨历程，展现其20年辉煌业绩，届时将邀请市政府有关领导和合作伙伴鑫荣有限公司、宏达有限公司和恒昌有限公司的代表出席庆典大会。

假设你是金阳光集团公司董事长秘书，请你拟写一份文书，邀请市政府有关领导和合作伙伴出席庆典大会。

1. 构思步骤

确定文种

区分类别

明确目的

篇章结构

2. 书写正文

正 文

3. 反思总结

全班同学每5人一组，每个小组的成员结合小组的课业学习情况与项目实战演练情况，按照表3-2的评价标准进行自评和互评，并请老师进行总体评价。

表3-2 考核评价表

考核内容	评价标准	分值	评价得分		
			自评	互评	师评
知识与技能考核（40%）	能复述社交文书的概念，并区分其种类	2			
	能简要介绍社交文书的写作要求	3			
	能复述简历、求职信、辞职信的概念，并熟悉简历的种类	2			
	能掌握简历、求职信、辞职信的结构和写法，并熟悉其各自的写作注意事项	10			
	能复述申请书、邀请函、请柬的概念，并能举例说明申请书和邀请函的种类	3			
	能掌握申请书、邀请函、请柬的结构和写法，并熟悉其各自的写作注意事项	10			
	能复述介绍信和证明信的概念，并能举例说明它们的种类	2			
	能掌握介绍信和证明信的结构和写法，并熟悉其各自的写作注意事项	8			
过程与方法考核（20%）	课前主动预习，积极收集各类社交文书	5			
	认真分析所收集社交文书的作用、结构和语言特点	5			
	积极参与课堂讨论，并与同学交流自己的观点	5			
	认真完成课后作业，注重写作体验，善于通过模仿锻炼写作水平	5			
综合素养考核（40%）	积极树立礼仪观念，弘扬传统美德，自觉提升礼仪素养	10			
	愿意去了解与社交文书相关的传统文化，能欣赏蕴藏于社交文书中的美，增强文化自信	10			
	自觉树立竞争意识，培养团队精神，提升乐学善学的品质	10			
	主动培养自我认知、自我认可、自我营销的能力	10			
总评	自评（20%）+互评（20%）+师评（60%）=	教师（签名）：			

项目四

事务文书

项目导读

事务文书是以主体需要、客体实用为目的的文稿写作，具有体式的灵活性、语言的通俗性、内容的现实性等特点。事务文书的种类很多，本项目将着重介绍计划、总结、会议记录、调查报告、简报、条据和启事。

学习目标

知识目标

- 了解事务公文的概念、种类、作用和写作要求。
- 了解计划、总结的概念、特点和种类。
- 掌握计划和总结的结构、写法与写作注意事项。
- 了解会议记录、调查报告和简报的概念和特点，以及调查报告和简报的种类。
- 掌握会议记录、调查报告和简报的结构、写法与写作注意事项。
- 了解条据和启事的概念、特点和种类。
- 掌握条据和启事的结构、写法与写作注意事项。

能力目标

- 能结合实际需要选用事务文书文种，并按照规范格式撰写文书。

素质目标

- 培养勇于探究的精神和实事求是的科学态度。
- 锻炼管理思维，提升计划、总结、调研的能力。
- 增强统筹规划意识，培养通过分析数据来把握事物本质的能力。

任务一

披烦理乱，居敬穷理

——事务文书概览

任务清单

每完成一项学习任务，就在对应的方框中打一个“√”。

任务进程	序号	任务内容	是否完成
课前预习	（1）	收集10篇事务文书范文，并尝试对其进行分类	□
	（2）	写出自己对事务文书的初始认知	□
课中学习	（3）	阅读“例文感知”，简要评价例文，并思考例文后的“问题导入”	□
	（4）	理解事务文书的概念，并了解其种类和作用	□
	（5）	熟悉事务文书的写作要求	□
课后复习	（6）	根据正文的分类标准，对课前收集的事务文书范文进行分类	□
	（7）	简要分析所收集范文的结构特点与写法，并做好记录	□

例文感知

下面是学生小赵根据自己的实际情况制订的一份学期学习计划。

20××年秋季学期语文学习计划

为了学好《语文》第一册的基础知识，打好听、说、读、写四种能力的基础，并提高语言文字能力和思想道德素质，我根据语文教学大纲的要求，结合自己的实际情况，制订了以下学习计划。

一、学习目标

通过一个学期的刻苦学习，掌握汉语拼音方案、标点符号用法、形声字结构、重点词句的含义和常用修辞手法的运用等；与他人交流时，能快速理解他人的话语，并抓住重点；说话用词准确，条理清楚；阅读记叙文时能理解文章主题，归纳出文章记人叙事的方法与特点；写记叙文时做到中心明确，条理清楚，内容具体，重点突出。期末考试语文成绩达到90分以上，写出优等作文5篇。

二、措施

（1）在开学前，浏览课文，从说明到目录，从课文到作文、汉语知识。在单元教学之前，泛读教学要求、课文和知识短文。在课文教学之前，精读学习重点、课文与注释、思考与练习，并阅读课文的自读提示。

（2）上课时注意听讲，认真记录，积极思考，讨论时积极发言；课后独立完成练习；单元学完后及时复习，归纳主要知识，运用比较的方法记忆所学知识。

（3）认认真真地完成每道作文练习题。在写作文之前，先仔细阅读作文要求和提示，再研究例文。每周写一篇作文，争取到期末考试之前完成一本自编的《作文选》。

（4）每天写一篇百字日记，摘录百字名言或精彩片段；每周背诵一首古诗；每学期阅读三本名著。

（5）每周检查一次自己执行计划的情况。

我会认真落实以上计划措施，争取在新的学期将语文成绩提升到一个新的台阶。

赵××

20××年××月××日

请思考：上述计划由哪几部分构成？从写作的角度看，这份计划具有哪些特点？计划属于哪类文书？此类文书有什么特点？具有哪些作用？

问题导入

（1）什么是事务文书？它具有什么作用？

（2）常见的事务文书有哪些种类？

（3）事务文书的写作要求有哪些？

一、事务文书的概念

事务文书是党政机关、社会团体、企事业单位处理日常事务、沟通信息、总结经验、研究问题、指导工作、规范行为的实用文书。其使用频率高，应用范围广，在机关、团体、企事业单位的日常工作中发挥着重要作用。

二、事务文书的种类

事务文书根据性质与作用的不同，可分为以下五类。

（1）计划类文书。计划类文书是单位或个人为了对一定时期内的工作、生产或学习进行有目的、有步骤的安排或部署而撰写的文书，包括规划、设想、安排、计划、方案等。

（2）报告类文书。报告类文书是反映工作状况和经验，对工作中存在的问题或具有普遍意义的重要情况进行分析研究的文书。这类文书主要有总结、调查报告、调研报告等。

（3）规章类文书。规章类文书是政府机构或社会各级组织针对某方面的行政管理或纪律约束，在职权范围内发布的需要人们遵守的规范性文书。这类文书包括章程、条例、办法、规则、制度、守则、公约等。

（4）简报类文书。简报类文书是记录性文书，包括简报、大事记等。

（5）会议类文书。会议类文书是用于记录或收录会议情况和资料的文书。这类文书包括会议计划、会议安排、会议记录、发言稿、开幕词、闭幕词等。

三、事务文书的作用

（一）指导作用

计划、总结、简报等事务文书，都是为贯彻执行党的路线、方针、政策和上级指示，统一思想，总结经验教训，以指导今后的工作而制发的。因此，这类文书在机关、团体、企事业单位的实际工作中发挥着指导作用。

（二）宣传教育作用

事务文书是进行宣传教育的工具，它以各种形式对中心工作进行部署和宣传。例如，讲话稿等在工作中直接发挥宣传教育作用；简报、调查报告等以其说理性、真实性等特征间接发挥宣传教育作用。

（三）规范约束作用

事务文书中的一些文书，如章程、条例、准则等，是全体社会成员或组织内的人员共同遵守的行文准则，起着约束、监督的作用；又如计划，是机关团体为达到某一目标或完成某一任务而事先制订的方案，对计划范围内的每一个成员都有规范和约束的作用，同时也为以后的工作考核等提供了检查、监督的依据。

（四）积累资料作用

事务文书是机关日常公务活动的文字记录，不仅能起到处理公务、交流情况的作用，而且它们中的一部分又成为机关工作的原始记录，存档后具有很高的资料价值，可以成为检查工作的依据和凭证。

四、事务文书的写作要求

（一）以准确为基础

1. 材料要确凿

事务文书中所涉及的时间、地点、人名、引语、事例、背景和数据都必须符合客观事物的本来面目，即以事实为依据。

2. 观点要正确

事务文书中的观点要符合党和国家的路线、方针、政策及有关规定，要有实事求是、科学求真的态度。不能以偏概全、把偶然当必然，更不能歪曲事实。

3. 表述要准确

用语要得当、严密，语意明确固定，不能产生歧义。确需使用模糊语言时，要根据语境恰当选用，切不可滥用。

（二）以鲜明为本色

1．提出问题要直接

事务文书重实用、少套话，往往开门见山，一针见血地指出主要问题，不能拐弯抹角、不着实质。

2．主要问题要突出

文章内容要围绕主要问题展开，从而使主题单一、鲜明、突出。

3．语言表达要简明

事务文书应当语言通俗易懂、简洁明快；结构层次清晰，多用小标题式、条目式或图表式，给人鲜明的视觉效果；还要尽可能在标题中概括出事由或在篇首阐述概况，让人一看便知，从而准确地把握内容的主要精神。

（三）以美感为追求

很多人认为事务文书的写作不应追求美感，觉得求美势必会影响事务文书的真实性和实用性。事实上，许多事务文书吸取了散文的笔法，将内容的真实性与表达的艺术性高度统一，在反映客观事物、剖析事理的同时给读者以美感。可以说，美感是事务文书较之公文的突出优势。

事务文书的美感特征主要是生动、活泼。它既表现为语言的优美活泼，又表现为题材的形象生动。如果将事务文书上升到美感层次，事务文书就能写“活”了。

素养把脉

知识竞答

全班同学开展知识竞答活动。教师以放映幻灯片的形式展示下列题目，全班同学举手竞答。在教师发出竞答口令后，先举手的同学将获得答题机会。

（1）如何理解事务文书的作用？

（2）事务文书有哪些种类？请举例说明。

（3）各类事务文书的应用范围是什么？请举例说明。

（4）在撰写事务文书时，应注意哪些要点？请举例说明。

教师事先准备好不同类型的事务文书素材，如计划类、报告类、规章类、简报类和会议类等，然后将其逐个展示出来，获得抢答机会的同学回答教师所展示的文章属于哪一类事务文书。

最后由教师对每个同学的活动情况进行评价，并做总结性发言。

技能拓展

认真阅读以下材料，给这篇总结加上标题，并给正文部分划分的层次加上小标题。

____

2022 年，全省税收工作在省政府的领导下取得了很大成绩，税收收入在连续两年超收的基础上又超额完成了计划。现将全年工作总结如下。

一、______________________

2022 年，我们以抓好收入、搞好改革为中心，重点抓了三个方面的工作。

一是大力组织收入工作，努力实现税收计划。（略）

二是根据体制改革的新情况，开展了对承包户、专业户、个体经济及农贸市场等税收政策和征收管理的调查研究。（略）

三是全面培训了新老税收干部。（略）

二、______________________

总结 2022 年全省税收工作，特别是组织收入工作，由第一季度短收到超收，计划执行结果比预想的好，主要体会如下。

第一，分析经济形势，掌握税源变化，组织收入工作动手早，抓得紧，抓得实。（略）

第二，认真加强征管，搞好挖潜堵漏。（略）

第三，各级领导转变作风，普遍深入第一线指导征收。（略）

第四，依靠各级党政机关加强对税收工作的领导。（略）

三、______________________

2022 年的税收工作成绩不小，各级税务部门和税收人员做了很大努力，但同时也暴露出我们工作中的一些问题和漏洞，具体如下。

第一，管理偏松，错漏欠税还比较严重。（略）

第二，在任务重、时间紧、要求急的情况下，有些地方为了完成计划，出现了应退的税未退、应还的贷款未还等现象，造成了不良影响。（略）

第三，有些地市县税务部门领导班子不齐心协力，涣散软弱，影响税收工作的开展。（略）

第四，征收工作中还存在一些不正之风，亟待纠正。（略）

四、______________________

回顾 2022 年的税收工作，总体形势是好的，存在的问题也是不可忽视的。展望新的一年，税收任务很重，特别是要确保本年度税收计划的完成和超收，还要继续付出很大的努力。

为了确保本年度税收计划的完成，我局计划采取新的措施进一步抓好以下几项工作。

第一，继续抓好经济税源调查和全年收入的预测工作。

第二，立即着手抓好全省税征工作会议的准备工作。

第三，进一步调查，加强征管和堵塞漏洞的措施。

第四，进一步争取党政对税收工作的领导。

××省税务局

2023 年 1 月 10 日

常规要素 别样建构——谈事务写作的创新

事务写作，顾名思义就是写作者针对事务性需要所进行的书面表达与沟通。事务写作有许多规范和要求，一些常见文种在格式、语言等方面具有程式化的特征，初学者往往易于模仿，上手较快，但如果墨守成规，则容易出现“千篇一面”的问题。因此，写作者应当有破旧立新的勇气和推陈出新的创意，在遵循规则和创新突破之间寻求事务写作的最佳状态，以使事务文书既能有效解决实际问题，又能促进良性互动、深化沟通交流。

事务写作的核心程序在于围绕明确的主旨、运用合适的材料、选择恰切的结构、组织得体的语言，呈现出一份主旨鲜明、结构完备的实用性文书，从而实现完成沟通任务、处理实际事务的目标。其中涉及的主旨、材料、结构、语言等常规要素，都是促使事务写作更具针对性、实用性和创新性的重要维度。

一、老话新谈显主旨

主旨先行是事务写作的基本要求。事务写作的核心目的在于，在面对某个具体问题或者实际任务时，通过切实可行的写作沟通来解决问题或完成任务。这样的任务一般都是比较具体的实际工作。面对写作任务时，写作者必须牢记写作主旨，做到意在笔先、先入为主，时刻围绕中心问题，凸显核心要义。

事务文书写作者要学会灵活巧妙地在行文中彰显主旨，既要鲜明准确又要恰到好处，以使受众准确把握文章主旨，迅速获得重要信息，并结合实际情况给出相应的对策，有效地促进任务完成。

写作者还要善于“破老话立新意”。事务文书通常适用于常规工作，要想避免出现事务文书“年年相似”的情况，写作者必须主动破除老生常谈，从常规和相似中发掘新意、阐发深意、提高立意。例如，可以结合当下的时代背景，发掘平凡的基础性工作中的新价值和新理念。此外，写作者也要善于别出心裁地提炼关键词，挖掘新内涵，不断强化和突出文章主旨，做到不落俗套。

二、因时制宜选材料

材料是事务写作的重要基础。为了充分凸显文章主旨，事务写作者必须掌握充足的相关材料，使文书言之有理、言之有物，否则就容易使文书内容变成口号式的空洞说教。在任务沟通过程中，经常会面对新情况、遇到新问题，写作者必须跳出惯常思维，破除经验主义的模式套路，积极吸纳新思想、新观点，“破旧知立新知”，因时而变，与时俱进，做到因时、因地、因事制宜。只有这样，才能使事务写作紧跟时代、深入人心，最终实现沟通的目的。

为了避免空谈，写作素材必不可少。这就要求写作者在平时树立主动积累意识，既要搜集、整理与本职工作相关的直接材料，也要归纳、学习与写作相关的理论、语言、技巧等。当然，在具体写作过程中，不能简单地罗列材料，而要精心选择、巧妙剪裁，选取与主旨关系密切、真实准确、典型新颖的材料。

三、稳中求变搭结构

结构框架是事务写作的逻辑体现。事务文书写作者必须根据表达主旨的需要，合理选择和整合材料，使文章体现内在的逻辑，成为一个有机整体。

由于事务文书的结构模式大多是约定俗成、有据可循的，因此事务文书往往给人以套路式、规范化、模板型写法的刻板印象。实际上，为了更好地在事务处理过程中有效地实现正向沟通的目的，写作者还需根据具体情况做适当的结构性创新。

这里比较典型的例子就是，写作者要根据事务文书的呈现媒介，及时有效地进行结构调整。当下蓬勃发展的自媒体、公众号等电子平台正日益成为事务文书的重要载体，写作者必须准确把握新媒体写作的特点，适时调整事务文书写作的结构框架，恰当地“破常规立新例”，使事务文书写作的规范化结构和创新性表达相辅相成，给受众耳目一新的感觉。当然，在外在结构改变的同时，写作者不能忽视事务文书内在逻辑的建构。

完整有序、逻辑严密是对事务文书框架结构的基本要求。写作者应当熟练地掌握常用事务文书的常规结构，不断提升安排事务文书内在逻辑结构的能力，并在此基础上稳中有变，寻求规范与创新的融合。

四、契合情境巧表达

语言表达是事务写作的具体落实。一般而言，事务写作的语言表达要尽量做到真实准确、严谨庄重、简明扼要、平实易懂，这是由事务写作的特点决定的。在事务写作中，适当穿插契合情境、符合沟通主体特征的个性化表达，往往能起到画龙点睛、锦上添花的作用。

例如，某校文学院组织教职工开展了一次秋游活动，主要项目是室内的品茶游戏和室外的散步游玩，可以说活动本身并无新意，但是经过写作者的精心打磨和艺术性调整，一份与众不同的策划书使这次的活动具有了不同寻常的品位和意义。首先，该策划书将标题定为“文学院桂秋雅集策划”，十分契合文学院教师的身份特征。其次，策划书的前言部分，用四六骈文的形式交代了活动背景和活动意义。最后，该策划书将此次活动的目的凝练为“敦文院之素好，寄山水之幽情”，将活动主题拟定为“晤言一室之内，放怀林麓之间”。其中，“晤言一室之内”囊括了象棋、围棋、掼蛋等棋牌游戏，以及题诗联句、投壶飞镖等常见室内活动；“放怀林麓之间”包含了沿河漫步、公园游玩、运河垂钓等室外寻常项目。这些司空见惯的内容经由写作者的用心提炼，颇有化石点金之妙。

（资料来源：中国知网，作者施秋香，有改动）

任务二

未雨绸缪，反躬自省

——掌握计划与总结的结构与写法

任务清单

每完成一项学习任务，就在对应的方框中打一个“√”。

任务进程	序号	任务内容	是否完成
课前预习	(1)	分别收集6篇各具特色的计划和总结，尝试对其进行分类，并说出它们各自的特点	□
	(2)	写出自己对计划和总结的初始认知	□
课中学习	(3)	阅读“例文感知”，简要评价例文，并思考例文后的“问题导入”	□
	(4)	理解计划和总结的概念，并了解它们的种类	□
	(5)	熟悉计划和总结的结构与写法	□
	(6)	掌握计划和总结的写作注意事项，能说出这两种文书的区别与联系	□
课后复习	(7)	简要分析课前所收集范文的结构特点与写法，并做好记录	□
	(8)	根据实际情况为自己制订一份学习计划	□

例文感知

下面是某校就业处制订的一份毕业生顶岗实习计划。小王是该校××专业的毕业生，他仔细阅读了这份计划之后，打算先按照计划所列的内容、时间和要求认真实习，通过实习提升自己的专业实践能力，然后在实习结束后总结经验和教训，并写一份顶岗实习活动总结。

20××年××学院××专业学生毕业顶岗实习计划

根据我院《××专业人才培养方案》专业毕业顶岗实习之规定，本学期我院将组织2017级××专业136名应届毕业生到××市×类型企业开展为期6个月的毕业顶岗实习活动。

一、顶岗实习目的

毕业顶岗实习是全面综合训练专业学生实际工作能力的一个重要环节。通过毕业实习，学生能将专业理论密切联系实际，增强对工作岗位的认识，培养专业实践能力，进而在毕业后走上工作岗位时能够较快、较好地适应各项工作。

二、顶岗实习内容

这次顶岗实习是学生在系统学习了专业基础课程和专业核心课程之后开展的综合性

岗位工作能力训练的实习，实习内容主要包括以下十个方面。

（1）利用所学外语知识，协助所在单位翻译外语资料，起草和翻译商务往来函件；参与外商的接待，在没有正式翻译的情况下，担任临时翻译。

（2）在宾馆饭店、大型商场、旅行社实习的学生，要利用一切可能的机会，在实践中练习口语，提高外语口语水平。

（3）学习出口商品名称、规格、质量要求、出厂价成本核算、包装及标志、运输及运价的计算、仓储等方面的知识，通过参与工作流程，提高基本工作能力。

（4）参与出口合同的草拟，掌握出口商品规格质量、检验标准、交货期限、付款方式、索赔条款等知识，初步具备草拟出口合同的能力。

（5）旁听商务谈判，了解商务谈判过程及各阶段谈判重点的安排、谈判策略的运用等技巧；如有机会，可协助中方谈判代表开展秘书工作和接待、食宿安排等工作，以培养商务谈判能力和日常事务处理能力。

（6）了解并学习进出口商品报关手续和关税计算方法。

（7）了解当地对外贸易概况，包括进出口总额、贸易方式、经济效益、发展前景及其对当地经济的影响。

（8）了解当地经贸方面的外汇收支、结算方式、外汇调节、外资利用等情况。

（9）了解国际金融基本业务，包括外汇、汇票、现汇、托收承付、信用证等业务知识。

（10）协助企业进行市场调查，参与企业产品的促销策略的制定及实施，并在实践中进一步掌握商品推销的有关理论。

三、顶岗实习时间与单位

实习时间：20××年×月至×月。

实习单位：原则上由学生持我院实习证明自己联系专业对口的企业。确有困难的，由我院就业处和学生所在系负责联系专业对口企业，安排实习。

四、顶岗实习要求

（1）每个实习生必须认真写实习日记，记录实习期间的主要工作内容、方法与技巧。

（2）实习结束后，每个实习生必须提交一篇3 500字左右的个人顶岗实习总结。

（3）实习生必须严格遵守实习单位的规章制度，无特殊情况时不得请假，有事需请假时必须经实习单位有关领导和我院带队指导教师的批准。

（4）实习生的实习单位如有变动，要及时与班主任联系。

（5）实习结束后，学院委托实习单位就实习生的思想品德、工作态度、业务水平、业务能力等方面做出鉴定和评价，以优秀、良好、及格、不及格等评分标准评定每个实习生的实习成绩，加盖实习单位公章后，交给学院带队指导教师带回我院或由实习单位将实习档案袋密封后寄到我院就业处。未交齐实习鉴定材料的学生，不予评定实习成绩，不能取得毕业实习学分。

××学院就业处（公章）

20××年×月×日

请思考：上述计划由哪几部分构成？它有什么作用？小王为什么要主动写一份活动总结？总结具有什么作用？如果你是小王，你将如何拟写这份总结？

问题导入

（1）计划有什么特点？它有哪些种类？
（2）计划的结构与写法是怎样的？写作时应该注意哪些事项？
（3）总结有什么特点？它有哪些种类？
（4）总结的结构与写法是怎样的？写作时应该注意哪些事项？

一、计划

（一）计划的概念

计划是党政机关、企事业单位、社会团体或个人为完成某一任务或实现某项目标，预先对今后一定时期内的工作、活动进行安排的说明性应用文书。计划是一个泛称，常见的“规划”“纲要”“安排”“打算”“意见”“方案”“要点”“设想”等实质上都是计划。

一般来说，期限较长、范围较广、内容较概括的计划称为“纲要”或“规划”；内容较单一的计划称为“安排”或“打算”；从目的、要求、方式方法和进度等方面对某项工作进行全面而详细的安排时宜用“方案”；对某个时期工作提出指导原则和总体要求时可用“要点”；对某项工作进行比较粗略的打算或安排时，宜用“设想”。

（二）计划的特点

1. 可行性

计划是为指导工作而制订的执行性文件，因此，它提出的方法与措施必须保证切实可行，提出的目标必须是经过努力能够完成的。不具有可行性的计划，只不过是一纸空文。

2. 预见性

计划着眼于未来，是对将要进行的工作的安排。它是一种建立在事实和相关资料、信息基础上的预测。其预测的准确与否，关系到计划是否科学，是否具有实操性。因此，制订计划前，应充分考虑到可能出现的情况，提出必要的防范措施和解决办法，并留有一定的回旋余地。

3. 时效性

计划的有效时限是明确、具体的，超出有效时限，约束力就会消失。在实际工作中，难免会有在时限内无法完成既定计划，工作却又不能因此终止的情况，此时，往往会制订跨时段的补充或后续计划。

4. 指导性

计划的指导性主要体现在为未来工作提出科学、合理、具体、可行的工作目标、步骤、措施、方法等。指导性是计划的根本特性，它使计划具有规定和约束的功能。这一特性主要由计划的写作目的决定，旨在使有关人员在执行计划、开展工作时有所参照，有所依据，以避免工作的随意性和盲目性。

（三）计划的种类

按性质、内容、时间、范围、呈现形式等标准划分，计划可分为多种类型。

（1）按性质划分，计划可分为综合性计划和专题性计划。

- **综合性计划：**又称“总体计划”，是单位、部门或个人在一定时期内对所有工作做出的全面安排。
- **专题性计划：**又称“单项计划”，是单位、部门或个人对某一方面的工作做出的安排。

（2）按内容划分，计划可分为工作计划、培训计划、科研计划、教学计划、基建计划等。

（3）按时间划分，计划可分为年度计划、季度计划、月计划、周计划等。

（4）按范围划分，计划可分为国家计划、行业计划、单位计划、部门计划、个人计划等。

（5）按呈现形式分，计划可分为条文式计划、表格式计划和文表结合式计划。

- **条文式计划：**指把计划分为若干条款或部分，通过文字加以阐述，涉及的数字指标均包含在有关部分的文字叙述之中。这是目前比较常见的一种写作形式。
- **表格式计划：**指用表格来展示计划内容。表内栏目通常包括任务项目、执行部门、完成时间、执行措施等。定期的、以数据为指标的计划适合用这种方式，如企业的产销计划、国家经济管理部门下达经济任务的计划等。
- **文表结合式计划：**指计划的内容既有条文的表述，又有表格的形式。条文和表格相配合，能把比较复杂的内容用简洁的方式表达出来。

（四）计划的结构与写法

计划通常由标题、正文和落款构成（见图 4-1）。

标题		单位或部门名称+完成时限+计划内容+文种
正文	引言	写明制订计划的依据，阐明指导思想，或概述制订计划的基本情况，说明背景条件（为什么做）。
	主体	写明任务目标与要求（做什么）。 列出方法措施和具体步骤（怎么做）。
	结尾	说明完成计划的有利条件或表明信心、决心，也可以省略结尾。
落款		单位或部门名称、个人姓名 ××××年×月×日

图 4-1　计划的结构模板

1．标题

计划的标题有多种拟写方式，常见的有以下几种。

（1）完整式标题：此类标题一般由制订计划的单位或部门名称、完成时限、计划内容和文种四个部分构成，如《××职业学院 2023 年招生计划》。

（2）省略式标题：此类标题在完整式标题的基础上省略时限或单位，如《××超市销售计划》《2023年第一季度生产方案》《工作计划》等。

（3）文章式标题：此类标题一般按计划的主题或要达到的目标拟定，多用于政府和主管部门的计划工作报告，如《团结动员全区广大职工，为实现中国梦而努力奋斗》。

2．正文

计划的正文包括引言、主体和结尾三个部分。

（1）引言。引言又称“前言”，在全文中起引导作用。引言一般要求简明扼要地介绍制订计划的背景、依据、指导思想，说明其意义和重要性，并列出所要达到的目标。

（2）主体。主体部分应说明计划的具体内容，即计划的目标和任务、方法和措施、步骤和时限等事项。主体部分应确保措施具体、分工明确、步骤有序和条理清晰。

- **目标和任务：**即计划要达到的基本要求，需按主次写清总体目标、具体任务和目标。总体目标是各方面综合指标的体现，具体任务或目标则要说明数量、质量和时间要求等具体明确的内容。
- **方法和措施：**即实施、完成计划的保证，包括组织分工、物质保证、采取的各项措施等。组织分工需说明领导机构、负责人员、有关工作的具体分工和责任。物质保证需说明实施计划的人力、物力、财力（资金预算），配备多少，如何配备等。
- **步骤和时限：**即实施计划的工作程序和时间安排，需根据轻重缓急来安排不同阶段先做什么、后做什么。

（3）结尾。结尾应根据实际情况来写。有的结尾是补充正文，指出在执行计划时应注意的事项、需要说明的问题等；有的结尾是提出希望或发起号召，以收束全文；有的结尾是展望前景，给人以鼓舞。若无必要，也可省略结尾。

3．落款

在正文右下方署上制订计划的单位名称和成文日期。如果所写计划将以公文的形式下发，则应加盖公章。

（五）撰写计划的注意事项

（1）从实际出发，统筹兼顾。无论是撰写长期计划还是短期计划，都必须从实际出发，充分分析客观条件，所撰写的计划既要有前瞻性，又要留有余地，以便计划执行者通过努力能够完成。此外，事关全局的计划应考虑周全，处理好大计划与小计划、整体与局部的关系等。

（2）重点突出，主次分明。在计划目标较多的情况下，要处理好先与后、重与轻、主与次的关系。点面结合、条理清晰的计划有利于工作既全面又有条不紊地开展，进而取得事半功倍的效果。

（3）目标明确，步骤具体。计划的目标应明确具体，以便计划执行者明确努力方向。同时，步骤和措施应详细具体，这样有利于实际工作的顺利开展。

例文赏析

×××学校2022年下学期心理健康工作计划

随着科学技术的飞跃发展、社会经济和文化的迅速变革，成长中的儿童和青少年将面临日益增长的社会心理压力，他们在学习、生活和社会适应等方面必然会遇到种种困难和挫折，难免会出现不同程度的心理问题。如何帮助他们提高心理素质、健全人格、增强承受各种心理压力和处理心理危机的能力，以迎接未来社会的严峻挑战，成为广大教育工作者面临的迫切问题。

本学期，在学校领导的重视和关怀下，我们将进一步提高对学校心理健康教育重要性的认识，进一步健全心理健康教育的管理机制，把这项工作放在一个重要位置上。加强和重视中小学心理健康教育的主要任务是，全面推进素质教育，增强学校德育工作的针对性、实效性和主动性，促进学生形成健康的心理，减少和避免对他们心理健康的各种不利影响，培养身心健康、具有创新精神和实践能力的人才。该计划的具体内容如下。

一、心理健康教育的指导思想

通过多种方式对学生进行心理健康教育和辅导，帮助学生提高心理素质，健全人格，增强承受挫折、适应环境的能力。

二、心理健康教育的主要目标

增强学生认识自我、调控自我、承受挫折、适应环境的能力；培养学生健全的人格和良好的个性心理品质；对少数有心理行为问题和心理障碍的学生，给予科学有效的心理咨询和辅导，使他们尽快调节自我心理，摆脱心理障碍，形成健康的心理素质，提高心理健康水平。

三、心理健康教育的主要内容

小学低年级的教育内容主要如下：帮助学生适应新的环境、新的集体、新的学习生活，感受学习知识的乐趣，乐于与老师、同学交往，在谦让、友善的交往中体验友情。

小学中高年级及中学的教育内容主要如下：帮助学生在学习中品尝解决困难的快乐，调整学习心态，提高学习兴趣和自信心，正确对待自己的学习成绩，培养面临毕业升学的进取态度；在班级活动中，善于与更多的同学交往，培养健全、合群、乐学、自立的健康人格，培养自主、自觉参与活动的能力。

四、心理健康教育的工作要点

（1）认真设计每一节心理健康活动课。设计心理健康活动课的原则如下：① 强调实践活动；② 重专题讲座，轻理论知识的系统性；③ 普遍指导与因人施教相结合；④ 教学手段与模式多种多样。

（2）完善学生心理档案：① 可让老师了解掌握所教学生的情况，并因材施教；② 及时发现个别存在心理问题的学生并加以辅导。

（3）开展学生座谈会（各年级分开进行）。

（4）利用学校宣传栏、广播站进行心理健康知识宣传。

（5）对有心理困扰的学生进行辅导（个别辅导和团体辅导同时进行）。

（6）培养和提高心理健康教师的专业素质。心理健康教师不仅要在业余时间自学，通过书刊、网络等途径提高自身理论水平，加深对心理学知识的理解，为心理健康教育与辅导打好基础，而且要走出去学习，请进来指导，扩展视野，与时俱进。学校应多开展心理健康教师培训活动。

（7）定期与家长进行沟通，及时了解学生在家的思想及行为，并对家长进行心理知识的宣传。

×××学校教务处（公章）
2022年6月20日

（资料来源：学习啦，有改动）

> 标题写明了单位名称、完成时限、计划内容和计划文种。
>
> 正文首先简要阐述了青少年群体所面临的心理压力，进而引出心理健康教育的问题。
>
> 接着自然而然地过渡到学校对心理健康教育的重视与建设上来，并提出中小学心理健康教育的主要任务。
>
> 正文用四个小标题标出了心理健康教育的指导思想、主要目标、主要内容和工作要点。
>
> 其中，对指导思想和主要目标的精要阐述直指要点。
>
> 对主要内容的阐述层次分明、条理清晰、重点突出。
>
> 对工作要点的阐述分项进行，且主次分明，语言简练、平实、易懂，操作方便。
>
> 落款处写明计划拟定单位名称和日期，并加盖公章。

点评

这份计划使用了完整式标题，即标题由单位名称、完成时限、计划内容和文种四个部分构成。正文的前两段是前言部分，指明了中心任务，提出了总体要求；其余部分是主体内容。主体部分采用了分条列项的写法，条理清晰，重点突出。全文层次分明，主次有序，语言简练，通俗易懂，值得学习和借鉴。

病文会诊

计　划

在知识经济时代，社会日趋信息化，高科技产业迅猛发展，学习能力已成为社会、企业、单位和个人适应时代、把握变化的核心能力。只有不断学习、与时俱进、开拓创新，才能紧握成功的钥匙，掌握发展的主动权。搞好自身学习，首先要由外在的要求转化为内在的自觉，将学习变成自己的一种兴趣、一种习惯、一种精神需要、一种生活方式，在思想观念上实现根本转变，变职前学习为终身学习。

一、学习目的

在现代社会，学习不再是获取职业的一次性“敲门砖”，也不是仕途升迁的“加油站”，而是陪伴终身的永久性动力源。正如××师范大学一位教授所说：“一辈子只在工作前接受教育的状态已经成为过去。教育已经不仅仅是个人为未来所做的准备，它贯穿于个人社会生活的始终。”通过持之以恒的学习，使自己变成政治理论水平高、党性意识强、立场坚定、目光敏锐、充满活力、有工作能力及适应新时代、新形势的有为青年。

二、学习内容

计算机、外语和驾驶是现代社会每个公民应掌握的基本技能。根据自己的实际情况，今明两年学习经费分别拟定为 3 000 元、6 000 元。主要学习计算机、英语口语，继续学习会计专业知识。通过两年的努力，分别拿到全国计算机等级二级、三级证书，提高英语听力和口语水平，取得××省高等教育自学考试本科文凭。同时，努力提高自己的政治理论水平和道德修养水平。

三、学习方法和具体安排

应知学问难，在乎点滴勤。学习必须增强自主性，养成持之以恒的良好习惯，不能仅仅满足于参加街道组织的集体学习，而要做到每天 2 小时，周日 3 小时，月月有进步。

（1）认真参加单位和上级部门组织的各项学习、交流、培训活动，每天阅读《人民日报》，每晚收看《新闻联播》节目，增强党性观念，关心国家大事。不断加强政治学习，积极参加各部门组织的党的知识竞赛，在学习中提高，在竞赛中获益。

（2）2021 年 7 月至 9 月，每个星期六参加全国计算机等级考试培训班，同时，利用每天的业余时间自学会计本科阶段的《高等数学（二）》和《会计报表分析》。

（3）开阔眼界，广泛学习。自费订阅《南方周末》《扬子晚报》，以关注政治、经济、文化、生活、体育等，做到国事、家事、天下事事事关心。在优秀文章中吸取精华，逐步提高自己的文字功底，做到分析事物既有深度又有广度。

（4）2021 年 10 月至 2022 年 1 月，利用双休日和晚上的时间参加英语口语培训班，最终达到与外国人进行简单交流的水平。

李××

2021 年 1 月 17 日

【会诊提示】

（1）标题结构不完整，缺少适用期限和计划内容。

（2）文中的“一、学习目的”内容实际上属于前言部分，应与首段合并，同时删减说教内容，以使语言更加简洁、重点更加突出，同时应以“特制订计划如下”引起下文。

（3）文题不符，条理不清。标题二“学习内容”应改为“学习目标”，标题下的内容应分条列出，使其条理清晰。

（4）层次模糊，语言冗长。“学习方法和具体安排”应与上文的学习目标相呼应，相应的内容应有层次地列出；同时，应删去关于任务意义的阐述。

二、总结

（一）总结的概念

总结是指党政机关、企事业单位、社会团体或个人对前一阶段的工作进行回顾、反思和分析，阐述成绩与问题、经验与教训，用来指导今后工作的一种应用文书。日常工作中的总结通常还有其他名称，如“回顾”“小结”“体会”“经验”“心得”等。

通过总结，人们可以把零散、肤浅的感性认识上升为系统、深刻的理性认识，从而得出科学的结论，以便发扬优点、克服缺点，在今后的工作中少走弯路、多出成果。总结中的科学结论还可以作为先进经验进行推广，为其他单位或个人提供借鉴。

（二）总结的特点

1. 自指性

总结以本地区、本单位、本部门或本人为总结对象，表现的是对自身实践活动本质的概括和认识。

2. 客观性

总结是对过去一定时期内的工作或活动进行的分析和研究，是在实践的基础上展开的。它的内容必须真实、客观地反映实际情况，不能是无中生有、主观臆造的。

3. 实践性

总结的重点是回顾实践、总结规律。因此，总结必须以“实践是检验真理的唯一标准”为准则，正确反映客观事物的本来面目，找出正、反两方面的经验、教训，得出规律性的认识。

4. 指导性

总结是对过去的回顾与思考，其目的在于更好地指导今后的工作。对以往工作进行全面、系统的检查和分析，吸取其中的经验、教训，有助于在今后的工作中扬长避短，改进工作方法，提高工作质量。

课堂互动

曾子曰："吾日三省吾身——为人谋而不忠乎？与朋友交而不信乎？传不习乎？"意思是说："我每天都要数次反省自己：为别人谋划办事，是否做到忠诚了呢？和朋友交往，是否恪守信用了呢？老师传授的知识，是否温习了呢？"

请你结合自己对这句话的理解，谈谈定期总结的重要性，并与同学展开讨论和交流。

（三）总结的种类

按性质、内容、时间、范围等不同标准，总结可划分为多种类型。

（1）按性质划分，总结可分为综合性总结和专题性总结。

- **综合性总结**：又称"全面总结"，它是对某一时期各项工作的全面回顾与检查，如《××公司 2022 年度工作总结》等。
- **专题性总结**：又称"单项总结"，是对某项工作或某方面问题进行的总结，如《××集团 2022 年度销售工作总结》《××市××区植树造林工作总结》等。

（2）按内容划分，总结可分为工作总结、学习总结、科研总结、教学总结等。

（3）按时间划分，总结可分为年度总结、季度总结、月份总结等。

（4）按范围划分，总结可分为地区总结、部门总结、个人总结等。

以上分类是相对的，总结的类型是可以相互交叉的，写总结时应灵活掌握，不必过于刻板。

（四）总结的结构与写法

总结一般由标题、正文和落款构成（见图 4-2）。

标题		单位或部门名称+时限+内容+文种
正文	前言	可介绍工作背景、基本概况等，也可以说明总结的指导思想或写作目的，并做出基本评价。
	主体	反映成绩与措施、原因与结果、经验与教训等。
	结尾	写明今后的努力方向和开展工作的设想。
落款		单位或部门名称、个人姓名 ××××年×月×日

图 4-2　总结的结构模板

1. 标题

总结的标题有多种拟写方式，常见的有以下几种。

（1）公文式标题：由单位名称、时限、内容和文种四个部分构成。如《××集团公司 2022 年度对外贸易工作总结》《××市 2022 年农村工作总结》等。需要注意的是，除"文种"外，其他三个部分可视情况省略，如《学习总结》等。

（2）文章式标题：以单行标题概括主要内容或基本观点，不出现“总结”字样，但对总结内容有提示作用，如《我们是如何实行教学与科研相结合的》。

（3）双行式标题：由正题和副题构成。正题点明主旨，副题补充说明，如《适应新的形势，努力做好财会工作——××厂财务处 2022 年工作总结》。

2．正文

正文由前言、主体和结尾三个部分组成。

（1）前言。前言一般介绍写作的依据、背景、基本概况等，也可交代总结主旨并做出基本评价。总结的前言力求简洁、开宗明义。常见的前言有以下几种写法。

- **概括式：**简要介绍基本情况，为下文的叙述奠定基础。
- **提问式：**以提问的方式直接点明主题，引人注意。例如，“党校培训是每一个有志于加入中国共产党的青年学子的必修课。那么，通过学习究竟可以在哪些方面得到提高呢？现结合本人的学习经历，谈几点体会。”这段前言在点明主题的同时，以提问的方式设置悬念，引起读者的注意。
- **对比式：**用前与后、新与旧或先进与落后进行对比，分出优劣，引出下文。例如，“2016 年至 2019 年，我厂平均每年亏损 40 余万元人民币。建立集团公司后，公司不仅扭亏为盈，而且产值、利润以每年 6.9%的幅度稳步提高，2022 年创盈利新高，净增利润 2 000 万元人民币。”这段前言用前后两组差别显著的数据做对比，能引起读者对该公司所总结的经验和所取得的成绩的注意。
- **结论式：**开门见山提出总结的结论，引发读者对总结过程的兴趣。例如，“经过一学期的刻苦学习，我取得了理想的成绩。这使我得出一个终身受益的结论——科学有效的学习方法是提高学习成绩的关键。”这段前言直截了当地给出总结的结论，先声夺人，能激起读者对学习过程的探索欲。

（2）主体。主体是总结的重点部分，一般占全文 2/3 以上的篇幅。主体部分的内容通常包括以下四个方面。

- **基本情况：**这部分应全面、简要地说明某一时期所做的各项工作或某项工作的各个方面。写基本情况时可以分项表述，但不能记“流水账”，应该着眼于重点事项，清楚地反映工作的开展过程。
- **取得的成绩：**这部分是总结的主要内容，应有重点地概括工作中取得的主要成绩或获得的经验，并做出相对客观的评价，体现总结的真实性和评价性。
- **存在的问题：**这部分应写明实践活动中应当解决而暂时没有条件解决或没有办法解决的问题，应写得简略、中肯、有针对性。专门总结成功经验的总结，可以不写这部分内容。
- **今后的打算：**通俗地讲，今后的打算就是展望未来。总结是通过回顾过去的工作来为制订计划做铺垫，所以总结中谈到今后的打算时，既要与常规工作、中心工作和长远计划相结合，又要与本阶段存在的问题相结合。需要注意的是，总结不是计划，在谈今后打算时宜粗不宜细，宜简不宜繁，宜大不宜小。

主体部分常见的结构形态有以下三种。

- **逻辑顺序结构：**根据材料的性质、特点分别归类，总结出观点，依照重要程度分

条列项地写，使内容结构清晰、主次分明。

- **时间顺序结构：**按照工作程序或事物发展的时间顺序写。例如，年度工作总结可以按照年初、年中、年末的顺序依次展开，说明不同阶段的工作任务及成果。
- **混合式结构：**综合考虑所总结事项在性质、内容上的逻辑关联和事物发展的时间顺序。例如，按照逻辑顺序分条列项地写出工作成绩，再在具体条目下，按时间顺序写出各阶段的发展概况。

（3）结尾。结尾通常包括归纳呼应主题、指出努力方向、提出改进意见、表示决心等内容。结尾的篇幅不宜过长，如果主体部分已交代过上述内容，就不必再写结尾。

3. 落款

落款包括署名和成文日期，可写在正文的右下角。单位名称已经在标题中出现的，可不再署名。

（五）撰写总结的注意事项

（1）实事求是，客观评价。写总结要从客观实际出发，如实反映情况，恰当评价工作，对工作的成绩、不足、经验、教训等所做的结论应与实际情况相符。同时，应注意避免两种倾向：第一种是好大喜功，对成绩夸大其词，却对问题轻描淡写；第二种是写成“检讨书”，对问题格外强调，却将成绩一笔带过。

（2）总结规律，指导实践。写总结的目的就是找出工作的规律性，即进行某项工作或活动的经验教训，用以指导今后的实践。因此，写总结时，应立足于本单位的实际情况，通过概述分析工作情况，加强对工作规律性的理性认识。一份优秀的总结需要做到以下两点：第一，能够回答和解决本单位、本部门工作中的关键问题；第二，能够推动和指导全局工作，对同类工作具有普遍意义。

（3）材料充分，精选典型。材料是总结的基础，离开了材料，总结就无从写起。只有借助全面、丰富的材料，熟悉整体情况，总结写起来才不会以偏概。所以，写总结时，要注意掌握各类相关材料，如背景材料和现实材料，概括材料和具体材料，本单位材料和横向比较同类单位材料等。同时，要精选有代表性的、有典型意义的材料，使总结更具体、生动、有说服力。此外，要反复核实所选材料，确保其真实准确。

（4）叙议结合，语言得体。总结要摆情况、谈成绩、讲做法，这离不开叙述和议论。写总结时，既可以先叙后议，也可先议后叙，亦可夹叙夹议。总结不是文学作品，不讲求艺术夸张。因此，语言表达力求简洁、明确，力戒浮华、冗长。同时，用语要确切，尽量少用“大体”“一般”“基本”等模糊词语，多用能准确反映情况的事例或数据，增强说服力。

总结与计划的关系

总结是对计划的检验。总结以计划为依据，可以检查计划的执行情况。如果任务完成的结果与目标基本一致，则可以通过总结获得有价值的规律性认识；如果两者的差距较大或结果与目标截然相反，则可以通过总结获得引以为鉴的教训。

计划可以采用总结中的经验。前一轮总结中的先进经验可用来指导下一轮计划的制订，以使计划更加符合事物发展的客观规律。总结得出的教训，可作为制订和实施计划的前车之鉴。

可见，计划与总结相互制约、相互依赖又相互促进。

例文赏析

××小区物业管理处2020年工作总结

一年来，在房产处各级组织和领导的关心、帮助下，在各兄弟单位的理解和支持下，××小区物业管理处经营班子和全体员工经过不懈的努力，实现了年初预定的目标。现将××小区物业管理处2020年各项工作总结如下。

一、经营管理情况

完善各项规章制度，建立内部管理机制。管理处经营班子始终把提高物业服务水平、扩大服务范围、由内部服务逐步走向外部服务、争取从市场中获取效益当作今后可持续发展的必由之路。而要实现这一目标，优质服务是根本所在。为此，我们本着实事求是的原则，建立了一系列适应市场经济发展需要和公司发展需要的规章制度，并加大检查落实力度，使各项工作有计划、有方法、有依据、有目的地稳步展开。同时，坚持“以人为本，诚信服务”的原则，改善服务态度，提高服务质量，“想业主之所想，急业主之所急”；要求各类服务人员认真履行职责，恪尽职守，热情主动，文明礼貌，公正廉洁，及时处理业主报修及投诉等事项，维护业主的合法权益。

针对沉陷区住户的特殊情况，制定了一系列服务办法，坚持按照全市最低物业费标准0.2元/平方米/月向住户收取费用，并且将物业服务费用的收支情况公开。对于不在物业管理范围内的维修工作，施工单位维修不到位的，管理处也都无偿给予及时修缮，并公开物业报修电话。管理处严格按照物业服务合同约定的内容向业主提供服务，规范物业服务收费，提供质价相符的服务，杜绝“收费不规范、承诺不兑现、服务不到位”等现象，以提高行业诚信度。

二、物业管理费用收取情况

管理处上下团结务实，服务意识显著提高。物业公司只有不断提高服务质量，才能最大限度地满足商户和业主的需求，才能稳步提升物业收入，树立良好的企业形象。通过管理处全体员工的汗水浇灌，××小区在2020年度共收取物业管理费26万余元，其中××小区二期住宅的物业费收取率超过70%，网点的物业费收取率超过了50%。物业管理人员深入每家每户，认真听取住户的意见与建议，积极采纳并完善。

三、具体维修工作情况

在小区的基本建设及维护方面，管理处维修班积极响应管理处领导和公司的号召，努力完成每一项任务，认真对待临时出现的问题。在即将过去的这一年里，管理处办公室的报修电话每天接连不断。维修班的同志们始终怀着一颗火热的心，没有因为劳累而停下手中的工作，也没有因为天气炎热而延误工作进程，大家不论上班还是下班，不论白天还是黑夜，都尽快赶到现场并认真完成任务。在工作中，他们无论多脏多累，干到多晚，都毫无怨言。一年来，维修班处理各类维修共计2 000余项，保证了小区业主舒适安全的生活环境。

2020年是公司快速发展、硕果累累的一年，无论是经营效益还是企业品牌，都得到了社会、市场、业主的充分认可，公司领导也因卓越的贡献而得到了社会的高度评价。作为××小区物业管理处的员工，我们深感自豪，充满信心，当然我们也倍感压力，这源于公司快速发展对管理处的要求、公司品牌对物业

> 文件式标题写明单位名称、时限、内容和文种。
>
> 正文开头表达感谢，简述物业管理处经努力实现了目标，然后引出下文。
>
> 正文从三个方面对2020年的工作进行了总结，并对2021年的工作进行了展望。
>
> 在经营管理方面，主要从制度建设、服务质量改善、服务收费办法三个方面进行总结。
>
> 在物业管理费收取方面，阐述了服务意识，并通过列数据的方式对费用收取方面的工作成效进行总结。
>
> 在具体维修工作方面，主要从工作态度、任务难度、任务数量、工作成效等方面进行分项总结。

管理服务品牌的品质要求。

面对新的机遇和挑战，我们有理由相信，在公司的支持、关爱和帮助下，通过全体员工的精诚努力、协同奋进、开拓进取，××小区物业管理处未来的发展一定会前程似锦。在跟随公司发展的同时，物业管理处的全体员工将得到更大的发展，实现公司和员工价值的最大化，实现公司和员工事业的可持续发展。

2020 年 12 月 31 日

（资料来源：豆丁网，有改动）

> 结尾对来年的工作进行展望，语言富有感染力。
>
> 落款处写明成文日期。

点评

该总结采用了公文式标题，标明了单位名称、时间和文种。正文由前言、主体和结尾组成。前言交代背景，总述情况；主体部分详细介绍了××小区物业管理处 2020 年在经营管理、管理费用收取和维修工作方面所取得的成绩及总结的经验；文章最后两段是结尾部分，总结了工作所取得的成绩，并提出了新的工作目标。整篇总结条理清晰，层次分明，表意明确。

病文会诊

总　结

“公文写作”这门课共有 40 学时，由××教授讲授。在这门课程中，我收获颇丰。在上这门课之前，我本不想学习公文写作，而现在我越学越觉得有趣，且写作能力有明显的提高。

一、较系统地掌握了公文写作的基本理论知识

过去，我对公文的性质、特点、作用不了解，也不想了解。我总是这样想：了解它有什么意义？现在，我知道了公文是专门用于党政机关单位办理公务且作用巨大的应用文，还知道了如何根据它的性质、作用、特点来确定主旨、选择材料、安排结构、表达语言等。

二、阅读了许多范文和病文

在学习写作过程中，我阅读了很多范文和病文。其中，范文有示范作用，它告诉我们“应该这样写”；病文有警示作用，它告诉我们“不应该那样写”。课本中有 100 多篇范文和 50 多篇病文，大部分我都阅读过，特别是老师重点分析的范文和病文，我学得更细致。我常常将这两种文章对照着读，以便弄清楚“为什么不应该那样写”和“为什么应该这样写”。这样能学到很多东西，很有用。

三、写了十多篇作文

写作课是实践课，学习写作理论知识是为了指导写作实践，进而写出符合要求的文章来。因此，我认真完成了老师布置的七八篇作文作业，同时还结合学生会工作写了好几篇应用文。通过写作这十多篇作文，我懂得了相关文种“不应该那样写”和“应该这样写”的道理，且能按照公文写作的基本要求完成写作任务。这对我将来参加工作很有帮助。

总之，我在“公文写作”课程学习中的收获很大，感谢老师的教诲！

【会诊提示】

（1）标题不够规范，可改为"'公文写作课程'学习总结"。

（2）内容过于笼统，且缺乏逻辑层次。原文小标题的提炼不精准，所写内容依次为：对公文认知的改观、对公文写作理论的了解、公文写作水平的提升。更为关键的是，正文未写明具体事实，如做了什么、如何做的、结果如何、取得成绩的原因等，缺乏启迪和指导意义。

（3）语言口语化，不够简练。

（4）没有落款。落款处应写明总结人姓名及日期。

诗词之美

年终总结可用的古诗文名句

一、感叹时光飞逝

（1）人世几回伤往事，山形依旧枕寒流。——刘禹锡《西塞山怀古》

（2）林花谢了春红，太匆匆。无奈朝来寒雨晚来风。——李煜《相见欢·林花谢了春红》

（3）数人世相逢，百年欢笑，能得几回又。——何梦桂《摸鱼儿·记年时人人何处》

（4）时光流转雁飞边。今春看又过，何日是归年。——元好问《临江仙·世事悠悠天不管》

（5）及时当勉励，岁月不待人。——陶渊明《杂诗》

（6）人生天地之间，若白驹之过隙，忽然而已。——庄子《庄子·外篇·知北游》

（7）闲云潭影日悠悠，物换星移几度秋。——王勃《滕王阁序》

（8）流光容易把人抛，红了樱桃，绿了芭蕉。——蒋捷《一剪梅·舟过吴江》

（9）白发催年老，青阳逼岁除。——孟浩然《岁暮归南山》

（10）年年岁岁花相似，岁岁年年人不同。——刘希夷《代悲白头翁》

（11）白发渔樵江渚上，惯看秋月春风。——杨慎《临江仙·滚滚长江东逝水》

（12）年去年来白发新，匆匆马上又逢春。——于谦《立春日感怀》

（13）老去光阴速可惊。——欧阳修《采桑子·十年前是尊前客》

（14）桃李春风一杯酒，江湖夜雨十年灯。——黄庭坚《寄黄几复》

二、回首是非功绩

（1）功绩精妍世少伦，图时应倍用心神。——伍乔《观山水障子》

（2）有志者，事竟成，破釜沉舟，百二秦关终属楚；苦心人，天不负，卧薪尝胆，三千越甲可吞吴。——蒲松龄《自勉联》

（3）古之立大事者，不惟有超世之才，亦必有坚忍不拔之志。——苏轼《晁错论》

（4）东风吹尽去年愁，解放丁香结。——刘翰《好事近·花底一声莺》

（5）老大逢场慵作戏，任陌头、年少争旗鼓。——刘克庄《贺新郎·端午》

（6）千淘万漉虽辛苦，吹尽狂沙始到金。——刘禹锡《浪淘沙》

（7）春风得意马蹄疾，一日看尽长安花。——孟郊《登科后》

（8）老当益壮，宁移白首之心？穷且益坚，不坠青云之志。——王勃《滕王阁序》

（9）人生如白驹过隙，死不足恨，但夙心往志，不闻于没世矣。——《魏书·列女传》

三、感谢领导同事

（1）一生大笑能几回，斗酒相逢须醉倒。——岑参《凉州馆中与诸判官夜集》

（2）岂是贪衣食，感君心缱绻，念我口中食，分君身上暖。——白居易《寄元九》

（3）行来北凉岁月深，感君贵义轻黄金。——李白《忆旧游寄谯郡元参军》

（4）折花逢驿使，寄与陇头人。江南无所有，聊赠一枝春。——陆凯《赠范晔诗》

（5）今年何以报君恩。一路繁花相送、过青墩。——陈与义《虞美人·扁舟三日秋塘路》

（6）新丰美酒斗十千，咸阳游侠多少年。相逢意气为君饮，系马高楼垂柳边。——王维《少年行》

四、表达新一年的决心

（1）雄关漫道真如铁，而今迈步从头越。——毛泽东《忆秦娥·娄山关》

（2）江东子弟多才俊，卷土重来未可知。——杜牧《题乌江亭》

（3）路漫漫其修远兮，吾将上下而求索。——屈原《离骚》

（4）道由白云尽，春与青溪长。——刘昚虚《阙题》

（5）黄沙百战穿金甲，不破楼兰终不还。——王昌龄《从军行》

（6）好风凭借力，送我上青云。——曹雪芹《临江仙·柳絮》

（7）长风破浪会有时，直挂云帆济沧海。——李白《行路难》

（8）迨及岁未暮，长歌乘我闲。——陆机《长歌行》

（9）待到秋来九月八，我花开后百花杀。冲天香阵透长安，满城尽带黄金甲。——黄巢《不第后赋菊》

（10）山重水复疑无路，柳暗花明又一村。——陆游《游山西村》

（资料来源：百度文库，有改动）

任务三

秉笔直书，披沙见金

——掌握会议记录、调查报告与简报的结构与写法

任务清单

每完成一项学习任务，就在对应的方框中打一个“√”。

任务进程	序号	任务内容	是否完成
课前预习	（1）	分别收集5篇不同风格的会议记录、调查报告和简报，并尝试对其进行分类	□
	（2）	写出自己对会议记录、调查报告和简报的初始认知	□
课中学习	（3）	阅读“例文感知”，简要评价例文，并思考例文后的“问题导入”	□
	（4）	理解会议记录、调查报告和简报的概念，并了解调查报告和简报的种类	□
	（5）	熟悉会议记录、调查报告和简报的结构与写法	□
	（6）	掌握会议记录、调查报告和简报的写作注意事项，能说出调查报告和简报这两种文书的区别与联系	□
课后复习	（7）	简要分析课前所收集范文的结构特点与写法，并做好记录	□
	（8）	以“工匠精神”为主题查阅相关资料，再运用本任务所学知识写一份调查报告	□

例文感知

中央金融单位定点扶贫工作简报

2020年第23期

中国人民银行扶贫办　　　　　　　　　　　　　二〇二〇年六月五日

武定小净菜出滇“T+1”模式
招商银行不断创新“消费扶贫”

为认真落实《国务院办公厅关于深入开展消费扶贫助力打赢脱贫攻坚战的指导意见》《消费扶贫助力决战决胜脱贫攻坚2020年行动方案》要求……推出“招银爱心蔬菜包”，探索实践武定小净菜出滇“T+1”模式（当日采摘、次日送达），助力云南省武定县脱贫攻坚，为推进实施乡村振兴战略做出积极贡献。

一、以“四个精选”为依托，系统化解决农产品难卖问题

为系统解决武定县农产品滞销难题，招商银行从供给端发力，通过“四个精选”，系统解决产品供给端、销售端、运输端难题，帮促定点帮扶地区农产品走出销售困境。一是精选武定12个品种8公斤装5 500份“武定小净菜”蔬菜包……二是精选国家级示范合作社负责农产品前端收购、仓储、分拣等工作……三是精选优质电商……四是精选快递服务……将运输成本降低了36%。

二、实施工业化流程，为售卖效率插上腾飞翅膀

为提升武定县农产品销售效率，招商银行探索提升农产品生产的工业化水平，将“台州制造”的工业化流水线操作流程经验运用到“武定小净菜”的收储、分拣、运输各个环节，实现了5天时间从“零”建立净菜加工流水线……的目标。……

三、实施利益联结机制，产业扶贫提质增效

……以小净菜产业为精准脱贫的金钥匙，以政策为引领、项目为保障，找到一条解决就业和脱贫致富“老大难”问题路径，激发了合作社带动贫困户脱贫致富内生动力。截至目前，通过实施“武定小净菜”项目……带动贫困人口就业85人，人均增收务工收入约300元。

四、深化经验总结，打造可复制可推广消费扶贫模式

一是丰富“武定小净菜”供应链内涵……二是输出“武定小净菜”经验……三是扩充“武定小净菜”外延至洋葱单品……四是实现消费扶贫与员工关爱工作的有效融合。……

报：国务院扶贫办、中央和国家机关工委。
送：金融单位定点扶贫工作领导小组成员单位，
　　中国人民银行扶贫开发领导小组成员单位。

中央金融单位定点扶贫工作领导小组办公室　　2020年6月5日印发

（共印×××份）

（资料来源：搜狐网，有改动）

请思考：上述工作简报的主题是什么？它由哪几个部分构成？具体阐述了哪些内容？工作简报与会议简报有何区别？与调查报告又有何区别？怎样写好工作简报？

问题导入

（1）什么是会议记录？它具有什么特点？
（2）会议记录与会议纪要有何区别？会议记录的结构与写法是怎样的？
（3）什么是调查报告？它具有什么特点？
（4）调查报告有哪些种类？其结构与写法是怎样的？
（5）什么是简报？它具有什么特点？
（6）简报有哪些种类？其结构与写法是怎样的？
（7）写会议记录、调查报告、简报时各需要注意哪些事项？

一、会议记录

（一）会议记录的概念

会议记录即会议笔录，是由会议组织者指定的专人，如实、准确地记录会议的组织情况和会议内容的一种应用性事务文书。

（二）会议记录的特点

1．真实性

会议记录的执笔者与其他文章的作者有一个本质的区别，就是执笔者只有记录权而没有改造权。会议是什么样就记成什么样，与会者发言时说了什么就记下什么，记录者不能加工、提炼，也不能增添、删减。

2．原始性

所谓原始性，是指未经整理，未经加工，会议记录是会议情况和内容的原始记录。在这一点上，会议记录与会议简报、会议纪要有很大区别：会议记录是真实而原始的；会议简报和会议纪要是真实的，但不是原始的。

3．完整性

会议记录应详细记录会议的时间、地点、出席人员、主持人、议程等基本情况，以及领导的讲话、与会者的发言、讨论和争议、形成的决议和决定等内容。

会议纪要与会议记录的区别

一、目的不同

会议记录一般是有会必录，即只要是正式会议都要做记录，存档备查，作为进一步研究问题和检查、总结工作的依据。会议纪要主要记述重要会议的相关情况，只有需要向上级汇报或向下级传达会议精神时，才有必要将会议记录整理成会议纪要。

二、性质不同

会议记录是讨论发言的实录，只是原始材料，属于事务文书，而不是正式公文，一般不公开，无须传达或传阅，只作为资料存档。会议纪要是正式的公文，通常要在一定范围内传达或传阅，要求有关人员贯彻执行。

三、写法不同

会议记录作为客观纪实材料，无选择性和提要性，要求必须按照会议进程原原本本地记录原文原意，越详细越好。会议纪要则有选择性和提要性，不一定要包含会议的所有内容，必须在会议记录的基础上加工整理而成。

四、作用不同

会议记录不具备指导工作的作用，一般不向上级报送，也不向下级分发，只作为资料和凭证保存。会议纪要集中反映了会议的精神要旨，具有高度的概括性和明确的指导性，经过上级机关审批后，就可以作为正式文件印发，有的还可直接发表在报刊上，让有关单位贯彻执行。

（三）会议记录的结构与写法

会议记录一般由标题、正文和文尾构成（见图4-3）。

标题		单位名称+会议名称+文种
正文	会议组织概况	时间：××××年×月×日×时×分 地点：××× 出席人：×××（身份）…… 列席人：×××（身份）…… 缺席人：×××（缺席原因）…… 主持人：×××（身份） 记录人：×××
	会议内容	写明记录会议的议题、宗旨、目的、议程、具体报告、发言、讲话、讨论等，或做详细记录，内容如下： 发言人1：…… 发言人2：…… …… 决议： 1. …… 2. …… ……
文尾		散会 主持人：×××（签名） 记录人：×××（签名）

图4-3　会议记录的结构模板

1．标题

标题即会议记录的名称，由单位名称、会议名称和文种构成，如《××市城南开发区管委会办公会议记录》。若为例行会议，则还应在会议名称前加上“第×次”。会议记录的名称也可直接写为“会议记录”。

2．正文

会议记录的正文由会议组织概况和会议内容两部分组成。

（1）会议组织概况。会议组织概况主要包括会议时间、地点、出席人、主持人、缺席人、记录人等内容，具体如下。

- **会议时间：**写明年、月、日，以及会议具体的开始时间和结束时间。
- **会议地点：**写明详细地点，如“××会议室”“××礼堂”等。

- **出席人**：会议的性质、规模和重要程度不同，出席人的详略也会有所不同。若与会人员身份比较统一，则可以只写明身份和人数，如“各部门经理”“各车间党支部书记 12 人”。若与会人员中既有上级领导，又有本单位各部门的主要领导，则必须将其姓名一一列出，其他有关人员可分类列出。
- **列席人**：包括列席人的身份、姓名，可参照出席人的记录方式列出。
- **缺席人**：若重要人物缺席，则必须做好记录。
- **主持人**：包括主持人的姓名、职务，如“王××（公司总经理）”“副校长李×”。
- **记录人**：包括记录人的姓名和部门，如“赵×（××办公室秘书）”。

（2）会议内容。会议内容没有固定模式，一般应包含会议的议题、宗旨、目的、议程，会议报告和讲话，会议讨论及发言，会议的表决情况，会议的决定和决议，会议的遗留问题，等等。根据会议内容的不同，这些项目的侧重点和先后顺序也会有所不同。

3．文尾

在文尾处可将主持人宣布的“散会”一项记入，也可不记入。最后，主持人和记录人在对记录进行认真校核后，应分别签字，以示对会议记录的内容负责。

（四）撰写会议记录的注意事项

（1）对那些比较重要或特别重要的会议，记录人应向有关人员了解情况，查找阅读有关资料，做到心中有数。

（2）一般用钢笔书写，做到字迹清晰、整齐规范。对于用速记符号记录或来不及记录的内容，记录人应及时整理，补充抄好。

（3）记录人应以尽可能快的速度完整地记录会议情况和与会人员的发言内容。

扫一扫

如何做好会议记录？

例文赏析

××××××股份有限公司董事会议记录

时　间：××××年 3 月 8 日上午（8:00—10:00）
地　点：公司会议室
主持人：刘××董事长
出席人：李××、文××、颜××、陈×、张××、王××
列席人：郑×、黄××（监事）
　　　　邢××、关××（法律顾问）
记录人：赵××（董事会秘书）
刘××宣布会议议程，即讨论决定以下事项。
一、下一届董事人数
二、下一届董事候选人名单
三、下一届股东大会召开时间、地点和会议议程
会议内容：
一、关于下一届董事人数
刘××：本届董事共 7 人。近 3 年来，公司股本已扩大近 1 倍，事业发展很快，需增加董事名额。我提议，下一届董事人数增加到 11 人。
文××：我的意见是再多些，增加到 13 人。

> 标题写明单位名称、会议名称和文种。
>
> 开头列明会议组织情况，包括时间、地点、主持人、出席人、列席人和记录人。
>
> 然后记录主持人的发言，明确会议议程。

李××：我不同意13人。我们公司是上市公司，与外商交往多，外商忌讳13，这是个不吉利的数字。我的意见是11人。

颜××：我认为确定几个人要从实际需要出发，不必考虑这个或那个忌讳。我的意见是13人。

陈×、张××、王××的意见均是下一届董事增加到11人。

会议通过决议：下一届董事人数增加到11人。

二、关于下一届董事候选人名单

刘××：我们按刚才议定的11人的名额讨论决定下一届董事候选人的名单。

张××：我的意见是本届7名董事均为候选人，第一、第二大股东各增加1名，第五大股东××××公司的梁×总经理应为候选人，××××国际信托投资公司逐年增持我公司股票，已成为第八大股东，也应增加1名股东。

……

表决通过决议：本届董事7名，第一、第二大股东各增加1名，第八、第九大股东各派出1名，共11人，为下一届董事候选人。新增加的4人，名单由所在企业报董事会秘书。董事会将在股东大会上提出上述11人名单，作为下一届董事候选人。

三、关于下一届股东大会召开时间、地点、会议议程

对此议项，会议意见统一，下一届股东大会于今年5月18日在××市华侨宾馆举行。会议议程为：

（一）审议董事会《关于××××年度经营总结及××××年度经营计划的报告》。

（二）修改公司章程。

（三）选举董事会、监事会成员。

（散会）

主持人：刘××（签名）

记录人：赵××（签名）

（资料来源：道客巴巴，有改动）

> 会议内容从三个方面记录了与会者围绕各议程的议题所展开的讨论及发言，以及各议程的表决情况。

> 落款处由主持人和记录人签名。

点评

这篇会议记录先交代了会议组织情况，接着简要说明了会议议程，然后准确、详细地记录了会议的具体内容。全文内容简明扼要，语言通顺流畅。

病文会诊

会议记录

时　间：20××年××月××日（9:00—11:00）

地　点：公司会议室

出席人：公司各部门主任

一、主持人讲话

今天主要讨论一下“精巧办公室”这款软件是否投入开发及如何开展前期工作的问题。

二、会议内容

技术部朱总：类似的办公软件已经有不少，如微软公司的系统、金山公司的WPS系列，以及众多的财务、税务、管理方面的软件。我认为首要的问题是确定选题方向，如果

没有特点，千万不能动手。

资料部祁主任：应该看到的是，办公软件虽然很多，但从专业角度来看，大都不是很规范。我指的是编辑方面的问题，如 word 软件对于行政公文这一块就干脆忽略掉，而对于书信这一部分也大多迎合英文习惯，中国人使用起来很不方便；WPS 是中国人开发的软件，在技术上很有特点，但应用文方面的编辑十分简陋，离专业水准相差很远。我认为我们的定位在这一方面是很有市场的。

市场部唐主任：这是在众多办公软件中寻求突破。我认为这款软件的开发有成功的希望，关键的问题就是确保软件小巧且运行速度极快，同时还必须考虑系统兼容问题。

各部门主任对软件开发过程中可能遇到的版权问题存在争议，并展开了积极讨论，最终找到了有效的解决办法。

会议决议：各部门都同意立项，初步的技术方案将在 10 天内完成，资料部预计需要 3 个月完成资料编辑工作，约需要 20 天完成系统集成。该软件预计于明年元旦投入市场。

（散会）

主持人：王××（签名）
记录人：曹××（签名）

【会诊提示】

（1）“出席人”处未列明具体人数。

（2）会议组织概况部分未列明主持人、记录人的姓名与职务。

（3）正文对各部门主任存在的争议未进行原始而完整的记录。

二、调查报告

（一）调查报告的概念

调查报告是指反映某项工作、某个问题、某件事情调查研究结果的书面报告。它有时也被称为“考察报告”“调研报告”“情况介绍”“调查”等。

调查报告可以作为向上级领导或有关部门汇报工作、反映情况的内部材料，也可以在广播、报纸、刊物上公开发表；既可以反映现在的情况，也可以反映过去的情况；可以就某一专题来写，也可以综合反映几个方面的问题；可以反映正面的经验，也可以反映反面的教训。调查报告是领导做出决策和指导工作的重要依据，在传播典型经验、揭露各种问题等方面具有重要作用。

（二）调查报告的特点

1. 真实性

调查报告所反映的内容必须是调查研究的结果，是调查者亲自了解到的真实情况，而不能是道听途说、东拼西凑的东西。在调查研究中，主要人物和事件要真实，事件的时间、地点、过程及其他各种细节也要绝对真实，不能有半点虚假。

2．针对性

进行调查研究、撰写调查报告是为了解决实际问题，因此调查报告有很强的针对性。一般来说，针对性越强，调查越深入，调查的效果就越好，调查报告的作用就越大。

3．典型性

调查报告所反映的内容，无论是经验，还是问题，都应具有典型性，要能起到以局部反映全局，以“点”带“面”的作用。调查报告如果反映的是非典型的或孤立的个别事例，就难以对工作产生普遍的指导作用。

（三）调查报告的种类

按照内容性质的不同，调查报告可分为以下几种。

1．专题型调查报告

专题型调查报告是针对某个事件或问题而撰写的调查报告。它能及时揭露现实生活中的矛盾，研究急需解决的具体的实际问题，并根据调查结果提出处理意见、对策或解决问题的措施，如《关于大学生就业危机的调查报告》等。

2．综合型调查报告

综合型调查报告综合了众多调查对象及其基本情况，具有全面、系统、深入和篇幅较长的特点。综合型调查报告的综合性强，读者可以从此类报告中看到事物相对完整的“立体全貌”，如《城乡能源节约状况》《关于全国下岗职工再就业情况的调查报告》等。

3．理论研究型调查报告

理论研究型调查报告是以学术研究为目的而撰写的报告，它注重收集、分类、整理资料以及提出问题、报告结论，大多发表在学术刊物上或载于学术著作中，如《关于核能源有效利用的调查报告》等。

4．实际建议型调查报告

实际建议型调查报告是根据实际工作需要而撰写的，用于调查、分析某事成功或失败的原因，并提出实际建议的报告，如《第二代节能型家用电器市场拓展调查报告》等。

5．历史情况型调查报告

历史情况型调查报告是以历史情况为对象进行调查而形成的调查报告。这类调查报告有助于人们了解某一事物的历史资料和历史真相，如《秦阿房宫遗址调查》等。

6．现实情况型调查报告

现实情况型调查报告是以现实情况为对象进行调查而形成的调查报告。人们可以通过这类报告了解某些事物的客观现实情况。

7．揭露问题型调查报告

揭露问题型调查报告侧重于反映社会、工作、生活中存在的某些问题。这类调查报告常用于揭露问题、查清事实和剖析原因，并提出解决问题的建议。它要求作者弄清事实真相和是非界限，揭露问题实质，以引起人们的重视和反思。

8．反映新生事物型调查报告

反映新生事物型调查报告主要介绍新生事物产生和发展的过程，分析其意义或产生的负面影响，探索、预测其成长的规律和发展趋势，进而达到指导工作的目的，如《虚拟现实技术调查研究报告》等。

（四）调查报告的结构与写法

调查报告通常由标题、正文、落款和附录构成（见图 4-4）。

标题		调查对象+调查事项+文种
正文	前言	写明调查背景、目的、依据等，概括说明调查的基本情况和调查结论。
	主体	展开叙述调查过程，分析调查结果，提出对策、建议和措施。
	结尾	重申或概括结论。
落款		单位名称或个人姓名 ××××年×月×日
附录		附上调查时使用的资料、调查问卷，写作时参考的相关文献及作者声明。

图 4-4 调查报告的结构模板

1．标题

调查报告的标题通常有以下几种形式。

- **公文式标题：**由调查对象、调查事项和文种构成，如《××市蔬菜产销体制改革调查》。有时可加上调查者，用“关于”“对”等连接调查者和调查对象，如《××局关于××制药厂技改情况的调查报告》。
- **文章式标题：**这类标题或点明结论，或提出问题，或概括出全文的主要内容，如《××市蔬菜的品种结构问题》等。
- **新闻式标题：**这类标题多以正副标题的形式出现，正标题揭示主题，副标题用公文式标题标明调查对象、调查范围、主要问题等，如《腾飞的法宝——××制药厂调查》等。
- **提问式标题：**即用提问的方式总结某一项工作经验或揭露某一个问题，如《×××为什么无法流行？》等。

2．正文

正文由前言、主体、结尾三个部分组成。

（1）前言。前言是关于调查情况的简要说明。如果被调查的是单位，就介绍单位的基本情况；如果是事件，就介绍调查的原因、结果；如果是问题，就介绍是什么问题，以及调查的目的和依据。这些方面的侧重点由调查人根据调查目的来确定，不必面面俱到。

前言的常见写法有说明式、概述式、提问式、结论式等。写作时，不论采用何种方式，都要简明扼要，以便引出下文。例如，“为了增强计划性，加强对家用小电器的经营管理，更好地掌握市场销售动态，今年夏天，我们采取了走访经营单位与分析历史资料的办法，对××市家用小电器的历年销售情况及当前社会销售量和市场需求变化进行了调查”，该前言概括了调查的目的、方法、范围等方面，可以让读者快速了解调查报告的主要内容。

（2）主体。主体是充分体现调查报告价值和质量的核心部分，应对调查得来的具体情况进行叙述和评价。主体常见的结构方式有以下三种。

- **横式结构**：按照事物的性质或内在联系，分门别类地组织内容。这一结构的优点是条理清晰，观点鲜明，中心突出，令人一目了然。
- **纵式结构**：按时间顺序或事物的发展顺序来组织内容。这一结构能清楚地体现事物发展或活动开展的全过程，有助于读者了解来龙去脉。
- **综合式结构**：综合式结构极为常见，它兼有纵式结构和横式结构的特点，既考虑时间的先后顺序，体现事物的发展过程，又注意内容之间的逻辑关系。一般在叙述时采用纵式结构，在议论时采用横式结构。

主体部分内容较多，层次复杂，为了使正文条理清晰、层次分明，应选用恰当的结构来组织内容。

（3）结尾。结尾一般比较简洁，可提出建议，也可概括全文的主要观点，还可展望前景，提出设想。若正文已将问题阐述清楚，也可自然收束，不写结尾。

3. 落款

在正文右下方写明调查单位（部门）名称、调查人姓名及成文时间。如果标题中已经写明调查单位（部门）名称或调查人姓名，则落款处可省略署名，只写明成文时间即可。

4. 附录

调查报告文末一般应附上调查时获得的资料、调查问卷，以及写作时参考的相关文献及作者声明等。

（五）撰写调查报告的注意事项

（1）深入调查，精选材料。缺少前期的深入调查，就算写作能力再强，也不可能闭门造车地写出有价值的调查报告。动笔前，应充分调查，广泛收集材料，并对其进行分析、取舍，将最有说服力、最生动的材料写入报告。否则，很可能会导致调查报告生涩难懂、冗长乏味。

（2）认真分析，把握本质。写调查报告时，应深入分析材料内容，去伪存真、由表及里，把握事物的本质，找出带有规律性、具有最普遍指导意义的内容，将其概括、提炼成观点，最终使调查报告能够发挥其指导作用。

（3）实事求是，叙议结合。调查报告既要有事实，又要有观点，二者缺一不可、相辅相成。写调查报告时，应从事实出发，以叙述事实为主，同时辅以对客观情况的分析和议论，叙议结合，详略得当，做到观点从材料中来，观点与材料统一。可采用先叙后议法，即先摆事实，再归纳认识、得出结论的方法；也可采用夹叙夹议法，即边叙述事实，边进行议论，将观点和材料渗透在一起；还可采用先议后叙法，即先提出观点，再用事实加以说明。

课堂互动

重视调查研究是中国共产党的优良传统，实事求是、深入群众是我们党的宝贵精神财富。

（1）请思考：在新时代，大学生应当如何坚持和发展调查研究的优良传统，才能更好地肩负时代使命呢？

（2）举例说明调查研究的重要性、必要性和必须遵循的原则，并与同学进行交流。

例文赏析

当代大学生消费现状调查

近年来，在校大学生群体中出现了消费差距变大的现象，于是，社会上部分群体认为大学生消费代表了高消费。这种观点其实是片面的。

××大学商学院是经教育部审批，由××师范大学利用社会投资，按新的机制和新的模式开办的独立学院，属普通高等教育本科层次。2019 年在校生达 9 000 余人，学生来自全国各地，因此该校学生的消费现状基本能够代表全国大学生的一些基本消费现状。2019 年 5 月至 6 月，由笔者指导学生对本校一至四年级的学生消费现状进行调查。此次选取样本数为 200 人。该校所在城市位于经济欠发达地区，因此学生消费金额可能偏低。下面是通过本次调查得出的一些数据。

一、家庭平均月收入

经调查，家庭平均月收入在 1 000 元以下的学生占 18%，1 000～5 000 元的占 66%，5 000～10 000 元的占 12%，10 000 元以上的占 4%。其中，家庭月收入在 1 000 元以下的学生来自城市的占 2%，来自农村的占 98%；家庭月收入在 10 000 元以上的学生来自城市的占 96%，来自农村的占 4%……

二、月平均消费金额

月平均消费金额在 500 元以下的占 8.5%，500～1 000 元的占 73.5%，1 000～2 000 元占 13%，2 000 元以上的占 5%。由此可见，大部分学生的月平均消费金额为 500～1 000 元，每月消费金额超过 2 000 元的只占 5%，所以，社会上认为大学生消费代表着高消费与奢侈浪费的看法是片面的。

三、消费方式

大学生在消费时选择“能省则省”的占 11.5%，“有计划消费”的占 6.5%，“想花就花”的占 36%，选择其他的占 46%。可见，许多大学生的消费方式比较随意，缺乏计划性。

四、平常购买学习资料的开支

大学生每学期购买学习资料的金额，10 元以下的占 41.5%，10～50 元的占 49.5%，50～100 元的占 6%，100 元以上的占 3%。

五、平均每月电话费

平均每月电话费支出在 30 元以下的大学生占 1%，30～50 元的占 7.5%，50～80 元的占 43.5%，80～100 元的占 32%，100～150 元的占 10%，150 元以上的占 6%。大多数大学生的电话费支出为 50～100 元。

六、每月用于上网的平均消费金额

大学生每月用于上网的平均消费金额在 10 元以下的占 38%，10～30 元的占 21.5%，30～50 元的占 29%，50 元以上的占 11.5%。由此可见，大部分学生只是适当地上网，沉迷于网络的学生并不多。

综上所述，针对大学生中存在的不合理消费，笔者提出如下建议：① 做好开支计划，控制消费，养成节俭的好习惯；② 把握消费时机，如学会利用换季时商家开展的折扣促销活动；③ 如果自控能力较差，那么出门时最好根据当天需购品的大致开销携带定量的钱；④ 理性消费意识须加强，学会合理利用银行卡，限制消费金额；⑤ 不要盲目追求所谓的“高品位”，这会引起高消费，不符合学生的实际情况。

××大学商学院　李××

2019 年 12 月 20 日

（资料来源：豆丁网，有改动）

> 标题写明调查对象、调查事项和文种。
>
> 正文首先简要阐述了调查背景和调查对象，阐明了基本观点，并概括了调查对象的基本情况。
>
> 然后展示了七个方面的调查数据，每个方面都提炼了小标题，并相应地阐述了调查者的观点。这七个方面的数据对调查者在篇首阐明的基本观点形成有力的支持。
>
> 结尾根据调查数据提出了有针对性的建议。建议的内容以条款形式列出，条理清晰。
>
> 落款处写明调查者所在单位、调查者姓名和日期。

点评

这是一篇反映我国当代大学生消费现状的专题型调查报告。该调查报告在选题上紧跟社会热点问题；在调查方法上，主要采用了问卷方式，具有一定的科学性。通篇从六个方面阐述了当代大学生的金钱来源、消费状况和消费观念，使读者能大致了解当代大学生的生活情况及思想观念。报告主要采用横式结构，兼用对比方式进行分析比较，并针对部分大学生的不合理消费提出了若干建议。整篇报告结构完整，条理清晰，数据可信，有较强的说服力。

病文会诊

关于白色污染的调查报告

白色污染是人们对污染环境的塑料垃圾的一种形象称谓，是人们使用过的各类生活塑料制品形成的固体废物，如塑料瓶、橡胶皮、涂料、纤维、黏合剂等。塑料难以降解处理，成为导致城市环境的污染越来越严重的原因之一。

一、白色污染的来源

我校的白色塑料污染来源有方便面袋、手提袋、饮料瓶、食品包装袋、果糖皮、面包包装袋、果冻塑料盒、香肠皮、饭盒、苹果袋、塑料桶、一次性针管、奶袋、塑料碗、被损坏的塑料脸盆、暖壶皮、矿泉水瓶等。每次吃饭时，就有不少同学用塑料袋装饭菜，他们不知道这种行为不仅危害环境，也危害自己的身体。此外，每当起风的时候，塑料袋就到处飘扬，严重影响校园的美观。

二、白色污染的防治

（1）停止使用一次性餐具及超薄塑料袋。无论是从环保角度，还是从节约资源角度，不使用一次性塑料餐具都是一件好事。一次性餐具不仅不利于环保，还是对资源的浪费。我们在日常生活中，应拒绝使用超薄塑料袋买菜或盛装食物，买菜时可使用菜篮子或较厚塑料袋，并坚持重复使用，从而减少一次性塑料袋对环境的污染。

（2）回收废塑料并使之资源化是解决白色污染的根本途径。其实，与其他材料相比，塑料有一个显著的优点：可以回收利用。近年来，一些国家大力开展废塑料的减量化、再利用和再循环。例如，德国、日本、美国等国家，由于重视对包装材料的回收处理，已经实现了塑料的生产、使用、回收、再利用的良性循环。

（3）研究开发降解塑料。降解塑料具有与普通塑料同样的使用功能，但其化学结构可以在某些条件下发生变化，其高分子可分解成分子量较小的分子，最后，被自然环境所同化。目前，世界上的降解塑料还远远没有得到大规模应用。因此，开发和使用降解塑料也只能作为解决白色污染的辅助措施。

（4）加强环保宣传，提高公民的环保意识，在社会上形成良好的环保氛围，是解决白色污染及其他形式污染的前提。例如，要回收废塑料，就要实行垃圾回收分类制度，把不同类的垃圾放在不同的垃圾桶内，这就需要我们有高度自觉的环保意识。

让我们树立以爱护环境为荣、以破坏环境为耻的观念，以实际行动来消除校园里的白色污染及其他污染吧！让我们携手努力，把××大学建设为绿色校园、文明校园。

三、对我校白色污染防治的建议

（1）学校应多宣传白色污染的危害，促使学生增强环保意识。

（2）学校应将垃圾进行分类、回收和集中处理，以减少白色污染。

（3）学校在白色污染严重的地方（如小卖部门口、学生食堂前、教学楼的通道处、运动场旁边等）增设垃圾箱。

（4）学生要主动学习环保知识，明确环保的重要性，不要随意扔垃圾，并积极参与环保实践活动。

【会诊提示】

（1）正文要素不全，且层次不分明、条理不清晰。前言部分没有写明调查背景、调查目的、调查对象等，主体部分没有展开叙述调查过程、分析调查结果等。

（2）全文的语言风格不符合调查报告的特点，更像是一篇说明性文章。

（3）正文末尾所提的建议没有和调查事实结合起来，既缺乏针对性，又缺乏特色。

（4）落款处未写明调查单位名称、调查人的姓名和成文日期。

三、简报

（一）简报的概念

简报是指党政机关、社会团体、企事业单位为了汇报工作、反映情况、交流经验、解决问题、传播信息而编发的一种简短的报告性文书。

从文体上看，它是简要报道单位内部各方面信息的一种常用文体；从形式上看，它是一种具有固定格式的内部刊物。常见的“××动态”“××简讯”“××信息”“内部参考”等虽然名称不同，其实质都是简报。

（二）简报的特点

1．快

指反应迅速及时。简报具有新闻性质，追求时效性，要求发现、汇集情况快，撰写成文快，编印制发快。

2．新

指内容新鲜，有新意。简报应提出新情况、新问题和新经验。要求作者善于捕捉工作、社会生活中的“新”，以使简报具有更强的指导性和交流性。

3．实

指反映情况要客观，即简报所反映的情况和问题要真实、准确。

4．短

指简短。简报应篇幅短，内容精，开门见山，直接叙事，一语中的，尽可能一事一议，少做综合报道。

（三）简报的种类

根据内容和性质的不同，简报可分为综合简报、专题简报和会议简报三种。

1．综合简报

综合简报的内容涉及本系统、本单位或本部门各个方面的工作和情况。在综合简报中，可以上情下达，同时反映贯彻落实党和国家的方针政策及上级指示的情况；也可以反映工作的进度、进展情况及好的做法和经验，表扬先进事迹；还可以说明工作中存在的不足或问题，促进问题的解决。有利于人们提高认识、拓宽视野、丰富知识、鼓舞干劲的一些重要信息和动态，都可以在综合简报中予以反映。

2．专题简报

专题简报主要反映某一项专项工作的动态和情况，其内容一般围绕着此项工作的进展来写，如上级对这项工作的关心和支持、员工的工作态度和干劲、难关的攻克、问题的解决及经验教训等。

3．会议简报

会议简报用于大中型会议或重要会议，一般由会议秘书组根据会议的主题、领导讲话精神、讨论发言情况、与会代表的观点和意见等方面来写。会议简报能如实地反映会议的进展情况，引导会议的发展方向，促使会议活动顺利进行。

（四）简报的结构与写法

简报一般由报头、报核和报尾构成（见图 4-5）。

1．报头

报头，又称“版头”，在简报首页上部，约占首页的 1/3 版面，下面用红线与报核部分隔开。报头一般包括以下内容。

（1）简报名称。简报名称应写在居中位置，一般用套红大号黑体字印刷，如“××简报”“××动态”“××内部参考”等。如果因内容特殊而不必另出一期简报，就可以在名称或期数下面注明“增刊”或“××专刊”字样。

（2）期数。期数排在简报名称的正下方，用括号注明，如“（第 12 期）”，有时还应注明总期数。

（3）编发单位。编发单位排在横隔线的左上方位置，如“××学院院长办公室”“××会议秘书处”。

（4）编印日期。编印日期排在横隔线的右上方位置，要求年、月、日齐全，如“2019 年 3 月 2 日”。

（5）密级。密级排写在报头的左上方，分为绝密、机密、秘密、内部情况等级别，也可写“内部资料，注意保密”“内部文件”等字样。

（6）编号。编号写在报头右上方，按印数编号，如“011”“012”“013”等。

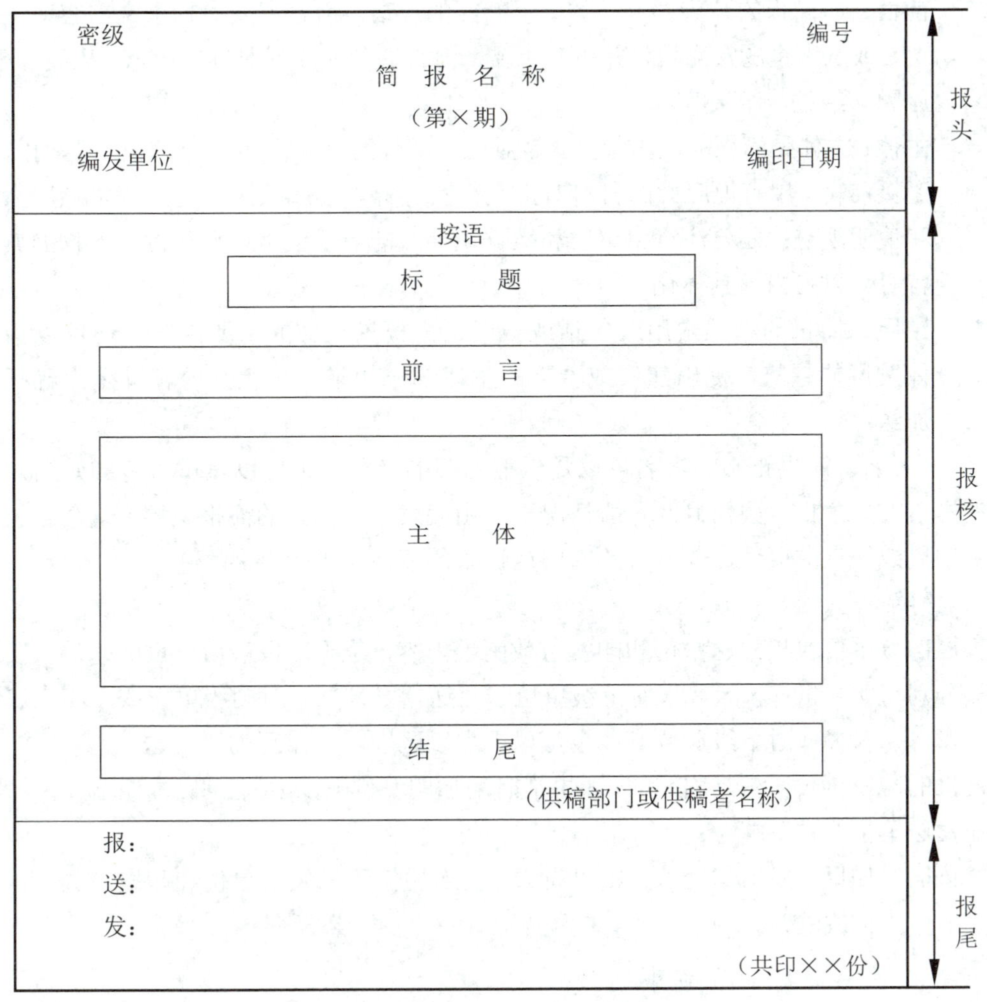

图 4-5 简报的结构示意图

2. 报核

报核即刊登简报文稿的部分，是简报的核心，一般由标题、正文和署名三个部分组成，有时根据需要还应在正文之前加上编者按语。

（1）按语。按语由简报的编发单位编写，是引导读者理解所编发文章、了解编者意图的提示语。按语应写在横隔线以下、简报的标题之上，并注明“按”“按语”“编者按”“编者的话”等字样。排印时应用与正文不同的字体，以示区别，同时也可使按语更加引人注目。需要注意的是，并不是所有简报都需要按语，它只适用于内容比较重要、意义比较重大的简报。

（2）标题。简报的标题在按语下面。如果不加按语，简报的标题就写在间隔线以下的居中位置。

（3）正文。简报的正文在标题下方，一般分为前言、主体和结尾三个部分。

- **前言**：即简报的开头部分，类似于新闻的导语。前言主要概括全文内容或主要事实，或点出主题及意旨，并引起下文。前言通常应交代时间、地点、人物、事件、原因、经过、结果等。
- **主体**：主体是简报的主干部分，是对前言部分的具体说明。写主体时要紧扣标题，紧接前言，用有说服力的材料对主要事实进行叙述或按照一定的逻辑顺序来阐述和说明观点；还要注意用事实和数据说话，恰当地运用典型事例、人物的典型语言等，以使内容具体化。
- **结尾**：简报的结尾常用一句话或一段话来概括正文的主要内容，还可以指明事件发展的趋势，提出建议或希望。主体部分如果已将相关内容讲完，就不必再加结尾。

（4）署名。简报正文的署名可以是供稿部门的名称，也可以是供稿者的姓名。写在正文的右下方，并括上圆括号。一般情况下，由编发单位撰写的简报文稿不署作者姓名；如果是约稿或征集的稿件，或是有关部门送过来的稿件，则应署名。

3. 报尾

报尾部分主要包括发送单位和印发份数两项内容，位于简报最后一页的末端。发送单位一般分别写明“报：×××（对上级单位）”“送：×××（对同级单位或不相隶属的单位）”“发：×××（对下级单位）”；也可以不加以区别，一律写为“发送”。

简报的印发份数通常是固定的，如果临时增加印发份数，则应注明“本期增发××份”，排印在发送单位的右下端。

会议简报如果只发给与会者，则可省去报尾部分，不写发送单位和印发份数。报核和报尾之间要用横线隔开。

（五）撰写简报的注意事项

（1）抓准问题，有的放矢。简报应该围绕实际情况编写，应反映那些最重要、最典型、最新鲜、最为群众关心、最需要引起注意的问题。

（2）材料准确，内容真实。简报作为加强领导和推动工作的重要工具，内容必须绝对真实、准确。简报所选用的任何材料，包括人名、地点、时间、情节、数字、引语、因果关系等，都必须准确无误。

（3）简明扼要，一目了然。写简报必须做到简短、明快，用尽可能少的文字说清楚必须说明的问题。具体应做到以下三个方面：一是主题集中，一稿一事，不贪大求全；二是精选材料，围绕主题精心挑选典型事例；三是既要求简，又要写清具体问题。

（4）内容实在，言之有物。用事实说话是简报的主要特点之一，也是编写简报时应该注意的一个重要问题。简报的内容应言之有物，切忌写套话、空话和大话。

例文赏析

党史学习教育专题简报

第 13 期

石渠县文广局办公室　　　　　　2021 年 5 月 28 日

深入学习党的百年历史，更加坚定中国道路自信

开展党史学习教育要学懂、弄通、做实习近平新时代中国特色社会主义思想，增强“四个意识”、坚定“四个自信”、做到“两个维护”。党史学习教育开展以来，我局把做好党史宣讲工作作为“必修课”，精心组织。为了党史学习教育深入我局，我局于 5 月 28 日在局二楼会议室召开了党史学习教育宣讲会，会议由副局长拥×主持，全局干部职工参加了此次会议。

会上，拥局以“深入学习党的百年历史，更加坚定中国道路自信”为题，为干部职工做了宣讲。党的百年奋斗历程和伟大成就是我们增强“四个自信”最坚实的基础。要深刻理解开展党史学习教育的重大意义，……深刻认识中国共产党为什么“能”、马克思主义为什么“行”、中国特色社会主义为什么“好”，不断坚定中国道路自信。

会议强调，党史学习教育可以让我们接续传承党的伟大精神，启发我们与时俱进创造新的成绩，用党的奋斗历程和伟大成就鼓舞斗志、明确方向，用党的光荣传统和优良作风坚定信念、凝聚力量。我局要以党史学习教育为契机，在总结历史经验、把握历史规律中进一步汲取坚定前行的强大勇气和力量，我局干部职工要坚守初心、勇担使命。欲知大道，必先为史。讲好党史故事，可以更好地帮助我局学习党史……把红色基因融入血脉，牢记初心和使命，坚定理想信念，保持革命意志，发扬斗争精神，奋力谱写立德树人的辉煌篇章。

报：××××××
送：××××××

（共印×××份）

（资料来源：石渠县人民政府，有改动）

> 报头写明简报名称、期数、编发单位和编印日期。
>
> 间隔线以下是报核。报核是简报的核心部分。
>
> 正文的前言部分概括了党史学习教育活动的主旨，并交代了党史学习教育宣讲会的召开目的、时间、地点、主持人、与会人员等。
>
> 从第二段开始为简报的主体部分。这部分内容紧扣主题，按照会议议程的先后顺序阐明了主要观点，并重点阐述了党史学习教育的重要性。
>
> 正文结尾进一步指明党史学习教育和坚定道路自信的方向，并提出希望，发出号召，语言富有感染力。
>
> 此条间隔线以下是报尾，写明了发送单位和印发份数。

点评

该简报是一份专题简报。报核部分阐述了以“深入学习党的百年历史，更加坚定中国道路自信”为主题的教育宣讲活动过程，很好地传达了本次宣讲活动的重要内容和精神，并提出了希望，发出了号召。全文内容简明扼要，重点突出，格式规范。

病文会诊

××街“网格聚民意，服务暖民心”专题简报
——全力推进“国家反诈中心”App安装

为营造浓厚全民反诈氛围，进一步遏制电信网络诈骗案件的易发多发势头，近日，××街综合治理办、××派出所联合市公安局刑警支队深入民居、石材企业等场所，以一对一的方式为群众讲解反诈的重要性、诈骗的形式手段及防范知识，并现场指导群众下载注册“国家反诈中心”App，细心指导群众如何使用来电预警及网上报案等功能，进一步提高了群众防范电信网络诈骗意识。

“国家反诈中心”App是由公安部刑事侦查局开发的一款防诈骗手机软件，正式上线于2021年3月。这款App集报案助手、线索举报、诈骗预警提示、反诈宣传等多种功能于一体，可以帮助用户预警诈骗信息、快速举报诈骗内容、高效提取电子证据、了解防骗技巧，切实提升用户的识骗防骗能力。打开它，它首先会提示用户选择具体到区或县的常住地，接着进入登录界面。除了直接输入手机号登录外，还提供了微信、QQ和微博三种登录方式。

凡是安装了这款App的用户，一接到电话就会有防骗提示。这正是“国家反诈中心”App的来电预警功能。每当有陌生电话打进来，这款App就会通过大数据和人工智能比对和判断该电话号码是否是诈骗电话，并给出“疑似诈骗电话”的示警。来电预警功能同样可以用来识别诈骗短信。

此次反诈宣传活动共发放宣传单400余份，指导200多名群众下载注册“国家反诈中心”App，有效筑牢了人民群众防范电信网络诈骗的“防火墙”。

（共印×××份）

【会诊提示】

（1）简报的结构要素不完整，缺乏报头与报尾。

（2）简报主体部分对“国家反诈中心”App的功能介绍过多，冲淡了一对一讲解防骗知识和指导下载App的活动主题。

华彩流光

西周的采风制度

在我国古代国家治理的历史长河中，形成了一系列卓有成效的管理制度。在社会调查方面，首推西周的采风制度。西周的采风制度是统治者通过搜集民歌民谣来体察社会民情的制度。

一、采风制度的兴起

采风特指搜集地方民歌民谣，起源于先秦时期。“采”就是采集、搜集、整理的意思，而“风”是指古代“风雅颂”中的“风”（又称“国风”）。统治阶级为政，需要体察民情，而适宜表达人民感情的歌谣是体现民情的最佳载体。

周朝统治者在战争中看到了人心向背对国家兴亡的决定性因素，切身感受到来自人民群众强大的力量，认识到从偏居一隅的小邦到大国，要想站住脚跟、立国久远，就必须了解民意、顺应民心。周朝疆域广袤，域内小邦林立，还有商朝的残余力量。对于周朝初期的统治者来说，疆域之内大部分地区的风俗情况鲜为人知，危机四伏。因此，西周统治者在深入民间调查民意、听取民愿的基础上，创立了西周的采风制度。

采风制度是西周建国初期形成的一套较为严谨的社会调查制度。从《诗经》的主要内容和来源来看，采风的内容涉及社会的各个层面，是对社会各领域调查材料的汇总。

二、采风制度的内容

西周采风制度的实施由专人负责，在调查时间、报送方式、调查地域等方面都有严格的规定和要求。

（一）调查人员和调查时间

周朝设采风官，采风官由太师、行人（周朝司法官的下属）、民间提拔的采风人员等固定人员组成。其中，太师主管全国的采风工作，即调查研究工作；行人专管朝谏、聘问，随时接受天子的咨询，提供民情。周天子每隔五年就从镐京出发，开始巡查各个诸侯国，他每到一个地方就要求太师把所搜集的民歌进行修改、整理，并谱写成曲子，唱给周天子听。此外，周王室还从60岁以上的男子和50岁以上的女子中招募无子者，由官府供给衣食，让他们从十月底至次年正月在民间采风。

（二）报送方式

西周采风情况的报送方式主要有逐级上报、直接上报和交给太师这三种。从民间选拔出来的采风人员，应将采风所得到的情况由“乡移于邑，邑移于国，国以闻天子”（《公羊传》），一般不得越级上报。职位较高的官员可直接将调查情况向天子陈述。行人采集到的民歌俗语，应“献之于太师，比其音律，以闻于天子”。朝廷设有乐官，会将采集的诗歌配上乐曲后唱给天子听。

（三）调查地域

西周社会调查的目的是使统治者“不出牖户而知天下”，从中“观风俗、知得失、自考正也”（《汉书·艺文志》）。所以，周采风调查的范围几乎涉及周王朝的整个统治区域。《诗经》中占大部分篇幅的《国风》，阐明诗歌背后的地域文化，进而探索地域文化的源流、成因和表现，即各国的风俗民情，涉及十五国，集中在今天黄河流域山西、陕西、河北、河南、山东及湖北一带，部分涉及长江流域，由此可见调查范围的广阔。

（四）调查内容

采风的内容包罗万象，涉及社会的各个领域，是对社会现状的综合调查。明智的统治者可以从中“知天下”，觉察到潜藏的危机，进而制定相应的对策来缓和矛盾，维护社会秩序，巩固政权的统治。

三、采风制度的影响

周朝设立的采风官职责清晰，各类人员的调查时间也有严格规定，调查内容各有侧重，所采集民歌民谣的报送程序规范，基本形成了一套较为完整的制度，对后世有借鉴价值。

采风制度是我国古代管理工作的一项创新，实现了社会各阶层之间信息的互通，使各个阶层之间的联系更加密切。在采风制度的影响下，巡视制、谏诤制、登闻鼓制等制度也应运而生，对社会的发展起到了重要作用。西汉武帝时期曾“立乐府，采诗夜诵”。在采风制度基础上，现代的调查研究制度逐步发展演变而成。在新时代的今天，调查研究仍在治国理政中发挥着不可替代的作用。我国建立了完善的调查研究制度，在重大问题决策之前都要进行调查研究，向决策者反映基层的真实情况，以便其做出更加科学化、民主化的决策。

（资料来源：中国知网，作者王晓春，有改动）

任务四

立此存照，一事一启
——掌握条据、启事的结构与写法

任务清单

每完成一项学习任务，就在对应的方框中打一个“√”。

任务进程	序号	任务内容	是否完成
课前预习	（1）	分别收集10篇各具特色的条据（如收条、借条、欠条、领条、请假条、留言条、托事条等）和启事（如招聘启事、征稿启事、征订启事、招生启事、租赁启事、庆典启事、寻物启事、招领启事、寻人启事等），并尝试对其进行分类	□
	（2）	写出自己对条据和启事的初始认知	□
课中学习	（3）	阅读“例文感知”，简要评价例文，并思考例文后的“问题导入”	□
	（4）	理解条据和启事的概念，并了解它们的种类	□
	（5）	熟悉条据和启事的结构与写法	□
	（6）	掌握条据和启事的写作注意事项，并快速判断适用于某具体情形的条据类型或启事类型	□
课后复习	（7）	简要分析课前所收集范文的结构特点与写法，并做好记录	□
	（8）	与同学模拟互借物品的情景，彼此根据具体情况写相应的条据	□

例文感知

高磊入职潮流服饰有限公司销售部的第一天，被派去采购元旦晚会用品，各项费用合计 2 800 元。高磊拿着经理的批条来到公司财务部，财务部出纳表示可以马上把这笔款项支付给他，但要求他给财务部写一张条据，留作凭证。高磊便写了下列借条。

借　条

今借到公司财务部贰仟捌佰元整，用于购买销售部举办元旦晚会所需用品。2020 年 12 月 20 日归还。

此据。

借款人：高磊（签字）

2020 年 11 月 20 日

在销售部的元旦晚会结束之后，高磊发现自己不知什么时候把手提包弄丢了，里面除了银行卡、购物发票、工作证等物品之外，还有几张珍贵的照片。为了寻回手提包，高磊写了一份寻物启事。

寻物启事

本人于 2021 年 1 月 1 日 20 时 30 分左右在××活动广场不慎将手提包丢失，包内有银行卡 3 张、购物发票 2 张、本人的工作证、本人与家人的珍贵合影等物。有拾到者请与本人联系，不胜感激，定当酬谢！联系电话：133××××××××。

启事人：高磊

2021 年 1 月 2 日

请思考：高磊所选用的条据类型是否符合要求？所写的寻物启事是否符合规范？怎样写好条据和启事？

问题导入

（1）什么是条据？它具有什么特点？
（2）条据具有哪些种类？其结构与写法是怎样的？
（3）什么是启事？它具有什么特点？
（4）启事具有哪些种类？其结构与写法是怎样的？
（5）写条据和启事时分别需要注意哪些事项？

一、条据

（一）条据的概念

条据是人们处理日常事务时使用的作为某种凭据的应用文。在工作和生活中，人们在借到、领到、收到他人钱物时，一般需要写一张字条交给对方作为凭据；需要对某件事情做简单说明以求达到彼此沟通情况的目的时，也需要写一张字条留给对方。这些作为凭证、进行说明的字条就是条据。

（二）条据的特点

条据的内容单一，形式简单，是最常见的一种简便应用文。条据具有一文一事、语言简明、时效性强等特点。条据用纸不宜过大，一般以 32 开或 64 开的纸张为宜。

（三）条据的种类

根据内容和性质，条据一般可分为凭证式条据和说明式条据两类。

1. 凭证式条据

凭证式条据又称“单据”，是指在日常生活、工作和学习中，人们借到、领到、收到或欠了他人或单位的钱财、物品时写给对方作为凭证的条据。凭证式条据的种类较多，应用广泛，常用的有收条（收据）、借条、欠条、领条等。

2. 说明式条据

说明式条据又称“便条”，是指当人们临时遇到某事需要告知他人而又不能面谈时，或者为某事办理手续时所写的一种条据。常用的说明式条据有请假条、留言条、一般便条等。其格式和一般书信差不多，只是内容极其简短。

（四）条据的结构与写法

1. 凭证式条据

凭证式条据一般由标题、正文和落款构成（见图 4-6）。

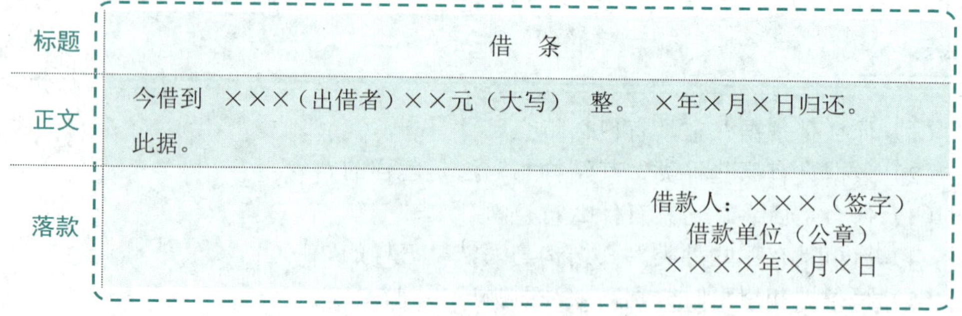

图 4-6　凭证式条据的结构模板（以借条为例）

（1）标题。标题的结构形式可以分为以下两种。

- 以文种名称为标题，如《借条》《欠条》《请假条》等。
- 以“今借到”“今收到”“今领到”“今欠”等字眼作为标题。

（2）正文。正文应写明条据涉及的各方的名字或名称，涉及的钱物、数量、型号，等等。必要时，还应注明借（领、欠）钱物的原因、用途、归还时间等事项。各类凭证式条据的写作要点如下。

- **借条：**应写明出借人的姓名及其必要信息，所借款项的金额及物品的品种、型号、式样、规格等，以及归还日期。从单位借出钱物时还应写上用途。
- **收条：**应写明所收款项的金额或所借物品的种类、规格、数量、完好程度等，必要时还应标明原因或用途。
- **欠条：**应写明所欠款项的金额或物品的数量、归还时间等，必要时还应写清归还方式、所欠原因等。
- **领条：**应写明从何处领到什么物品，写清楚所领物品的数量、品种、型号等，必要时还应写明所领物品的具体用途。

借条与收条的文末以“此据”收束或另起一行空两格书写“此据”“特此为据”等，以示此据具有凭证性。

（3）落款。落款包括署名和日期。署名应注意以下事项。

- 署名者为个人时，应在姓名前注明“借款人”“欠款人”“领取人”“代领人”等字样，并手写签名。
- 署名者为机关单位的，应由经手人手写签名并加盖公章，并在姓名前注明“借款人”“欠款人”“领取人”“代领人”等字样。
- 代领者除了手写签名外，还应注明委托领取者的姓名。

说明式条据的正文范例

2. 说明式条据

说明式条据一般由标题、称谓、正文和落款构成（见图 4-7）。

标题	请假条/留言条
称谓	受文对象（可用敬语）：
正文	简明扼要地写出要说明的事情及其原因、经过等。 写上祝颂语。
落款	个人姓名或单位名称 ××××年×月×日

图 4-7　说明式条据的结构模板

（1）标题。说明式条据的标题可直接写为“请假条”“留言条”“托事条”等。

（2）称谓。在条据首行顶格写受文对象称谓，可用敬语。

（3）正文。正文应简明扼要地写出要说明的事情及其原因、经过等。各类说明式条据正文的写作要点如下。

- **请假条：** 应详细说明请假的原因和请假的起止时间。正文结束时应礼貌地写上“望予以批准”“恳请准假”等类似话语。请假条称谓上一行的居中位置必须写明“请假条”三个字。
- **留言条：** 留言中应简要说明自己的意图和需求，最好留下联络的方式。尤其是双方从未打过交道时，更应告诉对方自己的姓名、身份及联系方式，具体问题一般面谈。
- **托事条：** 在撰写托事条时务必用语委婉、礼貌、得体，详细地说明所托之人、所托之事、具体要求及本人身份等。为表示礼貌，文末可以附上祝颂语，如“祝安好”“特此感谢”“多保重”等；也可省略祝颂语。

（4）落款。落款处应注明个人姓名或单位名称，并注明书写条据的具体日期。

（五）撰写条据的注意事项

（1）对外使用的条据，单位名称应写全称。

（2）条据中涉及款项、物品的数量时，必须大写（如壹、贰、叁等），数字前不可留空白，后面应写上计量单位（如元、个、架等）。若数量为整数，则应在计量单位后写上“整”字。“整”字后面直接写或另起一行空两格写“此据”两字，以防篡改。

（3）若写错内容，则应重写一张；若不得不涂改，则涂改后必须在涂改处加盖印章或按手印。

（4）语言应简练，语意应明确，不能产生歧义。

（5）条据应用签字笔或钢笔书写，不可用铅笔或圆珠笔书写，以避免久放后字迹变得模糊不清。

借条和欠条的区别

一、性质不同

借条本质上是双方当事人就借款一事达成合意的凭证，一般认为其属于合同，同时可以作为债权凭证。欠条本质上就是债权凭证。

二、内容侧重点不同

一份完整的借条通常会载明双方当事人的信息、借款数额、借款时间、还款期限、借期内利息等，部分借条还会载明借款用途等。欠条一般载明欠款人信息、欠款数额等基础信息，极少部分欠条会写明还款时间等信息。

三、形成原因可能不同

借条一定是因为借款而产生的，其实质是双方当事人关于借款达成的一致意见。欠条的产生原因则多种多样，有可能因为借钱而产生，也有可能因为买货、提供劳务等而产生。

四、诉讼时效的起算时间可能不同

根据法律规定，民事权利的一般诉讼时效为 3 年，从权利人知道或应当知道权利受损之日起计算。由于借条和欠条的内容不同，所以它们的诉讼时效起算时间可能不同。如果借条、欠条都约定了还款期限，那么 3 年诉讼时效的起算时间均为约定还款期的次

日。如果借条未约定还款期限，出借人可以随时向借款人要求还款，3 年的诉讼时效从出借人要求还款次日起计算。如果欠条未约定还款期限，则 3 年的诉讼时效从出具欠条的次日起计算。当然如果权利人有证据证明其向义务人主张了相关权利，那么 3 年诉讼时效可以发生中断，即从权利人主张权利之日起重新计算。简而言之，对于未约定还款期限的借条和欠条，在当事人双方通过诉讼方式解决纠纷时，欠条诉讼时效起算时间的举证要求更高。

例文赏析

【例文一】

借　条 今借到公司设备管理部音响设备壹套（包括主机、功能机各壹台，音响两台、话筒叁个），照相机（两台），摄像机（壹台），用于行政部周日中秋晚会。2021 年 10 月 9 日之前送还。 此据。 行政部：李月（签字） 2021 年 9 月 27 日	标题写明文种。正文以“今借到”字眼起头，接着写明了出借人和所借物品的名称与大写数量，以及借物用途。结尾清楚地写上了归还日期。最后回行注明了“此据”两字。 落款处签上借款人姓名和借款日期。

点评

该借条正文具体写明了从哪儿借的哪些物品，所借物品的数量、品种及归还日期。因是公务，故还写明了所借物品的用途。全文语言简明，格式规范。

【例文二】

请假条 ××销售部经理： 由于我父亲于 2021 年 9 月 10 日突然生病住院，且家中暂时无人陪护，我必须抽出两天时间帮其办理相关手续，并将陪护相关事宜安排妥当。因此，本人想于 2021 年 9 月 11 日至 9 月 12 日请假回家处理相关事务。恳请批准！ 此致 敬礼！ ××销售部：宋明（签字） 2021 年 9 月 8 日	标题写明文种。 开头顶格写受文对象称谓；接着，回行写明请假事由和请假的具体日期；结尾写上礼貌用语“恳请批准”。 最后附上祝颂语。 落款处签上请假人姓名和写假条的日期。

点评

该请假条正文写明了请假的原因和时间，语言简洁，态度恳切，用语礼貌，全文格式规范。

病文会诊

借　条

今借到李大伯 1 000 元钱，用于购买年货。两个月内归还。

借款人：王××（签字）
20××年××月××日

【会诊提示】

（1）出借人的姓名不明确，“李大伯”是日常称呼，应当改为出借人身份证上记载的姓名。

（2）借款的数目没有大写，没有写明“整”字，且没有注明币种，应改为“壹仟圆整人民币”，以免被人篡改数目或解读为其他币种。

（3）文末没写明“此据”两字，为避免被篡改信息，应当补齐“此据”两字。

二、启事

（一）启事的概念

启事是指机关、企事业单位、团体或个人需要向公众说明某事，或希望他人给予支持、协助办理某事时所使用的告启文书。

（二）启事的特点

1．公开性

启事可以通过报纸、杂志刊登，通过电台、电视台播发，或通过公开张贴等形式发布，其内容是公开的。

2．广泛性

启事的内容很广泛，可涉及政治、经济、科学、日常生活等领域；启事的使用对象也很广泛，既可以是国家行政机关、企事业单位，也可以是团体或个人。

3．回应性

启事不同于只是向社会“告知”的声明，它要通过告知得到社会的广泛回应，以解决相关问题。

4．自主性

启事不具备强制性和约束力。读者可以参与启事告知的事项，也可以不参与，有完全的自主权。

（三）启事的种类

启事可以分为三大类：一是征召类，如招聘、征稿、征订、招生等方面的启事；二是声明类，如出租、开业、搬迁、庆典、成立等方面的启事；三是寻找类，如寻物、寻人等方面的启事。

（四）启事的结构与写法

启事一般由标题、正文和落款构成（见图 4-8）。

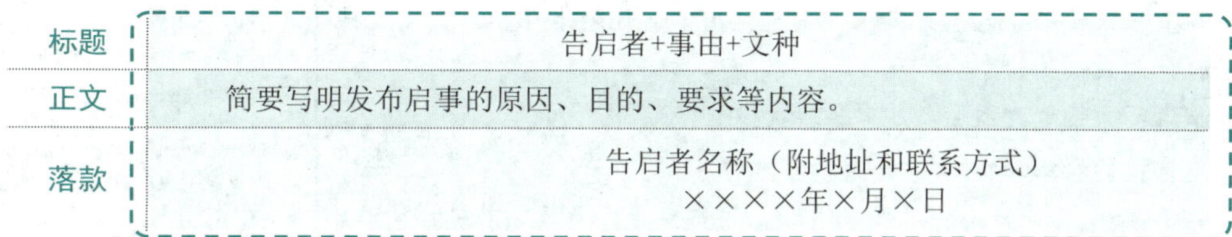

图 4-8　启事的结构模板

1. 标题

标题应在正文上方居中书写，其结构形式有以下三种。

- **告启者+事由+文种：**如《××超市搬迁启事》。
- **事由+文种：**如《出租启事》《‘××之我见’征稿启事》。
- **事由或文种：**如《寻物》《启事》。

2. 正文

启事的正文在标题下方另起一行空两格开始书写。正文一般应写清楚在什么时间、地点，要办什么事情，有哪些要求。启事的事由不同，这部分的内容也各不相同。例如，招聘启事应写清楚招聘单位的性质，招聘目的、对象、人数，招聘的条件、待遇、方式，报名的时间、地点，询问事宜及联系电话，等等；招领启事要写清楚所拾到物品的名称，拾到物品的时间、地点，以及失主应到何处去认领，等等。但切忌把所拾到物品的详细情况写出来，以免被人冒领。

3. 落款

单位的启事一般要署名。署名时应写明告启者的姓名或名称，一般还应附上地址、联系方式等，并注明告启日期。

（五）撰写启事的注意事项

（1）标题醒目，信息明确。以便公众通过标题就能了解启事的主要内容与性质。

（2）一事一启，内容单一。一篇启事应只说明一个主旨，其内容应简明扼要，突出最需要说明的问题。

（3）通俗易懂，用语文明。写启事的目的是让人看到启事就明白有什么事、需要做什么和怎么做，因此，语言一定要通俗易懂。此外，启事的措辞应文明，符合礼仪规范。

例文赏析

【例文一】

<table>
<tr><td>

招领启事

本商场工作人员于2021年7月1日下午在五层美食城拾到手提包壹个，内装人民币若干元，另有银行卡、信用卡、优惠卡等物，望失主持有效证件前来认领。

地点：本市宜家商场一层失物招领处

电话：138××××××××

商场办公室

2021年7月1日

</td><td>

标题写明事由和文种。

正文写明拾到物品的时间、地点，所拾物品的大致情况，以及认领物品的地点和联系电话。

落款处写明招领物品的单位和启事发布日期。

</td></tr>
</table>

点评

这则招领启事清楚明白地写出什么时间拾到了什么东西，但不详细说明待认领之物的数量、具体特征等，能有效地避免冒领。

【例文二】

<table>
<tr><td>

店徽征集启事

为了弘扬和传承中华饮食文化，提升酒店文化品位，树立良好的企业形象，本酒店现向社会各界人士征集店徽。要求：图案新颖、简洁、有创意，能体现本酒店的文化传统和建筑物造型特征。入选者可获优厚酬金。

请将应征作品电子版以附件形式发至邮箱××××@163.com，邮件主题请注明“姓名+××酒店店徽征集”。

投稿截止日期（以发送电子邮件时间为准）：2021年10月30日

地址：××市××区××号××

电话：158××××××××

联系人：赵××

××酒店

2021年7月1日

</td><td>

标题写明事由和文种。

正文先写明征集店徽的目的，然后明确提出店徽设计的要求，最后告知酬金相关事项。

文末注明了投稿方式、投稿截止日期、联系地址、联系电话和联系人。

落款处写明征集店徽的单位和启事发布日期。

</td></tr>
</table>

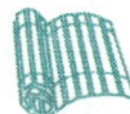

点评

这则征集启事直奔主题，点明启事的内容，告知征集店徽的目的，接着说明店徽设计的要求和作品入选后的酬金。文末不忘附上应征期限和联系方式。全文如行云流水，一气呵成；且结构完整，格式正确，符合写作要求。

病文会诊

失物寻主

今天上午，我在公共汽车站台旁拾到一只大红色皮质手提包，内有人民币现金200元、建行银行卡1张、工行银行卡1张、手机装饰挂件（熊猫）1个、《艺术欣赏》图书1本。希望失主看到启事后到建筑工地来认领。

王××

【会诊提示】

（1）该启事把手提包内的物品交代得过于具体。

（2）联系地点写得过于模糊，不便于失主前来认领物品。

（3）落款处未写明发布启事的日期。

另辟蹊径

名人别出心裁的“启事”

一、郑板桥的“卖画启事”

大幅六两，中幅四两，小幅二两，书条对联一两，扇子斗方五钱。凡送礼物食物，总不如白银为妙。公之所送，未必弟之所好也。送现银则心中喜乐，书画皆佳。礼物既属纠缠，赊欠尤为赖账，年老神倦，亦不能陪诸君子作无益语言也。画竹多于买竹钱，纸高六尺价三千。任渠话旧论交接，只当秋风过耳边。

二、汪曾祺的“卖书启事”

汪曾祺散文集《蒲桥集》封面的“卖书启事”：

齐白石自称诗第一，字第二，画第三。有人说汪曾祺的散文比小说好，虽非定论，却有道理。

此集诸篇，记人事、写风景、谈文化、述掌故，兼及草木虫鱼、瓜果实物，皆有情致。间作小考证，亦可喜。娓娓而谈，态度亲切，不矜持作态。文求雅洁，少雕饰，如行云流水。春初新韭，秋末晚菘，滋味近似。

三、黄永玉的“卖字画启事”

本老人年过70岁，久居外地，浪迹天涯，从不知钱财佳妙处，左来右去，抛掷随意，恶习成瘾，可恨之极。

近年返乡稍频，见故乡诸君开发气象恢宏，如日中天，白银子进，红票子出，数钞票不眨眼，进银行当散步，形势喜人，一股暖流通向全身。本老朽沐此德财兼备光耀氛围景象下，大有昨非今是之感。本老朽虽少年失教，然好学之心未泯，面对君子，岂可不学？

约绘事书法之薄酬耳：

（1）热烈欢迎各界老少男女君子光临舍下订购字画，保证舍下老小态度和蔼可亲，服务周到，庭院阳光充足，空气新鲜，花木扶疏，环境幽雅，最宜洽谈。

（2）价格合理，老少、城乡……人人不欺。无论题材、尺寸、大小，均能满足供应，务令诸君开心而来，乘兴而返。

（3）画、书法一律以现金交易为准。严禁攀亲戚套交情陋习，更拒礼品、食物、旅游纪念品交换。人民眼睛是雪亮的，老夫眼睛虽有轻微“老花”，仍然还是雪亮的。钞票面前，人人平等，不可乱了章法规矩。

（4）当场按件论价，铁价不二，一言既出，驷马难追。纠缠讲价，即时照原件加一倍。再讲价者，放恶狗咬之；恶脸恶言相向，驱逐出院。

（5）此告示张挂之日起生效。

（6）所得款项作修缮凤凰县内风景名胜、亭阁楼台之用。

（资料来源：中国知网，作者潘启雯，有改动）

实战演练

请根据下列材料选择合适的条据类型，并写出相应的条据。要求：内容简洁，格式规范。

徐凤即将大学毕业，但尚欠学校学杂费 3 000 元，于是她准备向同学任芳借钱来补交学杂费。请代徐凤写一份条据。

徐凤毕业后很快找到了工作，并很快将 3 000 元钱还给了任芳，请代任芳写一份条据。

1．构思步骤

	由徐凤写的条据	由任芳写的条据
区分类别		
明确目的		
篇章结构 标题 正文 结尾		

2．书写正文

正 文

由徐凤写的条据

由任芳写的条据

3．反思总结

项目评价

全班同学每5人一组，每个小组的成员结合小组的课业学习情况与项目实战演练情况，按照表4-1的评价标准进行自评和互评，并请老师进行总体评价。

表4-1 考核评价表

<table>
<tr><th rowspan="2">考核内容</th><th rowspan="2">评价标准</th><th rowspan="2">分值</th><th colspan="3">评价得分</th></tr>
<tr><th>自评</th><th>互评</th><th>师评</th></tr>
<tr><td rowspan="8">知识与技能考核（40%）</td><td>能复述事务文书的概念，并区分其种类</td><td>2</td><td></td><td></td><td></td></tr>
<tr><td>能简要介绍事务文书的作用和写作要求</td><td>3</td><td></td><td></td><td></td></tr>
<tr><td>能复述计划、总结的概念与特点，并熟悉它们的种类</td><td>4</td><td></td><td></td><td></td></tr>
<tr><td>能掌握计划、总结的结构与写法，并熟悉其各自的写作注意事项</td><td>8</td><td></td><td></td><td></td></tr>
<tr><td>能复述会议记录、调查报告、简报的概念，并熟悉会议记录与调查报告的特点，以及调查报告与简报的种类</td><td>5</td><td></td><td></td><td></td></tr>
<tr><td>能掌握会议记录、调查报告、简报的结构与写法，并熟悉其各自的写作注意事项</td><td>8</td><td></td><td></td><td></td></tr>
<tr><td>能复述条据、启事的概念和特点，并熟悉它们的种类</td><td>3</td><td></td><td></td><td></td></tr>
<tr><td>能掌握条据、启事的结构与写法，并熟悉其各自的写作注意事项</td><td>7</td><td></td><td></td><td></td></tr>
<tr><td rowspan="4">过程与方法考核（20%）</td><td>课前主动预习，积极收集各类事务文书范文</td><td>5</td><td></td><td></td><td></td></tr>
<tr><td>认真分析所收集事务公文的作用、结构和语言特点</td><td>5</td><td></td><td></td><td></td></tr>
<tr><td>积极参与课堂讨论，并与同学交流自己的观点</td><td>5</td><td></td><td></td><td></td></tr>
<tr><td>认真完成课后作业，注重写作体验，善于通过模仿锻炼写作水平</td><td>5</td><td></td><td></td><td></td></tr>
<tr><td rowspan="4">综合素养考核（40%）</td><td>愿意去了解与事务文书相关的传统文化和红色文化，增强文化自信</td><td>10</td><td></td><td></td><td></td></tr>
<tr><td>积极培养探究精神，树立实事求是的科学态度，善于调查研究，自觉提升综合素养</td><td>10</td><td></td><td></td><td></td></tr>
<tr><td>自觉树立统筹规划意识，善于自我总结和规划未来</td><td>10</td><td></td><td></td><td></td></tr>
<tr><td>培养数据分析意识，善于通过分析数据来把握事物本质</td><td>10</td><td></td><td></td><td></td></tr>
<tr><td>总评</td><td>自评（20%）+互评（20%）+师评（60%）=</td><td colspan="4">教师（签名）：</td></tr>
</table>

项目五

经济文书

项目导读

经济文书是经济领域中处理财经业务、交流财经情况、反映财经活动、研究财经问题时所使用的各种文书。经济文书种类繁多，本项目将着重介绍意向书、经济合同和可行性研究报告。

学习目标

知识目标

- 了解经济文书的概念、特点、种类、作用和写作要求。
- 了解意向书、经济合同的概念、特点和种类。
- 掌握意向书、经济合同的结构、写法与写作注意事项。
- 了解可行性研究报告的概念、特点、作用和种类。
- 掌握可行性研究报告的结构、写法与写作注意事项。

能力目标

- 能结合实际需要选用经济文书文种，并按照规范格式撰写文书。

素质目标

- 增强法律意识，培养严谨细致的工作态度。
- 增强效率意识，培养合作精神，提升职业素养。
- 践行实践出真知的理念，锻炼实证思维。

任务一

以笔为戎，叱咤商海
——经济文书概览

任务清单

每完成一项学习任务，就在对应的方框中打一个“√”。

任务进程	序号	任务内容	是否完成
课前预习	(1)	收集6篇经济文书范文，并尝试对其进行分类	□
	(2)	写出自己对经济文书的初始认知	□
课中学习	(3)	阅读“例文感知”，简要评价例文，并思考例文后的“问题导入”	□
	(4)	理解经济文书的概念和特点，并了解其种类和作用	□
	(5)	熟悉经济文书的写作要求	□
课后复习	(6)	根据正文的分类标准，对课前收集的经济文书范文进行分类	□
	(7)	简要分析所收集范文的结构特点与写法，并做好记录	□

例文感知

2020年10月社会消费品零售总额增长4.3%（节选）

2020年10月份，社会消费品零售总额38 576亿元，同比增长4.3%，增速比上月加快1.0个百分点。其中，除汽车以外的消费品零售额34 868亿元，增长3.6%。

2020年1—10月份，社会消费品零售总额311 901亿元，同比下降5.9%。其中，除汽车以外的消费品零售额281 428亿元，下降6.0%。

按经营单位所在地分，2020年10月份，城镇消费品零售额33 498亿元，同比增长4.2%；乡村消费品零售额5 078亿元，增长5.1%。1—10月份，城镇消费品零售额270 341亿元，同比下降6.0%；乡村消费品零售额41 559亿元，下降5.4%。

按消费类型分，2020年10月份，商品零售34 204亿元，同比增长4.8%；餐饮收入4 372亿元，增长0.8%，9月份为下降2.9%。1—10月份，商品零售282 303亿元，同比下降4.0%；餐饮收入29 598亿元，下降21.0%。

2020年1—10月份，全国网上零售额91 275亿元，同比增长10.9%，增速比1—9月提高1.2个百分点。其中，实物商品网上零售额75 619亿元，增长16.0%，占社会消费品零售总额的比重为24.2%；在实物商品网上零售额中，吃类、穿类和用类商品分别增长34.3%、5.6%和17.4%。

（资料来源：国家统计局，有改动）

请思考：上述经济文书的结构与语言具有哪些特点？

问题导入

（1）什么是经济文书？它具有什么特点？
（2）经济文书有哪些种类？它具有什么作用？
（3）经济文书的写作要求有哪些？

一、经济文书的概念

经济文书的概念有广义与狭义之分。广义的经济文书是适用于经济活动的各类应用性文书的总称，如涉及经济问题的公文、事务文书等。狭义的经济文书是指在经济活动中形成和发展的、为现实经济生活服务的、具有特定要求与惯用格式的应用文书，如市场预测报告、合同、投标书等。

二、经济文书的特点

（一）专业性

经济文书解决的是经济问题，涉及国家关于经济方面的方针政策，需要准确地描述经济内容，会运用到大量经济类专业术语，因此，具有很强的专业性。

（二）真实性

经济文书是解决经济问题时所使用的文书，反映的是经济规律性的东西，必须从实际出发，反映客观事物的真实面貌，传递准确的信息。

（三）时效性

经济文书要指导经济工作、解决实际经济问题，因此，经济文书必须做到及时、准时地捕捉有价值的信息，做出科学的预测和正确的决策，提出切实可行的措施和方案。

（四）针对性

经济文书是同经济活动和经济利益直接挂钩的，其结论和措施会直接影响经济效益。因此，经济文书要针对现代经济活动中的各种实际问题，做出决策、研究、通报或说明。

三、经济文书的种类

经济文书主要分为三类：① 报告类，如市场预测报告、经济活动分析报告等；② 方案类，如广告文案、促销活动方案、经济计划等；③ 协议类，如合同、意向书、协议等。

四、经济文书的作用

（一）传递信息

经济信息在市场经济中至关重要。无论是市场竞争还是经济决策，都建立在大量经济信息的基础之上，而信息的传递离不开经济文书这一载体。

（二）实现指挥职能

指挥是指为实现企业经营目标，管理者或管理机构通过下达指令，有效地引导、推动或安排下级去完成企业目标的一种活动。各级企业领导的指挥意图，主要通过经济文书传播，把企业目标落实到各个部门，促使下属机构发挥作用，并及时排除组织机构运行中的各种障碍，从而保证指挥职能的实现。

（三）推动商务经营

经营有广义和狭义之分。广义的经营是指一切企业的人、财、物、产、供、销或购、调、运、存等一系列的经济活动有机运行的总体。它既包括工农业生产经营活动，也包括商品流通、金融保险等部门的经济活动。而狭义的经营单指流通领域中购、销、调、运、存等经济活动，如工业部门的原材料购进、产品销售及经济效益测评，商业部门的商品购进、运输、储存、销售活动及其经济效益的测评，等等。无论是广义的经营活动，还是狭义的经营活动，都需要通过经济文书去推动、开展和衔接。

五、经济文书的写作要求

（一）符合相关经济政策和法律

经济文书应当符合党和国家有关经济的方针和政策，遵守国家法律法规，要合理合法，公平公正。

（二）具有指导价值

经济文书的作者必须充分了解相关行业的业务知识，掌握经济活动过程中的各种信息资料，以写出符合实际、内容丰富、有指导价值的经济文书。

（三）材料真实准确

经济文书中所用材料必须真实、准确，这样才能够令人信服，才能发挥其应有的作用因此，经济文书的作者应当做好相关材料的核实工作，以确保其真实性、准确性与有效性。

（四）符合写作规范

经济文书应当遵循其写作规则及惯用格式。经济文书的语言应简洁，叙述事件、表述问题、说明情况应具体适当，并确保引用的人名、地名、数据等准确无误。此外，要避免使用容易产生歧义的模糊语言。

素养把脉

知识竞答

全班同学开展知识竞答活动。教师以放映幻灯片的形式展示下列题目，全班同学举手竞答。

（1）经济文书的概念是什么？

（2）经济文书有哪些特点？请举例说明。

（3）经济文书有哪些种类？它们具有什么作用？请举例说明。

（4）在撰写经济文书时，应注意哪些要点？请举例说明。

教师事先备好若干份不同类型的经济文书素材，将其逐个展示出来，由同学抢答教师所展示的文章属于哪一类经济文书。

最后，由教师对每个同学的表现情况进行评价，并做总结性发言。

风格体悟

阅读以下广告文案，感受其语言风格，体会其精神内涵。

××黑芝麻糊电视广告文案

典型的南方麻石小巷中，一位大婶挑着竹担，其女儿紧随竹担，悬在竹担前的桔灯摇曳，晃悠。随着一声亲切而悠长的“黑芝麻糊哎”的吆喝，一个戴着棉帽、身穿棉布衫的男孩拿着碗，从深宅大院中推门而出，跑到卖芝麻糊大婶身旁，眼中充满渴望。慈祥的大婶将一勺浓稠的芝麻糊舀入男孩的碗里。男孩望着那碗芝麻糊，搓手，咬唇，一副迫不及待的“馋猫”样儿。大婶递过香浓的芝麻糊，男孩大口大口地吃了个精光，然后意犹未尽地舔着碗底。大婶怜爱地给男孩又添了一勺，并替他抹去嘴角的芝麻糊。

在这温馨的气氛中，传来男声旁白（广告主题）：“一股浓香，一缕温暖，××黑芝麻糊。”

诗词之美

古代广告拾趣

在我国古代，有不少文人就曾驾驭诗歌形式，乐为商品宣传。

曹操在《短歌行》第一节抒写人生苦短的忧叹时，不经意间为杜康酒打了广告：“对酒当歌，人生几何！譬如朝露，去日苦多。慨当以慷，忧思难忘。何以解忧？唯有杜康。”这也许可算作我们至今能够确认的第一首广告诗了。

李白也写过一首广告诗。他在《客中作》中写道：“兰陵美酒郁金香，玉碗盛来琥珀光。但使主人能醉客，不知何处是他乡。”这位嗜酒如命的“诗仙”，对“兰陵美酒”极尽赞美之辞。不知是有意还是无意，此诗对“兰陵美酒”的产地、香味、色泽等都进行了生动的宣传，使其美名远扬，至今不衰。

杜甫在四川成都居住过一段时间。蜀中大邑县出白瓷，很有名，杜甫为之作诗："大邑烧瓷轻且坚，扣如哀玉锦城传。君家白碗胜霜雪，急送茅斋也可怜。"这真是锦上添花，经大诗人题诗，白瓷的名气更大了。

苏东坡的诗不仅具有极高的艺术欣赏价值，其中不少诗还有神奇的广告作用。苏东坡被贬至海南儋州时，曾为一个卖饼的老妪写过一首广告诗："纤手搓来玉色匀，碧油煎出嫩黄深。夜来春睡知轻重，压扁佳人缠臂金。"寥寥数字勾画出环饼匀细、色鲜、酥脆的特点。苏东坡被贬至湖北黄州时，曾写了一首《食肉歌》："黄州好猪肉，价钱如粪土，富者不肯吃，贫者不解煮。慢着火，少着水，火候足时它自美。每日起来打一碗，饱得自家君莫管。"于是，老百姓争相仿制，"东坡肉"很快名扬天下。

元曲中的广告诗更是普遍。当时有位名叫李德载的文人，曾应邀为一家茶馆写过十首《阳春曲》。其中一首写道："金芽嫩采枝头露，雪乳香浮塞上酥，我家奇品世间无。君听取，声价彻皇都。"意思是：我店里供应的茶叶就如嫩"金芽"尚带枝上的露水，多么新鲜；待好水一泡，满杯雪白像塞外乳酥一样的水泡漂浮上来，顿时茶香四溢，多么美妙；如果不信，请去打听打听，在整个皇都谁不知道我们茶馆的名声。

清朝道光年间，诗人杨静亭曾作《都门杂咏》一百首，其中一首《水晶糕》为绍兴的"水晶糕"打了如下的广告："绍兴品味制来高，江米桃仁软若膏。甘淡养脾疗胃弱，进场宜买水晶糕。"此诗语言明快，节奏感强，使人们在了解产品性能的同时，也获得了审美享受，算得上是一首富有地方风味的、标准的广告诗。

（资料来源：中国知网，作者马一凡，有改动）

任务二

求同存异，点指画字

——掌握意向书、经济合同的结构与写法

任务清单

每完成一项学习任务，就在对应的方框中打一个"√"。

任务进程	序号	任务内容	是否完成
课前预习	（1）	分别收集6篇各具特色的意向书和经济合同，尝试对其进行分类，并说出它们各自的特点	□
	（2）	写出自己对意向书和经济合同的初始认知	□
课中学习	（3）	阅读"例文感知"，简要评价例文，并思考例文后的"问题导入"	□
	（4）	理解意向书和经济合同的概念和特点，并了解它们的种类	□

（续表）

任务进程	序号	任务内容	是否完成
课中学习	（5）	熟悉意向书和经济合同的结构与写法	□
	（6）	掌握意向书和经济合同的写作注意事项，能说出这两种文书的区别与联系	□
课后复习	（7）	简要分析课前所收集范文的结构特点与写法，并做好记录	□
	（8）	以“开展法律知识宣传活动”为主题，与同学分组模拟情景，分角色扮演学生团队和赞助商家，双方磋商后拟写一份合作意向书	□

例文感知

昌达门业有限公司销售部经理助理周彤受销售部经理的指示，向鑫荣门业专卖店表达想要合作的意愿。周彤进行了充分的准备之后，组织双方进行了会谈，双方就合作事宜达成了一致意见。会后，周彤根据会谈情况拟写了一份合作意向书。

销售合作意向书

甲方：昌达门业有限公司

乙方：鑫荣门业专卖店

双方就××室内门销售的合作事宜，经过初步协商，达成如下合作意向。

一、项目基本情况。

门业已发展为一个快速增长的行业。昌达门业有限公司历史悠久，产品有复合实木免漆门系列、钢木门系列、高分子门系列、复合实木烤漆门系列、铝合金门系列等，荣获了产品质量免检证书、中国绿色环保产品等多项荣誉，以合理的价位和优良的质量保障了加盟商和经销商在市场上赢得影响力和竞争力。

二、前期工作由甲乙双方各自负责。

甲方应做好以下工作：

（1）产品的生产及质量跟踪。

（2）为商业伙伴服务的各项工作，包括产品咨询，开业前准备辅导，店面设计，业务员、导购员、安装师傅培训，技术支持，营销市场传帮带，广告及推广计划支持，物流配送，等等。

乙方应做好以下工作：

（1）了解目标市场的现状。

（2）有一定的资金实力，有决心做大做强门业市场。

三、在甲乙双方完成前期工作的基础上，双方商定于20××年××月××日签订正式合同。

四、本意向书是双方合作的基础。甲乙双方的具体合作内容以双方的正式合同为准。

甲方：昌达门业有限公司（盖章）　　乙方：鑫荣门业专卖店（盖章）
代表人：李××（签章）　　代表人：王××（签章）

签订日期：20××年××月××日

请思考：上述意向书具有什么特点？

问题导入

（1）什么是意向书？它具有什么特点？
（2）意向书有哪些种类？其结构与写法是怎样的？
（3）什么是经济合同？它具有什么特点？
（4）经济合同有哪些种类？其结构与写法是怎样的？
（5）意向书和经济合同有什么区别？其各自的写作注意事项有哪些？

一、意向书

（一）意向书的概念

意向书是指在签订协议或者合同之前，当事各方就合作事项签署的表示合作意愿的文书。它通常包括当事各方对合作的具体问题的设想、态度、观点。与协议书和合同不同，意向书是当事各方就某一项目在进入实质性谈判前所形成的表达合作意向的文书，通常不具备法律效力。

意向书

（二）意向书的特点

1．协商性

意向书是当前协商的产物，也是后续协商的基础。其核心内容、基本框架等是经过当事各方协商统一的，能反映各方的基本利益和共同愿望。行文时，多用商量的语气，有时也用假设、询问的语气。

2．灵活性

意向书的灵活性主要体现在两个方面：一是意向书在篇幅长短、条款多少、内容详略等方面限制较少，例如，有的意向书只简略写明合作意愿和合作项目，有的意向书则详细罗列合作的方式、步骤，各方的基本权利和义务，协商的程序及未来签订合同的条件，等等；二是意向书在签订后仍可以经协商对内容进行灵活调整，这与一经签订就不能再随意更改的协议、合同不同。

3．概括性

意向书是为后续签订协议或合同所做的必要的铺垫。它在一定程度上仅表明当事各方的合作意愿，因此，其内容往往较为概括，所列条款通常较为宽松。一般来说，意向书的内容仅明确重大的原则性问题，不涉及具体细则，为下一步磋商留有余地。

4．临时性

意向书是谈判的初步成果，是当事各方在进一步磋商和缔结正式协议前，就目前达成一致的合作意愿、协商程序、未来合同内容等所做的记录。一旦当事各方经过深入谈判，签订正式协议或合同，意向书便完成了它的使命。

（三）意向书的种类

按签署方式的不同，意向书可分为以下三种。

1．单签式意向书

单签式意向书是指由一方提出自己的合作意向，以寻求合作者和回应者的意向书。

2．联签式意向书

联签式意向书是指由双方（多方）协商以后签订的意向书。各方分别在意向书上签字，各执一份为凭。

3．换文式意向书

换文式意向书是指双方用交换文书的方式表达合作意向，各自在自己文书上签署的意向书。这种换文式意向书一般用在较为庄重的场合分。

（四）意向书的结构与写法

意向书一般由标题、正文和落款构成（见图 5-1）。

标题		合作单位+项目名称+文种
正文	导言	明确意向书的签订单位、接触的简要情况、签订意向书的目的和依据、需要实现的总体目标。
	主体	写明双方协商一致的具体意向。
	结尾	写明意向书的份数、保存情况等需要说明的事项。
落款		注明签订意向书各方当事人的法定名称、谈判代表人的签名、签订意向书的日期。

图 5-1 意向书的结构模板

1．标题

标题的结构形式可以分为以下四种。

- 合作单位+项目名称+文种：如《××公司与××集团合作研发××产品的意向书》。
- 合作单位+文种：如《××物业公司与××家政服务公司合作意向书》。
- 项目名称+文种：如《合作开发××旅游区意向书》。
- 文种：如《意向书》。

2．正文

正文由导言、主体和结尾三个部分构成。

（1）导言。导言部分应写明合作各方的单位全称、接触的简要情况（如谈判时间、地点、各方代表、主要议题等）、签订意向书的目的和依据，以及需要实现的总体目标等。最好用承上启下的惯用语结束导言，如“双方就有关事宜，达成如下意向”等。

（2）主体。主体应写明双方协商一致的具体意向，一般以条文形式表述，基本内容包括合作项目的名称，拟定的经营地址，合作项目的规模、经营范围和品类，合作各方投资金额比例、利润分配和亏损分担，原料、设备、技术、用地由何方提供，合作项目实施步骤，合作企业的领导体制，合作的期限，等等。

（3）结尾。结尾应写明意向书的份数、保存情况等事项，一般以“未尽事宜，在签订正式合同或协议书时再予以补充”作为结语，为后续修改留有余地。

3．落款

意向书的落款主要包括三项内容，即签订意向书当事各方的法定名称、谈判代表人的签名、签订意向书的日期。

（五）撰写意向书的注意事项

（1）语气要和缓。意向书的内容不具有强制性，而是具有明显的协商的性质。行文时，应注意措辞得体，语气和缓，一般多用“盼望”“拟”等词，不宜随便使用“必须”“否则”等语气强硬的表述。

（2）应实事求是。意向书是当事各方就相关事项充分协商后，将各自意愿总结、概括而来的书面文件，其内容必须忠实反映当事各方协商的过程、实事求是地表明各方的意愿。

（3）内容要简略。意向书的内容是各方原则性的意见，并非具体目标和实施方法。其条款无须像协议、合同那样具体，而应以阐述合作意向为重点，对合作中涉及的系列问题做粗略表述，不涉及合作的具体细节。

例文赏析

合作兴办一次性餐具加工厂意向书

××省××包装印刷厂（以下简称“甲方”）与山东××贸易公司（以下简称“乙方”）本着平等互利的原则，先后于2021年3月2日、2021年4月5日两次就合作兴办一次性餐具加工厂事宜进行了协商，达成如下合作意向。

一、双方按《中华人民共和国民法典》“合同”编及其他有关规定合作兴办一家一次性餐具加工厂。合作企业名称暂定为“××快餐餐具有限公司”。

二、甲方以现有厂区东部的叁个车间、壹幢办公楼、叁拾伍亩厂区空地和其他生产生活资料作价入股。作价入股股份的计算以双方认可的资产评估机构、土地评估机构评估结果为准。乙方一次性投入约人民币陆佰万元。其中包括提供全套一次性餐具生产机器肆套，生产和工作用车伍辆，现有企业改造、配套资金和企业生产周转金。具体投入数额视甲方资产、土地作价情

> 标题写明项目名称和文种。
>
> 开头写明签订意向书的单位名称，以及意向书的指导思想，进而引出合作意向的具体内容。
>
> 意向内容以条文形式表述。首先明确了法律依据和合作企业的暂定名称；然后列明了双方的投资形式和投资比例，合作项目的规模、经营范围和品

况而定。甲乙双方的投资比例确定在甲方占59%，乙方占41%。

三、合作企业的主导产品是纸饭盒、纸碟、纸碗、纸杯等各式纸质餐具，预计年产量为1.7亿只。其中63%由乙方负责出口销售。

四、甲方负责合作企业的申报立项、登记注册、场地设施改造、财产保险等工作，乙方负责提供和安装设备、培训技术人员、提供国际市场信息。

五、合营期限定为拾年整，即从2022年1月1日起至2032年1月1日止。期满后如需继续合作，应经双方协商同意，并向有关部门申报办理延期手续。

六、产品价格由双方协商确定。所需原材料根据出口需要，可由乙方进口，或由甲方在国内解决。

七、合营期满后，其固定资产残值归甲方所有。

八、双方按认可的投资比例分配利润及承担亏损责任。

九、未尽事宜，双方在今后协商补充。甲乙双方在完成合作办厂的准备工作后，约定时间进行磋商，签订正式协议。

十、本意向书用中文书写，一式六份，双方各执三份。

甲方：××省××包装印刷厂　　乙方：山东××贸易公司（印章）
代表：孟××（签名）　　代表：李××（签名）
日期：2021年4月5日　　日期：2021年4月5日

类，双方各自的负责事项，合营期限，产品价格制定规则，固定资产残值归属和利润分配，纠纷解决方案，等等。

以上内容不涉及具体细则，为日后签订实质性的合作合同奠定了基础。

落款处写明意向双方的单位名称、代表人姓名和日期，并加盖公章。

点评

这是一份合作建厂的联签式意向书。导言简洁、明确。主体部分以条款的形式（共十条）表述了合作双方达成的具体意向；意向书的内容比较粗略，不像经济合同那样详细、具体、周密。全文措辞严谨，以相互协商的语气来表述双方达成的具体意向。落款内容齐全，格式规范。

病文会诊

室内装修意向书

发包方（以下简称“甲方”）：××置业有限公司
承包方（以下简称“乙方”）：××装饰工程有限公司

甲、乙双方在平等、自愿、协商一致的基础上达成如下意向书，共同遵守。

一、基本情况

施工地点：××市××路××号（××小区）

住房结构：××房型××房××厅××厨××阳台××套，施工面积约××平方米。

二、装修意向金的支付及使用要求

（1）甲方向乙方交纳人民币伍仟元整（¥5 000.00元）装修意向金，意向金在双方签订正式合同时转为工程款。

（2）如果交付意向金后5天内未签订正式合同，那么乙方可经甲方同意后，为甲方进行施工设计，并提供全套施工设计图。

三、意向书的生效时间

本意向书甲、乙双方签字盖章后生效。

甲方：××置业有限公司（盖章）
住址：××市光明路36号
联系方式：×××××××××
签订日期：2021年××月××日

乙方：××装饰工程有限公司（盖章）
地址：××市胜利路18号
联系方式：×××××××××
签订日期：2021年××月××日

【会诊提示】

（1）意向书正文的主体部分太过粗略，既未写明在“交付意向金后5天内未签订正式合同”的情况下意向金的使用要求，也未写明剩余工程款的支付约定、装修材料与设备的提供与使用、装修项目的实施步骤、装修期限等信息，不利于日后签订实质性的正式合同。

（2）结尾未写明意向书的份数、保存情况等事项，以及“未尽事宜，在签订正式合同或协议书时再予以补充”等语句，应当补充相应表述。

（3）落款处未写明合作双方签订意向书的负责人姓名。

二、经济合同

（一）经济合同的概念

《中华人民共和国民法典》明确规定：“合同是民事主体之间设立、变更、终止民事法律关系的协议。”经济合同是指双方或多方当事人为了实现一定的经济目的，通过平等协商，明确相互权利与义务而共同订立的一种具有经济关系的协议。

（二）经济合同的特点

1. 合法性

经济合同的主体必须是具有履行法律能力的自然人、法人或非法人组织，合同的内容必须符合国家法律、法规和政策的规定，合同的订立程序必须遵守国家法律、法规、政策等的相关程序要求。

2. 平等性

经济合同的主体是平等的民事主体，其法律地位是平等的。另外，双方在订立合同时，应该采取自愿协商的方式，不允许一方将自己的意愿强加给另一方。

3. 约束性

依法成立的经济合同，自成立时生效，法律另有规定或当事人另有约定的除外。同时，当事各方不能擅自变更合同或终止合同。如当事人一方不履行合同义务或履行合同义务不符合约定，应承担相应的违约责任和法律后果。

课堂互动

2021 年 5 月 23 日，中孟两国政府间“一带一路”合作项目——中国出口孟加拉国 100 辆宽轨铁路客车合同签约仪式，在孟加拉国达卡市和中国唐山市通过视频连线的方式举行。孟加拉国帕德玛大桥铁路连接线项目是中孟两国政府间“一带一路”框架下的合作项目，是“一带一路”倡议的重要交通支点工程。帕德玛大桥铁路连接线位于孟加拉国中西部，是孟加拉国人民的梦想之路、希望之路，是中孟两国的友谊之路。

结合上述材料和本任务所学知识，谈谈你对合作精神的认识，并与同学交流。

（三）经济合同的种类

（1）根据有效期限的不同，经济合同可分为短期合同、中期合同和长期合同。

（2）根据内容的不同，经济合同可分为购销合同、建筑工程承包合同、加工承揽合同、财产租赁合同、仓储保管合同、借款合同、财产保险合同、货物运输合同、能源供应合同、科技协作合同、出版合同等。

（3）根据书面表达形式的不同，经济合同可分为表格式合同、条款式合同、表格条款结合式合同。

- **表格式合同：**是指将合同当事人的有关情况、合同的内容条款等，依照一定的顺序设计成一种表格，印成统一的表格纸，签约时由当事人逐项填写的一种合同。表格式合同使用起来比较简便易行。
- **条款式合同：**是指将合同双方议定的权利义务用文字分条逐项地表述出来的一种合同。条款式合同具有内容详尽、表述清楚、逻辑严密的特点，适用于标的比较复杂、双方权利及义务须详细说明或当事人有某些特殊要求的经济合同，如建设工程承包合同、科技协作合同、技术转让合同等。
- **表格条款结合式合同：**是指将表格、条款结合起来使用的一种合同。这种合同一方面可将较为固定、无须说明的合同内容填入表格，另一方面又可将双方协商拟好的补充内容写成条款，兼具表格式合同和条款式合同的特点。

意向书与合同的异同

一、两者的区别

首先，概念不同。意向书是双方当事人通过初步洽谈，就各自的意愿达成一致认识后签订的书面文件，是双方进行实质性谈判的依据，是签订合同（或协议）的前奏。合同又称合同书、协议书、契约等，用来约定当事人相互之间的权利义务关系，具有特定内容的统一意思表示。

其次，内容不同。意向书的内容仅是合同签订主体就某一事项达成的一致认识，并不确定双方的民事权利义务，而合同内容明确约定合同签订主体之间的民事权利义务。

最后，法律后果不同。意向书的签订不会导致法律效力的产生，对签约主体不具有约束力，而合同的签订会导致法律效力的产生，对签约主体具有约束力。

二、两者的联系

签订意向书是签订合同的基础，但并不是所有的合同签订都必须签订意向书。在实践中，不得仅以名称来判断两者的区别。完全具备了合同内容的“意向书”，确定了双方当事人权利义务，对当事人具有约束力，即具有合同效力。

（四）经济合同的结构与写法

经济合同有其特定的结构形式，主要包括标题、约首、正文和约尾四个部分（见图 5-2）。

标题		合同的性质+文种
约首		写明合同编号、合同当事人、签约时间、签约地点等。
正文	开头	简要写明订立合同的理由、目的或依据。
	主体	列出合同的内容条款：标的及其数量、质量，价款或酬金，合同履行期限、方式和地点，违约责任，解决争议的方法。
	结尾	标明本合同的份数、保存情况、附件等。
约尾		列出当事人单位的全称、代表人姓名，并签字盖章。

图 5-2　经济合同的结构模板

1. 标题

标题即经济合同的名称，通常由合同性质和文种组成，如购销合同、加工承揽合同、财产租赁合同等。应注意的是，“经济合同”是一类合同的统称，不能作为一份合同的具体标题。

2. 约首

约首包括合同编号、合同当事人、签约时间、签约地点等。当事人名称即签订合同双方（或多方）的名称，写在正文开头第一行顶格处（或空两格处），如“立合同单位”或“订立合同各方”，用冒号隔开，然后分行并列或一行连接书写当事人双方（或多方）的名称，注意应写全称。

为了表述方便，通常在双方（或多方）名称后用括号注明“甲方”“乙方”“丙方”等，或依照合同内容称“借方”“需方”“承租方”“出租方”等，但不能称“我方”“你方”“他方”等。

3. 正文

正文即经济合同的具体内容和条款。正文开头可简要说明订立合同的理由、目的或依据。开头的内容应简明扼要，无须说明详细原委、协商经过，更不用交代形势背景。可用“为了……”“根据……”或“经双方协商，一致同意签订本合同，以资共同恪守”等句式开篇，然后用“主要条款如下”或“条文如下”引入条款。内容条款要依次分述，即各方当事人依照法律，经过协商达成共识，并明确记载于合同条款中的权利和义务。一般应

按照《中华人民共和国民法典》“合同”编规定的主要条款及其主次关系顺序表述，主要有标的及其数量、质量，价款或酬金，合同履行期限、方式和地点，违约责任，解决争议的方法，等等。

（1）标的及其数量、质量。合同的标的是指合同中权利和义务所指向的对象。它可以是某种实物和货币，也可以是某项工程和劳务活动，还可以是某种脑力劳动的成果。合同中要写明标的的数量，要使用正确的单位，并注意合理磅差、正副尾差等。标的的质量都有国家强制标准或行业标准，合同的标的质量条款不得低于标准规定。

（2）价款或酬金。价款是指向提供财产的当事人支付的、与提供的财产相当的货币数量。酬金是指向提供劳务或者完成一定工作量的当事人提供的保存金额。

- 合同的标的必须明确价格的界限：在合同的条款中，除极少数产品必须执行国家制定价格外，绝大多数产品的价格界限是经购销双方多轮协商达成的；合同中的价格条款必须明确、清楚，必要时还可以经双方认可写上价格变更条款的内容。
- 价款和酬金应执行国家定价：在合同规定的交付期限内，如国家价格调整，按交付时价格计价；逾期交付的，遇价格上涨时，按原价格执行；价格下降时，按新价格执行；逾期提货或逾期付款的，遇价格上涨时，按新价格执行，价格下降时，按原价格执行。

（3）合同履行的期限、方式和地点。合同期限分为有效期限和履行期限。合同的有效期限是指合同从订立起到履行、解除或终止的持续期间；合同的履行期限是指义务人应当履行义务的有效期间。合同期限必须明确。合同履行的方式和地点主要包括交货方式（是指各方约定的交付标的物的形式，如送货还是自提等）、交货形式（是指各方约定的用何种运输工具、采取何种方式运输，如航空、铁路、公路等）、交货地点（是指各方约定的交付标的物的具体地点）。合同的履行方式和地点必须明确、具体地规定出来，以免引起纠纷。

（4）违约责任。合同必须规定不按合同要求履行义务时的制裁措施及发生意外事故时的处理办法等内容。有的合同没有规定违约的责任，一旦发生违约情况，就难以制裁违约方。承担违约责任的方式包括支付违约金，支付赔偿金，强制履约，支付价金及逾期利息，修理、更换、重做、减价或退货，等等。

（5）解决争议的方法。解决争议的方法是指双方因签订的合同发生纠纷，且自行协商不成时，根据合同约定的通过到仲裁机构仲裁或者去法院诉讼来解决纠纷的方法。如果是经济合同，除以上基本条款外，还可以根据需要对包装、运输、保管、验收、结算等环节加以明确规定，尽可能避免发生合同纠纷。当事人在签订合同时，除按法律规定写明以上条款外，应尽量使用规范的语言，条款尽量详细，必要时应写明产品的规格、型号、包装要求，定金、保证金的给付方式，担保的形式，等等。

最后，在合同的结尾标明本协议的份数、保存情况、附件等。

4．约尾

合同落款处应写上当事人单位的全称、代表人姓名，并分别签字，加盖公章和私章。有的还要在单位后写上详细地址、邮政编码、电话号码等。必要时还应写上双方的开户银行及账号、签证或公证机关的审查意见（签字盖章）。

（五）撰写经济合同的注意事项

1. 内容要合法

《中华人民共和国民法典》“合同”编是签订合同的根本依据。合同的内容也必须合法，任何单位和个人不得利用合同进行违法活动，扰乱社会经济秩序，损害国家利益和社会共同利益，牟取非法利益。

2. 结构完整，条款完备

无论采用哪种书面表达形式，合同结构都应完整，格式书写都要规范标准。正文中的主要条款应完备，明确规定当事人权利和义务及违约责任等内容。

3. 表述准确，简明，严密

合同的表述必须准确、简明、严密。用词切忌产生歧义，句意不能含混，逻辑不能出现漏洞；表示数量的重要数字应大写；标点符号的使用应准确、规范。

4. 字迹清楚，文面整洁

合同最好用打印稿。打印稿内容应反复校对，确保内容准确无误，格式规范整齐。签署合同应使用钢笔或签字笔，确保字迹端正清楚，文面整洁。合同的正式文本形成后，如发现仍有需要修改之处，必须经当事人各方同意后才能在原合同上用工整的文字加以修改，并在修改处盖上各方印章，以示认可。

扫一扫

如何规避合同欺诈？

例文赏析

产品购销合同

甲方：××市园林管理局　　　　合同编号：FB010

签订时间：2021年×月×日

乙方：××机械设备有限公司　　签订地点：郑州

根据《中华人民共和国民法典》“合同”编及相关法律法规的规定，甲乙双方经充分协商，本着平等互利的原则签订本合同，以资共同信守。

一、产品名称、型号、厂家、数量、金额、供货时间。

二、产品技术标准按照装箱单、使用说明书执行，产品质量以出厂检测报告为准。

三、产品包装物的供应与回收由乙方负责，因产品包装产生的一切费用由乙方自行承担。

四、交货地点、方式及费用负担。乙方按照甲方的要求将产品送至甲方指定的交货地点。产品运输方式为公路汽运。与产品运输有关的一切费用全部由乙方承担。产品的接货人由甲方指定。甲方负责产品的卸车工作。

五、产品的交货日期。本合同约定的交货日期是指乙方将产品运抵甲方现场的日期。乙方应在甲方支付全款后10日内按合同约定将全部产品一次性交付给甲方。甲方有权根据实际需要变更本合同约定的交货日期。

六、产品安装与调试。产品的安装与调试由甲方负责，由此发生的一切费用均由甲方自行承担。

七、产品验收及异议规则如下。

（1）甲方按照装箱单、使用说明书和出厂检测报告验收全部产品。

（2）如果甲方在验收过程中发现产品不符合合同约定，则应自验收之日起

> 标题写明了合同类型与内容。
>
> 约首写明了合同当事人、合同编号、签约时间和签约地点。
>
> 正文开头简要说明订立合同的依据、理由和目的。
>
> 然后按照主次顺序，分条列明了标的及其数量、质量，包装物及包装费用，交货地点、方式及费用负担，产品的交货日期，产品安装与调试，产品验收及异

10天内向乙方提出书面异议。乙方在接到甲方的书面异议后，应当立即按照甲方的要求进行处理，并赔偿因此给甲方造成的直接经济损失。 八、乙方向甲方交付产品时应向甲方提供与产品有关的文件和资料，包括但不限于产品的名称、型号、规格、花色、标志、牌号、批号、操作手册、使用说明书、图纸、合格证或质量保证书号、数量、包装、检验情况、检验证明等，并保证这些资料信息真实、完整、准确。 九、本合同约定的全部产品的毁损灭失风险自产品验收合格之日起转移至甲方，此前的一切风险由乙方自行承担。 十、价款结算方式及期限。合同签订后，由甲方向乙方支付合同总价款的30%作为定金；乙方发货时，甲方支付剩余70%价款。甲方应采用银行转账方式向乙方支付价款。乙方应向甲方开具增值税全额发票。 十一、违约责任。（略） 十二、解决争议的方法。本合同在执行过程中发生纠纷时，双方可向××市仲裁委员会提起仲裁，也可向甲方所在地法院提起诉讼。 十三、本合同经甲、乙双方盖章签字后立即生效。 本合同一式伍份，甲、乙双方各执贰份，招标代理机构执壹份。	议规则，风险转移规则，价款结算方式及期限，违约责任，解决争议的方法，等等。
甲方单位名称（盖章）：　　　　乙方单位名称（盖章）： 法人代表或委托代理人：　　　　法人代表或委托代理人： 单位地址：　　　　单位地址： 电话：　　　　电话： 纳税人登记号：　　　　纳税人登记号： 开户银行：　　　　开户银行： 账号：　　　　账号： 签订时间：　　　　签订时间：	落款处写明购销双方的单位名称、法定代表人或委托代理人姓名、单位地址等信息，注明签订日期，并加盖公章。

点评

这是一份购销合同。标题下面写明了合同编号和供需双方当事人的全称。正文首先写明了签订合同的依据，然后以表格和条款结合的方式明确了有关内容：标的的具体信息清楚明确，单价和总金额也以表格的形式标示得很清楚；明确了产品质量要求，包装物及包装费用，交货地点、方式及费用负担，价款结算方式及期限，违约责任等重要信息。结尾写明了合同的正副本份数、合同生效时间及订合同双方当事人的名称（签章）、地址、电话、账号及签订时间等。全文内容完备，逻辑严密，用词严谨。

病文会诊

经济合同

立合同人：

××化工厂第二车间（甲方）

××市第二建筑公司生产科（乙方）

为建筑××化工厂第二车间东厂房，经双方协商，订立本合同。

甲方委托乙方建造东厂房一座，由乙方全面负责建造。

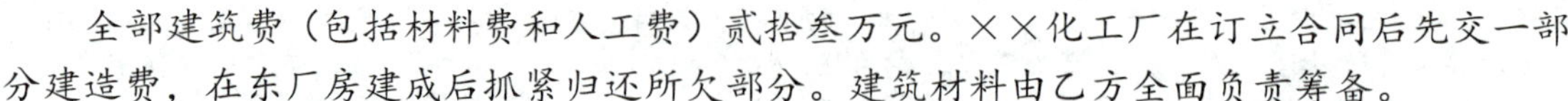

全部建筑费（包括材料费和人工费）贰拾叁万元。××化工厂在订立合同后先交一部分建造费，在东厂房建成后抓紧归还所欠部分。建筑材料由乙方全面负责筹备。

工期待乙方筹备就绪后立即开始，力争3月中旬开工，争取11月左右交活。

本合同一式两份，双方各执一份。

立合同人：

××化工厂第二车间（公章）	××市第二建筑公司生产科（公章）
主任：赵××（签章）	科长：万××（签章）
	20××年××月××日

【会诊提示】

（1）标题不合适。本合同的项目是建筑安装工程承包，而“经济合同”范围太大，应将标题改为“厂房建筑合同”。

（2）经济合同的主体不合适。这份合同的“立合同人”分别为“车间”和“生产科”，双方均不具有签订经济合同的资格。

（3）内容不完备，表达不明确。第一，合同未采用条文形式，未列明序号，显得凌乱；第二，没有阐明建造厂房的式样、面积、高度、结构等，乙方无法施工；第三，未说明建筑费用由哪一方负责承担，也未说明合同建设工期；第四，缺乏关于验收异议、风险转移、价款结算、违约责任、解决争议方法等相关内容，以及材料标准附件。

（4）相关数据不明确，部分用词不严谨，如“一部分”“11月左右”“力争”“争取”“归还”等，这些表述模糊的词语不适合写入合同。

（5）未写明合同生效时间。合同签订日期不能替代合同的生效日期，应在末尾写上“合同自签订之日起生效”字样。

源远流长

古代的合同

古代的合同也称为“契券”“合券”，或“契约”“书契”。古人对合同的解释是：“所谓合同者，以两纸尾相并，共写‘合同’二字于其上，而各执其一以为验，盖本古法也。”可以看出，古代的合同和今天的合同大同小异。

据《韩策》记载，有人对韩公仲说：“秦操右契，而为公责（债）。”意思是说，当时的契约是一式两份，一份称为“左契”，一份称为“右契”，相当于今天的甲方持有合同与乙方持有合同，左契待合而已，只能凭右契才可以要求对方清还债务。

古代订立合同是非常严格的，正式的合同上有官府在合同的纸缝上盖的印章。魏、晋时期，官府在合同的纸缝上盖章是有明文规定的，律令上谓之“款缝”。这里的“款”是“刻”的意思，相当于现在的钢印。在纸张出现之前，使用的是竹简，凡是写在竹简上的合同，恐竹简编连处有改动，都要于缝上盖印。

古代学者黄伯思说：“梁御府所藏前代法书，皆有朱异、唐怀克等题名于首尾纸缝间，谓之押缝。则并移此法于书画矣。”后来，在合同上盖章的形式被书画家所借鉴，书画作品上也开始盖章了。由此可见，古代的合同在生活中的作用和影响是很大的。

（资料来源：中国知网，作者王昊军，有改动）

任务三

凿凿可据，以理服人
——掌握可行性研究报告的结构与写法

任务清单

每完成一项学习任务，就在对应的方框中打一个“√”。

任务进程	序号	任务内容	是否完成
课前预习	（1）	收集3篇具有不同风格的可行性研究报告，并尝试对其进行分类	□
	（2）	写出自己对可行性研究报告的初始认知	□
课中学习	（3）	阅读“例文感知”，简要评价例文，并思考例文后的“问题导入”	□
	（4）	理解可行性研究报告的概念、特点和作用，并了解其种类	□
	（5）	熟悉可行性研究报告的结构与写法	□
	（6）	掌握可行性研究报告的写作注意事项	□
课后复习	（7）	简要分析课前所收集范文的结构特点与写法，并做好记录	□
	（8）	以“大学生创新文化节”为主题查阅相关资料，再根据本任务所学知识写一份可行性研究报告	□

例文感知

张萌萌是某大学的大四学生，即将毕业的她打算自主创业，在市中心开一家快餐店。为了全面分析创业方案的可行性以降低风险，也为了争取投资人的投资，她拟写了一份项目可行性研究报告。

快餐店建设可行性研究报告

一、项目概况

（一）项目名称：爱心快餐店

（二）建设性质：新建

（三）建设地点：××市商业街

（四）建设年限：2021年××月至20××年××月

（五）建设内容：快餐店

（六）投资估算：30万元

二、项目必要性分析

（一）满足消费者的消费需求

餐厅附近聚集了××美术学校、××音乐学院、××大学，并靠近较为繁华的商业区，如××超市、××工业展览馆等。快餐店附近的消费群体规模较大，消费能力可观；同时，快餐店可为学生及来往市民提供早中晚餐，满足其消费需求。

（二）优化本地区产业结构

快餐店的加入，可小幅度刺激附近的消费、优化产业结构，为该地区注入新的活力。

（三）带动本地区居民就业

设立快餐店可增加本地区岗位需求，促进本地区居民就业。

三、项目可行性分析

（一）市场可行性

餐厅选址于高校集中的位置，附近又有大型的商场和超市，人流量大，客户源充足有保障，特别是在午餐时间，附近许多同类型的餐馆基本都是客满状态。因此，开设快餐店具备市场可行性。

（二）经济可行性

餐厅的主题是爱心餐厅，推出的各种菜式皆为低中档消费，餐厅内装潢不需太豪华，简洁大方即可，预算投入不需要太高。因此，开设快餐店具备经济可行性。

（三）政策可行性

近几年国家出台了就业扶持和优惠政策，给大学生创业者以特别的照顾。国家政策法规为开设快餐店提供了强有力的政策保障。因此，开设快餐店具备政策可行性。

（四）技术可行性

快餐店销售的各种菜品制作简单、快速、方便，员工经过短时间的培训即可上岗，而且快餐店对服务员的要求不是很高，不需要与顾客进行太多的交流；与传统餐馆服务模式也不同，员工在学会使用各种做快餐的机器并掌握与顾客沟通的简单技巧后，就能即刻开始工作。因此，开设快餐店具备技术可行性。

（五）模式可行性

社会生活节奏的加快使快餐业的存在和发展成为必然趋势。此次爱心快餐店选址于各高校附近，大学生消费群体和社会大众都热衷于快餐文化。因此，开设快餐店具备模式可行性。

四、结论

综上所述，靠近几所学校和大型商铺的优越地理位置可以带来客源的保障，快餐厅里的服务形式也容易被社会大众接受，爱心快餐厅既可以刺激本地区消费，也能够为附近居民提供就业机会。因此，此项目具有很大的优势和很好的发展前景，是可行的。

请思考：张萌萌这份可行性研究报告包括哪几部分内容？这份报告具有足够的说服力吗？如何写好可行性研究报告？

问题导入

（1）什么可行性研究报告？它具有什么特点？
（2）可行性研究报告具有什么作用？常见的种类有哪些？
（3）可行性研究报告的结构与写法是怎样的？
（4）写作可行性研究报告时应注意哪些事项？

一、可行性研究报告的概念

可行性研究是指在某一项经济活动实施之前，通过全面的调查研究和对有关信息的分析，以及必要的测算工作，对项目进行技术论证和经济评价，以确定一个“技术上合理，经济上合算”的最优方案，为决策提供科学依据的一种行为。反映可行性研究内容和结果的书面报告，就是可行性研究报告。

二、可行性研究报告的特点

（一）超前性

任何可行性研究报告都是在项目决策之前进行的。它对项目实施的可行性及可能遇到的问题，运用科学的理论、方法和手段做出科学的预测和估量。

（二）专业性

可行性论证涉及基建、投入产出、公共设施、市场状况或企业机构、环境保护、人员培训、成本预测等多方面的内容，每一方面的估算预测都需要综合运用专业知识。

（三）论证性

可行性研究报告要对某一项目的可行性进行多方面的论证，以便结论令人心悦诚服。例如，《关于××水利工程必要与可行的论证》就对水库泥沙淤积、是否诱发地震、生态环境、移民等易使人产生疑虑的问题进行了论证。

（四）权威性

可行性研究报告是在调查研究的基础上根据各种实际情况测算出来的，并非凭主观臆想。因此，其相关判断是科学的，其结论意见具有权威性。

三、可行性研究报告的作用

（1）可行性研究报告主要用于为实施某一项经济活动的决策提供依据。

（2）可行性研究报告是制定计划任务书的主要依据。可行性研究报告通过后，项目就进入实施阶段，这时就要编制计划任务书。在可行性研究报告中，已对基建规模、产品方案、建设进度等做了技术经济分析和论证工作，这就为编制计划任务书提供了可靠的依据。虽然项目实施过程中会有新情况、新问题出现，但是可行性研究报告中的指标不能随意改变。

（3）可行性研究报告不仅可为实施该经济活动的单位做出决策提供依据，而且可为该机构的主管部门、上级单位或合作者、投资者及金融机构、评审专家等对该项经济活动的审批和评价提供依据。

四、可行性研究报告的种类

根据研究工作的不同阶段，可行性研究报告可分为机会可行性研究报告、初步可行性研究报告、详细可行性研究报告和评估决策可行性研究报告四类。

（一）机会可行性研究报告

机会可行性研究报告又称“投资机会鉴定”，其书面文件称项目建议书，是项目的初步建议方案，也是整个可行性研究工作的最初阶段。它比较粗略，大部分借助已有的指标、数据和现有的工作成果进行估计，判断该项目有没有进一步深入研究的价值和必要。

（二）初步可行性研究报告

初步可行性研究报告也称“预可行性研究报告”，要提出较为系统的设想方案，进一步判断该项目是否合理、投资是否合算、还有哪些问题需要进行研究，为下一步详细可行性研究打下基础。如果经过初步研究认为该项目具有一定的可行性，便可转入最终可行性研究；如果经过初步研究发现该项目不可行，便不必进行详细可行性研究。

（三）详细可行性研究报告

详细可行性研究报告又称“最终可行性研究报告”，这是确定工程项目是否可行的最后研究阶段。要求将所有与拟建项目的投资效果有关的因素，如市场需求、工艺技术、财务经济等，综合起来加以分析论证，从而提出完备的方案，为决策项目提供技术和经济方面的依据。

（四）评估决策可行性研究报告

评估和决策就是对项目的可行性报告进行评价，然后做出投资的决策。要求对技术上、经济上、财务上的可行性进行全面细致的分析和评价，并得出明确的结论，确定该项目是否可行。如果可行，则应制定出最佳方案加以实施。最后，还应写出项目评估报告，并报请有关主管部门审批。

五、可行性研究报告的结构与写法

可行性研究报告的结构一般包括标题、正文和附件（见图 5-3）。

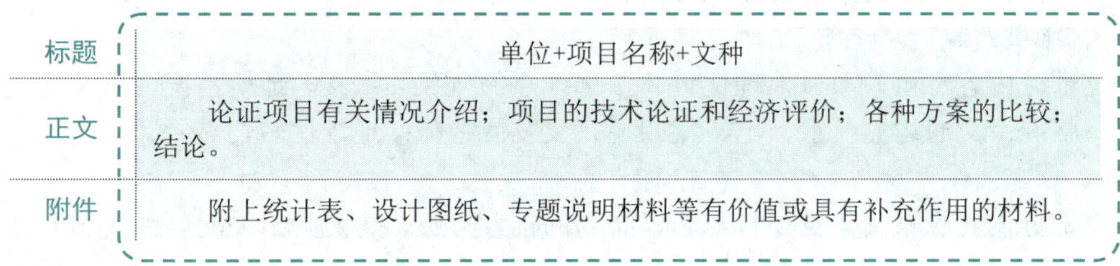

标题	单位+项目名称+文种
正文	论证项目有关情况介绍；项目的技术论证和经济评价；各种方案的比较；结论。
附件	附上统计表、设计图纸、专题说明材料等有价值或具有补充作用的材料。

图 5-3　可行性研究报告的结构模板

（一）标题

标题一般采用公文式，由编写单位、项目名称和文种构成，如《××省建设设计院关于扩建××开发区的可行性研究报告》；也可省略编写单位，突出项目名称，简化文种，如《关于新建××水泥厂可行性研究》。

（二）正文

正文通常包括四个方面内容：一是项目内容的说明，即介绍论证项目的有关情况；二是项目的技术论证和经济评价；三是各种方案的比较；四是结论。当然，不同类型的可行性研究报告的结构与内容有不同的安排。

大中型基本建设项目的可行性研究报告是内容比较丰富、写法比较复杂的一种可行性研究报告。这种报告一般有以下几方面内容：

1．前言

前言也可称为“总论”，主要写明项目基本情况（包括项目名称、主办单位、技术和经济负责人、进行可行性研究的人员等）、项目提出的依据、报告的内容范围、研究结论的要点、对研究中存在原问题的建议等。

2．现状评价

现状评价部分主要是分析现状，联系历史，说明设立项目的技术、经济依据。

3．发展规模与建设规模

这部分内容需要分析项目所在地区的经济特征，说明经济情况及其与本项目的关系，预测市场需求和发展规模，论证项目建设规模与标准的客观必要性、技术可行性和经济合理性，提出主要的技术、经济指标等。

在同市场密切相关的项目的可行性研究报告中，市场预测部分一般写得比较详细，其内容主要包括对国内外需求情况的预测、对国内现有同类厂家生产能力的调查和发展预测、销售预测、价格分析、产品竞争能力和估计、进入国际市场的前景预测等。

根据市场预测结果确定拟建项目的规模，主要明确产品的名称、规格、技术性能与用途；确定产品生产能力，对产品主案和发展方向进行技术经济比较和分析。若要扩建项目，则还应说明对原有固定资产的利用情况。

4．建设条件与协作条件

这部分内容主要包括：可利用的资源储量、品位、成分、运输条件；物料供应规划，即原材料、能源（电力、燃料等）、半成品、协作件及辅料等的种类、数量、来源和供应条件；所需公用设施的数量、供应方式和供应条件。

5．地址方案

这部分内容着重写项目地理位置和拟选地点的气象、水文、地质情况，以及周围的社会经济状况；交通运输及水、电、气的现状及发展趋势；地址比较与选择。

6．建设方案

这部分内容应写明建设项目与总体布局的推荐方案，并说明相关的环保措施与对环境的影响。

7．技术工艺和设备方案

这部分内容需要写出主要设计方案，并就设备订货、施工和验收等重要环节做出安排，就工程质量与施工工艺等提出要求。重点写明主要设备和辅助设备的名称、型号、规格、数量。例如，对于成套设备进口项目，应写明维修材料、辅料及配件供应安排；若要引进技术、设备，则应说明来源、国别、厂商与外商合作的设想等。

8．实施计划

这部分内容包括询价、谈判、合同签订，以及工程设计、设备支付、建设工期、生产进度及投产日期等具体的工作步骤。

9．资金投入与经济效益

在做投资预算时，主要明确主体工程与协作配套工程所需全部投资数额。对于利用外资或引进技术的项目，还应写明用汇额、生产流动资金数额、资金来源、筹措方式、贷款利率、贷款偿付方式等。

10．社会效益

社会效益即项目对国民经济发展产生的宏观效果及其对社会的影响。

11．财务分析

财务分析主要包括估算生产成本和财务收入、评价可能出现的盈亏情况、测定投资收益率和回收期、分析投资偿还能力等。

12．生产管理与人员培训

这部分内容主要包括项目的生产组织形式、管理机构、各类人员的培训方式及培训周期等的安排。

13．结论

结论应写明研究结果，确定投资少、建设快、成本低、利润大、效果好的建设方案，以科学的数据说明对项目的必要性和可行性的意见。

（三）附件

有一定的参考价值或补充作用的材料（如统计表、设计图纸、专题说明材料等）若不宜放在正文当中，则可作为附件放在最后。如果没有这样的材料，也可以不设附件一栏。

六、撰写可行性研究报告的注意事项

（一）充分占有材料

可行性研究报告涉及的内容很广泛，需要系统、详细的材料，必须充分占有材料才能进行分析论证，得出合乎实际的结论。

（二）观点直接鲜明

要直接鲜明地表明观点，做出是非判断，态度不能模棱两可。

（三）论证逻辑严密

论据要充分，所有数据、材料要准确。在此基础上精确计算，严密推论，确保无逻辑错误，且说服力强。

（四）坚持实事求是

要尊重客观事实，以科学的态度，运用科学的方法，客观、严肃、深入地分析研究建设项目各方面的问题，做出符合科学的分析、评价和结论。分析研究时不能带有主观偏见，以保证报告的切实可行性。

例文赏析

建设××产品加工厂的可行性研究报告（提纲）

项目名称：……

编制单位：……

编制负责人：……

日期：××××年×月×日

一、总论

（一）立项的背景情况

（二）根据和范围

二、需求预测和拟建规模

（一）现有生产能力

（二）市场对××产品的需求情况

（三）销售预测

（四）拟建规模产品方案

（五）工程建设及投产进度

三、资源与能源条件研究

（一）原材料及燃料供应

附表1．各种原料及燃料的需要量和成本

（二）能源供应（给排水、电力、热力、供气）

附表2．能源需要量及成本情况表

四、厂址选择

（一）厂区自然条件

工程地质、气温及相对湿度、风雨雪等

附表3．各厂址自然条件比较

> 标题写明项目名称和文种。
>
> 开头列明项目名称、报告编制单位、编制负责人等信息，并写明成文日期。
>
> 正文首先介绍了所论证项目的有关情况。
>
> 然后从需求预测和拟建规模、资源与能源条件、厂址选择、方案设计、环境保护与安

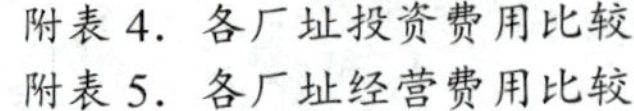

附表4. 各厂址投资费用比较
附表5. 各厂址经营费用比较
（二）厂房构成及建筑面积
附表6. 厂房设计方案

五、方案设计
（一）指导思想
（二）工艺流程及设备
（三）设备选择方案比较
1. 报价
附表7. 外国及国内设备报价
2. 技术性能及指标
3. 生产能力
4. 劳动定员

六、环境保护与安全消防设施
（一）环境保护
1. 环境污染产生的环节及种类
2. 污染物治理工艺及排放形式
3. 环境执行标准
（二）安全措施

七、投资估算及经济效益评价
（一）基本数据
1. 工厂生产规模及年产量
2. 总投资（包括基本建设和流动资金）
附表8. 基建投资估算表
附表9. 资金来源
3. 产品成本
附表10. 各年××产品成本计算表
4. 产品销售收入及销售利润
附表11. 各年××产品销售收入计算表
附表12. 各年××产品销售利润计算表
5. 其他经济指标
（二）经济评价
1. 经济评价的基本依据
2. 资金平衡及贷款偿还期的计算
附表13. 贷款偿还期计算表
3. 企业投资利润率和投资收益率
4. 内部收益率计算
附表14. 企业内部收益率计算表
5. 投资回收期
附表15. 投资回收期计算表
6. 不确定性分析
(1) 固定成本和变动成本的测算
(2) 盈亏平衡点测算
附表16. 盈亏平衡分析计算表
(3) 敏感性分析
附表17. 敏感性分析表

八、研究结论

全消防设施、投资估算及经济效益评价这六个方面进行技术论证、方案对比和经济评价，为后续的结论打下基础。

最后水到渠成地写出论证结论。

点评

可行性研究报告是为申请立项所写的研究报告，一般篇幅比较大。这里列出一份典型的可行性研究报告的提纲，目的是使该类报告的结构一目了然，使读者了解应从哪些方面进行项目的可行性论证。

病文会诊

养老院建设可行性报告

一、办院可行性分析

养老服务业是一个投资回收周期比较长的行业，对此，投资者要有清醒的认识。进行可行性分析时要考虑的因素有：目前本地区同行业总量（床位数）及分布情况，本地区老人及家庭经济状况，其他养老机构的入住情况、地理位置的交通和环境情况，等等。

影响盈亏的主要因素是入住率和服务成本。这里的服务成本是指为老人服务所必须支出的费用，有房租、防暑降温取暖费、水电煤气费、工资、办公费用、维修费、大型资产折旧费等。预期入住人数与收费的乘积减去服务成本的结果即盈亏数额。其中，收费项目主要有床位费、生活费、取暖费三项，养老机构也可就其他服务项目收取约定的费用。

办院的主要风险在于以下几个方面：一是入住率的不足，房租、人工费和取暖费等硬性开支不能得到有效摊薄，导致开办一年内甚至更长时间内处于净投入状态，不能实现资产的良性循环；二是入住老人的收费风险，老人或其子女的财务状态恶化等因素可能导致入住老人不能及时续费，养老机构又不能强行将老人赶出门，进而引发垫付费用的局面；三是老人的意外伤害风险，老人属高发意外伤害和突发死亡率较高的人群，一旦产生纠纷，诉讼和调解会给养老机构带来人力和物力上的负担。

下面以××市养老院现状为例，分析开办养老机构的可行性。

（一）从市场角度分析

××市是个适合老年人养老的城市……全市现拥有养老机构 86 家，床位共计 3 500 余张，刚刚达到老年人口千分之二的最低要求。因此，养老行业还有很大的发展空间。

（二）目前养老机构发展评价

××市养老机构的规模发展较慢，总体运营水平不够高，特别是缺少像××恭和苑、××银铃老年公寓这样行业领军型的养老机构。具体来讲，各种规模养老机构的现状如下。

（1）百床以上规模较大的养老机构，收费较低（全部费用 800 元以下）的入住率一直很高，床位全年紧张……前期投入较大……配套设施齐全。

（2）百床以上收费在 1 000 元左右的养老机构……存在一定程度的入住率不足……市场前景看好。

（3）30 张床位至 100 张床位之间的中等规模养老机构是××市养老机构的主流。这部分养老机构……经历前期的经验积累期，多数实现了盈利。

(4) 30张床位以下的小型养老机构，也称家庭式养老院，这种院所经营形式灵活，前期投入较小，特别适合生活小区内建设……这种养老机构在本市经营平均状况较差，对经营者的运营水平和承受压力的能力挑战较大，每年都有因不能通过年检而被淘汰的养老院。

二、收支情况分析

下面以50张床位、四人间养老院为例，分析养老院收支情况。

（一）开办养老机构前期投入（略）

（二）养老机构年度运营投入（略）

（三）养老机构收入预测（略）

（四）经营状况评估（略）

三、开办养老机构相关手续

（一）开办养老机构应具备的条件（略）

（二）开办养老服务机构应提交的材料（略）

（三）开办养老服务机构应办理的手续（略）

（四）养老机构享受优惠和社会资源利用（略）

【会诊提示】

（1）没有前言部分。正文没写明计划开办的养老项目的名称、主办单位、技术和经济负责人、进行可行性研究的人员、报告的内容范围、报告所持观点等。

（2）论证部分不够全面。正文仅从养老机构开办现状、收支情况、建设条件进行了可行性分析，未提及地址方案、建设方案、实施计划、社会效益、人员管理及培训等情况，使得可行性分析缺乏足够的说服力。

（3）缺乏结论部分。正文没有写明研究结论，使得前文的可行性分析论证缺乏落脚点。

探渊索珠

夏造冰可行的论证实验

热水造冰，单纯从字面上来看，不具备可行性。但是在2 000年前西汉时期著成的《淮南万毕术》当中，就提到了热水造冰。书中这样写道：“取沸汤置瓮中，密以新缣，沈（井）中三日成冰。”意思是，将沸水放到陶器中，并用丝织的物品将其密封，随后放置在深井中，三天之后就会结冰。既然古书中有所记载，想必在古代可能有成功的案例。

在探讨夏造冰的问题时，中国著名物理学史家洪震寰进行了实验，而他首次得出的结果是热水造冰的方法不可行。不过，中国科技大学科技史与科技考古系李志超认为，古人可能是通过气体绝热膨胀而降温的原理来实现“夏造冰”的，并指导硕士生赵虹君做了一个“造冰”的模拟实验：取一升容量的玻璃球形瓶，内装少量水，用橡皮塞密封。塞上穿有玻璃管，其下端直到瓶底，瓶内放一支温度计。玻璃管外端用橡胶软管接上，软胶管上装一个可调松紧的夹子。这个模拟实验原则上证明了：沸水密封冷却，然后缓慢放气，可以使水温降低。

李志超后来提出了更为详尽的解释："一个细口大腹的瓶（瓮），里面盛水不多，煮沸一段时间，令瓶的整体与水同温，水蒸气充满全瓶，原来的空气绝大部分被挤了出去，烧到水量所剩无几，立即用浸过水的细密的织物封口并沉入深井。在北方或高山区，盛夏天深井水也可在10℃以下。瓶子一凉，水汽凝结，瓶内气压大降，接近真空，待瓶温与井水近于平衡，立即取出，则缣开始透气（或因其上水膜晾开，或因外部压力作用）。这是减压膨胀，是吸热过程，瓶温因而下降。掌握得好，可以得到几丝冰碴，至少也可以使瓶内水温降到室温以下几度。"

后来，中国科技大学教授康辉则提出，《淮南万毕术》"夏造冰"方案可以解释为：在一个大瓮里放置一个盛沸水的杯子，用新缣密封，沉到井里三日，杯子里的水结冰。这个新的解读是把沸水盛于杯子，而不是直接将沸水倒入瓮中。假如在瓮中的杯子下面垫一块不容易导热的木块，那么当瓮中空气因蒸汽冰凝于瓮壁而稀薄时，根据液体抽气降温原理，"夏造冰"是有可能实现的。

总结来说，后期众多科学家们的实验证明，在夏天使用热水造冰时，水在低压下快速蒸发时会吸热制冷，只要空气湿度小，气温也合适，瓮的容积大，密封效果好，的确可以造出少量的冰，但夏造冰成功的概率要比失败的概率大。所以说，《淮南万毕术》中记载的热水造冰，其实具有一定的可行性。

（资料来源：网易网，有改动）

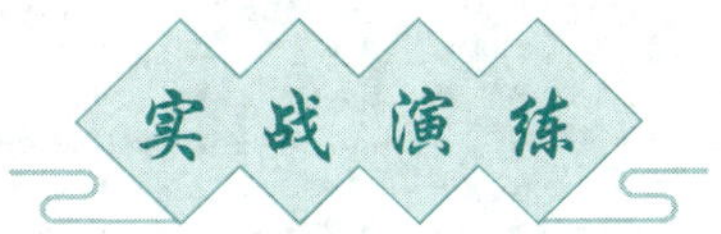

认真阅读下列意向书，然后回答问题。

开展多方技术经济合作意向书

××对外经济办公室（甲方）与××市××工贸发展有限公司（乙方），经双方协商同意，确定如下技术经济合作关系。

一、双方合作范围

（1）高科技产品开发。

（2）农副产品深加工与综合利用。

（3）外贸出口。

（4）合办第三产业。

二、双方义务

（1）甲方负责提供资源、项目及资料，以及项目的落实。

（2）乙方负责提供合作开发项目的技术资料，组织有关技术力量，以及协调开发项目的有关关系；协助甲方的产品出口，以及合作项目产品的出口，进行甲方所需或双方合作项目所需的设备、技术的引进工作。

（3）双方确定具体的联络人员，以进行日常的联络工作。

三、双方合作程序

由双方商定适当时间相互考察，根据考察结果，共同商讨双方合作项目、方式、内容和步骤。

四、合作方式

双方本着互惠互利、利益共享、风险共担的原则，根据不同的项目协商采用相应的合作方式。具体合作项目由双方另行签订合同。

五、此意向书一式四份，双方各执两份

甲方：××对外经济办公室（印章）
代表：张××
联系地址：×××××××××
电话：××××××××××

乙方：××市××工贸发展有限公司（印章）
代表：李××
联系地址：××市××路××大厦××室
电话：××××××××××

××××年×月×日

1．标题与内容分析

这则意向书的标题属于哪种结构？意向书的主要内容是怎样的？

2．意向表达的分析

试举例说明这则意向书是如何体现“初步意向”的。

论文短评

项目评价

全班同学每5人一组，每个小组的成员结合小组的课业学习情况与项目实战演练情况，按照表5-1的评价标准进行自评和互评，并请老师进行总体评价。

表5-1 考核评价表

考核内容	评价标准	分值	评价得分		
			自评	互评	师评
知识与技能考核（40%）	能复述经济文书的概念和特点，并能区分经济文书的种类	5			
	能简要介绍经济文书的作用和写作要求	5			
	能复述意向书和经济合同的概念与特点，并熟悉它们的种类	5			
	能掌握意向书和经济合同的结构和写法，并熟悉其各自的写作注意事项	10			
	能复述可行性研究报告的概念和特点，并熟悉其作用和种类	5			
	能掌握可行性研究报告的结构和写法，并熟悉其写作注意事项	10			
过程与方法考核（20%）	课前主动预习，积极收集各类经济文书范文	5			
	认真分析所收集经济文书的作用、结构和语言特点	5			
	积极参与课堂讨论，并与同学交流自己的观点	5			
	认真完成课后作业，注重写作体验，善于通过模仿锻炼写作水平	5			
综合素养考核（40%）	愿意去了解与经济文书相关的法律知识，增强法律意识	10			
	积极培养严谨细致的工作态度，自觉提升职业素养	10			
	自觉培养合作精神，善于发现他人的优点，并取人之长、补己之短	10			
	增强实证意识，善于事前研究论证、事中合作推进、事后反思总结	10			
总评	自评（20%）+互评（20%）+师评（60%）=	教师（签名）:			

项目六

科技文书

项目导读

科技文书产生于科学技术的具体实践，是随着科学技术的发展，为适应交流科技信息、处理科技事务的需要而产生和发展起来的。科技文书具有目的性、规范性、时效性、学术性和科学性等特点。本项目着重介绍科技文书中的实习报告和毕业设计。

学习目标

知识目标

- 了解科技公文的概念、作用和特点。
- 理解实习报告的概念、作用和特点。
- 掌握实习报告的结构安排、文字组织和写作注意事项。
- 理解毕业设计的概念，并了解其种类和作用。
- 掌握毕业设计的流程、结构与写法。

能力目标

- 能根据实际需要，按照规范格式撰写科技文书。

素质目标

- 培养严谨的治学态度和科学探索精神。
- 自觉锻炼逻辑思维、实证思维和设计思维，提升思维能力。
- 学以致用，将所学的科学知识应用于实际生活，以造福社会。

任务一

推究根源，潜精研思

——科技文书概览

任务清单

每完成一项学习任务，就在对应的方框中打一个“√”。

任务进程	序号	任务内容	是否完成
课前预习	（1）	收集5篇科技文书范文，并尝试对其进行分类	□
	（2）	写出自己对科技文书的初始认知	□
课中学习	（3）	阅读“例文感知”，简要评价例文，并思考例文后的“问题导入”	□
	（4）	理解科技文书的概念，并了解其作用和特点	□
课后复习	（5）	对课前收集的科技文书范文进行分类	□
	（6）	简要分析所搜集范文的结构特点与写法，并做好记录	□

例文感知

刘芳是金融专业大四的学生。学校要求每个学生在大四期间都要自己找实习单位进行为期6个月的实习，并在实习结束后提交一份1 500字的实习报告。刘芳根据实习情况拟写了一份实习报告提纲。

实习报告（提纲）

一、实习时间

二、实习地点

三、实习单位简介

四、实习职位

五、实习目的

六、实习内容

七、实习收获

请思考：案例中提到的实习报告属于什么文书？此类文书应怎样撰写？

问题导入

（1）什么是科技文书？
（2）科技文书具有什么作用？
（3）科技文书具有哪些特点？

一、科技文书的概念

科技文书是科技工作者在日常科技事务和科研活动中交流科技信息、解决具体问题时经常使用的，具有一定规范格式和特定读者对象的文书。

二、科技文书的作用

（一）资料作用

科技文书可以作为参考资料，有效确定研究的起点及方法、内容，实现科学的、有效的研究进程，为将来改进工作，发展科技，制订方针、政策、法规、条例提供参考和借鉴。

（二）交流作用

科技文书可以通过特定的媒体形式把科技研究的成果传播到社会中，使这些成果成为社会的共同财富，促进社会的进步。科技文书还可以在科技管理中，对各种情况的交流与沟通、工作的指挥与联络发挥作用。

（三）商品载体

科技成果可以看作一种特殊的商品，这种商品本身是无形的，必须借助文书的形式体现出来。在现代社会的商品市场上，科学技术交易实际上是通过科技文书达成的，这时，科技文书就成了技术转化成商品的重要载体。

三、科技文书的特点

科技文书都具备较高的实用价值，其特点主要体现在以下几个方面。

（一）规范性

特定的格式要求是应用文写作文体的特征之一，科技文书在长期的使用过程中也逐步形成了比较稳定的格式要求。有些文种，如发明申请书、专利文件、技术鉴定书等，有关部门规定了统一的格式，有的甚至以法律、条例的形式规范了文体的格式或主要内容。因而在科技文书写作过程中，应遵循这些规范化格式的要求。同时，科技文书也十分注重语言的规范性，词句的运用侧重于科技语体。

（二）时效性

科技文书的任务是反映新的科技成果，传播新的科技信息，推动科学进步，促进科技发展。因此，科技文书一般都会在最短的时间内向有关方面迅速反映新成果、新信息，以便使特定的读者及时了解新的科技动态。

（三）学术性

科技文书是对科学实践活动的反映，一般围绕科技领域中的某一课题进行，专业性很强，具有一定的学术研究价值。

（四）科学性

由于科技工作本身具有严密的科学性，科技文书与科学技术有关，必然也具有严密的科学性。其科学性体现在所用的材料必须真实可靠，论证的方法必须科学、辩证，所得出的结论必须揭示事物的本质和规律。

素养把脉

知识竞答

全班同学开展知识竞答活动。教师以放映幻灯片的形式展示下列题目，全班同学举手竞答。

（1）科技文书的概念是什么？

（2）科技文书有什么作用？请举例说明。

（3）科技文书有哪些特点？请举例说明。

教师事先备好若干份不同类型的经济文书素材，将其逐个展示出来，获得抢答机会的同学回答教师所展示的文章属于哪一类科技文书。

最后由教师对每个同学的表现情况进行评价，并做总结性发言。

畅所欲言

全班同学每 5 人一组，各组成员结合自己的假期实习经历，相互交流实习经历和体会，共同探讨如何构思一份实习报告。

最后，由教师对每个小组的讨论情况进行评价，并做总结性发言。

力行笃学

实践出真知的诗句

（1）纸上得来终觉浅，绝知此事要躬行。（宋·陆游《冬夜读书示子聿》）

释义：从书本上得来的知识，终究体会不深；要透彻地了解某件事，非亲身实践不可。

（2）知而不能行，只是知得浅。（宋·程颢《二程遗书》）

释义：有了知识而不能实行，这种知识是肤浅的。

（3）早岁读书无甚解，晚年省事有奇功。（宋·苏辙《省事》）

释义：早年读书时，对书中所说的道理还不是很理解，但到了晚年，审察事物好像得了神助似的。

（4）及之而后知，履之而后艰。（清·魏源《魏源集》）

释义：接触事物然后获得知识，把学到的知识付诸实践时才知道实践的艰难。

（5）读书患不多，思义患不明。患足已不学，既学患不行。（唐·韩愈《赠别元十八协律六首·其五》）

释义：读书学习怕学得不够多，思考道理怕想得不够深刻明白；怕自以为学够了而骄傲自满不再学，已经学习了知识，最怕不能实践。诗中提出了治学的四个主要方面，即多读、深思、虚心、躬行。

（6）昏昏恋枕衾，安见元气英。（唐·刘禹锡《秋江早发》）

释义：如果整天昏昏沉沉地留恋枕衾，怎能看到天地间的美景呢？

（7）不随举子纸上学《六韬》，不学腐儒穿凿注《五经》。（宋·刘过《多景楼醉歌》）

释义：不学古代读书人在书本上学《六韬》，纸上谈兵，不学迂腐无用的学者牵强附会地注解《五经》。

（资料来源：百度文库，有改动）

任务二

力学笃行，行以致远
——掌握实习报告的结构与写法

任务清单

每完成一项学习任务，就在对应的方框中打一个“√”。

任务进程	序号	任务内容	是否完成
课前预习	(1)	搜集3篇各具特色的实习报告范文，并说出它们各自的特点	□
	(2)	写出自己对实习报告的初始认知	□
课中学习	(3)	阅读“例文感知”，简要评价例文，并思考例文后的“问题导入”	□
	(4)	理解实习报告的概念和作用，并了解它们的特点	□
	(5)	熟悉实习报告的结构与写法	□
	(6)	掌握实习报告的写作注意事项	□
课后复习	(7)	简要分析课前所搜集范文的结构特点与写法，并做好记录	□
	(8)	根据自己专业的就业方向，挑选一个实习单位进行实习，并按照规范的格式与要求写一份实习报告	□

例文感知

一个月的实习时间很快过去了，高磊的指导教师要求他将实习期间的实习日志进行汇总，总结这一个月的成长、收获和教训等，然后写一篇实习报告。高磊根据实习情况，简单列了一份实习报告提纲。

实习报告（提纲）

一、实习单位简介

二、实习岗位和岗位职责

（一）实习岗位

（二）岗位职责

（三）工作任务

（四）岗位考核标准

三、实习工作经历与体会

四、对专业教学的建议

请思考：实习日志可以直接用来作为实习报告吗？怎样写实习报告？

问题导入

（1）什么是实习报告？它具有什么作用？
（2）实习报告具有什么特点？其结构与写法是怎样的？
（3）撰写实习报告时应当注意哪些事项？

一、实习报告的概念

实习报告是指在校学生完成一定的专业课程或全部专业课程，并根据教学计划进行实习后，向指导老师或教学管理部门提交的反映自己实习收获及相关情况的书面材料。

二、实习报告的作用

实习报告能够使老师全面具体地了解学生的收获，便于检查理论与实践相结合的教学效果；与此同时，有利于学生总结实习过程中的经验教训，加深对理论知识与实践技能相结合的重要性的认识，从而进一步提高思想觉悟，为日后的学习和工作提供帮助。

课堂互动

中国有句古话：“读万卷书，不如行万里路。”意思就是，读再多的书都不如实干，理论联系实际才能体现读书的价值。就像学医一样，如果不进行临床实践，即使把病理研究得再透彻，在遇到特殊情况时也不知如何应对。

结合本项目所学知识，谈谈你对上述观点的认识，并与同学交流。

三、实习报告的特点

（一）感受性

实习报告要求作者写出自己在实习时经历了什么、将理论应用到实践中的收获和感受等内容。这也是实习的目的和意义。

（二）客观性

实习报告是对实习情况的客观记录，也是对实习中的失败或成功经验的客观总结，不能凭空想象、任意虚构。

（三）概括性

实习报告有目的、有侧重地记录了实习的过程，用概括的语言总结了实习的经验教训，是作者将知识转化为能力的体现，具有一定的概括性。

四、实习报告的结构与写法

实习报告一般由标题、署名、引言、正文和结尾构成（见图 6-1）。

标题	实习时间/实习单位+文种
署名	写明班级、专业和姓名。
引言	概述实习的基本情况、实践感受和实习结果。
正文	阐述实习过程及实习内容。 总结实习体会。
结尾	针对自身的不足，明确努力的方向或今后的打算；写明感谢语。

图 6-1　实习报告的结构模板

（一）标题

标题的结构形式有以下三种。

（1）由“实习时间或实习单位+文种”构成：如《寒假实习报告》《××酒店实习报告》。

（2）由“正标题+副标题”构成：其中，正标题是对实习报告主旨的提炼，副标题由“实习时间或实习单位+文种”构成。

（3）直接用文种作为标题：如《实习报告》。

（二）署名

署名部分主要包括姓名、专业和班级。

（三）引言

引言部分可以简要概述实习的基本情况，如时间、地点、实习单位和任务安排，也可以将实习感受和实习结果用高度概括的语言反映出来。写实习报告时，可视情况省略引言。

（四）正文

实习报告的正文一般包括实习内容和实习体会两部分。

1．实习内容

实习内容包括实习中所承担的工作任务、工作环节、具体做法等。阐述实习内容时，应重点阐述怎样将所学的知识理论运用到实际工作中；周围同事的工作态度、方法和工作作风是怎样的；等等。总之，要将自己实习期间的所见所闻有条理地写出来。

2．实习体会

实习体会应对实习的内容和过程做理性分析，总结出自己的收获、体会等，还应客观地表述自己的不足和应改进的地方。

（五）结尾

实习报告的结尾应针对自身的不足提出努力方向、今后的打算和愿望等，还应对提供实习机会的学校、单位、同事和领导表示由衷的感谢。若正文已包括上述内容，则可省略结尾。

五、撰写实习报告的注意事项

（一）注意收集材料

想要写出好的实习报告，必须广泛收集材料，并通过工作日记等形式记录下来。例如，专业知识是如何在工作中灵活运用的，周围同事是如何处理问题、解决矛盾的，工作单位是如何落实上级指示精神的，等等。

撰写实习报告的注意事项

（二）突出重点内容

作者应对所做过的工作和所见所闻进行筛选，围绕报告的主旨选取材料，不能事无巨细。此外，一些重要的数据、图表应该在实习报告中列举出来。

例文赏析

会计实习报告

××大学会计专业 17 级一班　赵××

会计是个讲究经验的职业，工作经验是求职时的优势。为了积累更多的工作经验，在学校的帮助下，加之自身的努力，我最终获得了到湖南××有限公司实习的机会。实习期间，我努力将自己所学的会计理论知识向实践方面转化，尽量做到理论与实践相结合。此外，在实习期间，我能够遵守工作纪律，不迟到、不早退，认真完成领导交办的工作，得到公司领导及全体员工的一致好评。与此同时，我也在工作中发现了自身许多的不足之处。

湖南××有限公司是一家事业单位下属的小型公司，其主要业务是种苗和农药的销售。每年的业务不是太多，因此财务室只设有会计、出纳各一名。该公司采用电脑记账的方式，使用的是××财务软件。

此次实习，我的主要工作岗位是会计，主要任务是了解公司的会计科目设置及会计处理方法，同时对出纳的工作也有了具体的了解。

在实习中，我参与了 2 月到 4 月全部的会计工作，包括审核原始凭证、编制记账凭证、登记账目、编制会计报表等。在前辈的指导下，我认真学习了标准的事业单位会计流程以及××财务软件的使用方法，真正从课本走到了现实中，将抽象的理论运用到实际的工作中。

实习期间，我努力工作，严格要求自己，虚心向财务人员请教，认真学习会计理论、会计法律和法规等知识，掌握了一些基本的会计技能，具体包括以下几点：① 原始凭证的审核方法及要点；② 记账凭证的填写及审核要点；③ 明细账、总账的登记及对账；④ 财务报表及纳税申报表的编制与申报；⑤ 会计档案的装订及保管常识。更重要的是，我还学会了一些综合事务的处

> 标题写明实习内容和文种。
>
> 标题下方署名，写明专业、班级和姓名。
>
> 正文开头简要介绍了实习目的、基本情况、实践感受和实习结果。
>
> 然后简要介绍实习单位的基本情况、实习工作岗位、主要实习任务。
>
> 接着简要介绍实习过程和收获。

理方法，如营业执照的办理、税务登记的有关事项、一般纳税人的申请，以及企业合理避税的方法等，为以后真正走上工作岗位打下了坚实的基础。

通过实习，我发现会计是一门实务与理论结合性很强的学科，尽管我学过这门课，但是当我第一次操作具体业务时，又觉得和书上有所不同。实际工作中的事务是细而杂的，只有多加练习才能牢牢掌握。

实际上，这次实习最主要的目的是想了解自身所学的理论知识与公司实际操作有何区别、内部控制如何执行、如何贯彻新的会计政策、新旧政策如何过渡，以及一些特殊的账户如何处理等。带着这些问题，我在两个月的实习期里多听多看，不懂的地方就请教领导或同事，因此对这些问题有了一定的了解，达到了这次实习的目的。

通过实习，我除了巩固并运用了会计专业知识外，还了解到许多在课堂上学不到的东西，如公司是如何运作和管理的、员工之间的团队合作精神、处理业务的过程、规章制度执行情况等。

作为一名会计实务人员，这次实习让我看清了自己今后的努力方向。我要增强自身的实务能力、应变能力、心理素质、适应能力等。除此之外，拥有一颗上进心也是非常重要的。

总而言之，在工作中仅靠课堂上学的知识远远不够，我们还要在其他时间多给自己充电，在学好本专业知识的基础上，拓宽学习领域。另外，在工作中遇到问题时要多向他人请教，以此强化人际沟通能力。如何与人打交道是一门艺术，也是一种本领，在今后的工作中不能忽视。

每一次的经历都是一种积累，而这种积累正是日后的财富。无论是在工作上，还是在学习上，我们都要让这些宝贵的财富发挥作用，从而达到事半功倍的效果。经过这次实习，无论是专业知识，还是为人处世，我都学到了很多。感谢湖南××有限公司提供的这次实习机会。

2021 年 5 月 3 日

> 详细介绍实习内容和体会。
>
> 着重撰写实习体会与感悟，并对实习效果进行了简要点评。
>
> 最后总结归纳实习体会，针对自己的不足，明确努力的方向和今后的打算。
>
> 结尾发表感言。
>
> 落款处写明日期。

点评

这是会计专业学生的一篇实习报告。文章分为实习单位简介、实习内容、实习体会和今后的努力方向四个部分。报告先简要讲述了实习内容，然后重点讲述了实习体会，突出了实习的意义。

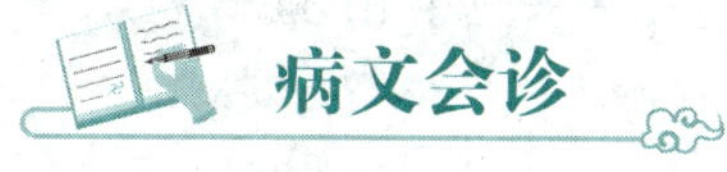

病文会诊

暑期实习报告

这次实习丰富了我的知识，使我向更深的层次迈进，对我今后在社会中立足有一定的促进作用。同时，我也认识到，要想做好工作，单靠实习是不够的，还需要在平时的学习和工作中一点一点地积累，不断丰富自己的经验。我面前的路还很漫长，只有不断地努力和奋斗，才能真正地走好未来的路。

一、实习时间

20××年××月××日至20××年××月××日

二、实习地点

广州××贸易有限公司

三、实习单位介绍（略）

四、实习目的

毕业实习是大学期间的最后一门课程。不知不觉间，我的大学时光就要结束了。在这个时候，我非常希望通过实践来检验自己所掌握的知识，了解艺术设计机构的部门构成、日常业务活动、整体运营状态等，熟悉与艺术设计活动相关的社会关系等，并熟练掌握专业技能。因此，我来到广州××贸易有限公司，在这里开始了我的毕业实习。

五、实习过程

在结束上学期的课程后，我就开始寻找设计类的实习单位。因为在学校所学的理论知识是远远不够的，我们只有去实践，走进企业，才能将所学理论与实践相结合。经过长时间的寻找，终于在20××年7月，我被广州××贸易有限公司录用，开始了为期2个月的实习，任职于平面设计岗位。

由于不熟悉上班路线及交通情况，第一天上班时为了不迟到，我早早地起了床，到公司的时间刚刚好。进入公司的时候，我不知道该做些什么，什么也插不上手，于是这里看看，那里逛逛，看看公司的正式员工是如何工作的……闲着的时候，我就试着用Photoshop软件设计一些简单的图片……紧接着，我向公司同事做了一个简单的自我介绍，他们热情地表示欢迎，让我感受到了温暖与快乐。

俗话说，万事开头难，既然决定在这里实习了，就从基层做起……我和同事们一起参与平面设计工作，开始的时候由于没有工作经验，总是无法完成手头的任务。经过几天的磨合……我最终克服了纸上谈兵的毛病，更好地融入了工作团队。

通过一段时间的实习，我熟悉了工作流程，掌握了更多实用的技能，能够根据客户需求完成设计任务，并尽量凸显作品创意……学会如何根据客户反馈修改方案……学到了很多在书本上学不到的实践经验，锻炼了团队协作能力和有效沟通能力，全面提升了职业素养。

××大学平面设计专业1701班　王××

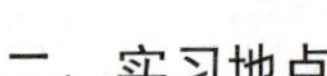【会诊提示】

（1）署名信息写错了位置，应当写在标题正下方。

（2）重点不突出。正文写了太多无关紧要的内容，冲淡了实习主题。应缩减无关紧要的内容，突出实习过程、实习内容和实习体会。

（3）未写实习体会与收获，使得实习报告缺乏启迪作用。

（4）未写明实习报告的完成日期。

知行合一

宋应星的故事——实践出真知

宋应星（1587—约 1666 年），江西奉新县人，我国明朝时期著名的科学家。他一生致力于对农业和手工业生产的科学考察和研究，收集了丰富的科学资料。他的著作和研究领域涉及自然科学及人文科学的不同学科，其中最杰出的作品《天工开物》被誉为“中国 17 世纪的工艺百科全书”。

宋应星自幼聪明好学。一次，宋应星和哥哥宋应升去南昌参加乡试，乡试的考生有一万多名，结果兄弟俩都考中了举人，宋应星考中了第三名，宋应升考中了第六名。奉新县一下子出了两个举人，被称为“奉新二宋”。中举后，兄弟俩马上赴京参加会试，想一鼓作气考中进士，没想到双双落榜。

在从京城回家的路上，他们看见一位老农在田地里使用一种奇特的农具干活。宋应星不知那是什么东西，就上去向老农请教，老农告诉他这东西叫耧，是播种用的。宋应星仔细观察了耧的构造，问老农：“播完种为什么还要用驴拉着碌碡（一种用以碾压的畜力农具）在地上滚？”老农说：“麦种播下去后，用碌碡把泥土压紧，就能保持水分，麦种才好发芽。”宋应星回头对哥哥说：“这些东西是书上学不到的，我们饱读诗书，却连最实用的知识也没学会，我一定要写一本书把这些知识都写进去。”

后来，兄弟俩又参加了几次会试，但总是榜上无名。宋应星不想再考下去了，他到江西分宜县当了县学的教官，从此经常到分宜县的农村、集镇去了解各行各业的生产过程。他访遍了那里的造纸、制陶、制糖、纺织等作坊，结交了很多农民、工匠朋友。有一次，宋应星看到一位老铁匠在教徒弟打铁。老铁匠把打好的锄头放在火上烧红，然后把锄头在水里蘸了一下，“吱”的一声，水里冒出一股白气。宋应星问老铁匠为什么要把烧红的锄头往水里蘸一下。老铁匠告诉他：“这叫淬火，可以使铁器变得更硬。这道工序很讲究，淬火时温度太高，铁器就会太硬，容易断；温度不够，铁器则不耐磨。”每当了解到这些知识，宋应星总是详细地记录下来，为他要写的书做准备。

几年后，宋应星的书写成了，书名为《天工开物》。这部书一共 18 卷，内容包括作物种植、食品加工、养蚕、纺织、采矿、冶炼、烧制砖瓦、制陶、造纸、车船和兵器的制造等，书中还有 200 多幅插图。在朋友的帮助下，宋应星的《天工开物》得以付梓。《天工开物》全面地记录了我国古代的科学技术，是中国科技史料中保留最为丰富的一部。

任务三

术业专攻，济世利人
——掌握毕业设计的结构与写法

任务清单

每完成一项学习任务，就在对应的方框中打一个“√”。

任务进程	序号	任务内容	是否完成
课前预习	（1）	搜集3篇各具特色的毕业设计范文，试着分析它们的选题与材料	□
	（2）	写出分析要点以及对毕业设计的初始认知	□
课中学习	（3）	阅读“例文感知”，并简要评价，思考例文后的“问题导入”	□
	（4）	理解毕业设计的概念，了解其特点与种类	□
	（5）	掌握确定毕业设计选题的方法，以及搜集、分析和整理相关材料的方法	□
	（6）	熟悉毕业设计的流程、结构与写法	□
课后复习	（7）	简要分析课前所搜集范文的结构特点与写法，并做好记录	□
	（8）	了解自己所学专业的毕业设计要求，查阅资料后确定一个选题，再按照规范的格式与要求完成一份毕业设计	□

例文感知

毕业设计任务书

××职业技术学院

××专业毕业设计任务书

课题名称	月季的组织培养方案					设计类别	方案设计类
学生姓名	刘××	学号	×××	班级	×级×班	联系电话	×××××
指导教师	易××	专业	园艺技术	职称	副教授	联系电话	×××××
设计目标	让学生通过毕业设计增加对种子及其繁殖材料的了解，熟悉月季种植过程中使用传统繁殖材料的不足之处，初步具备解决植物生产领域中实际问题的能力。培养学生踏实细致、严格认真、团结协作和吃苦耐劳的工作作风和职业素养，为今后走上工作岗位打下基础。						
设计任务	全面了解使用传统繁殖材料在月季种植中的不足，依据植物组织培养专业知识及理论，设计一套完整、适用、有效的“月季的组织培养方案”。						

（续表）

设计要求	（1）方案设计应切合月季组织培养再生与发育的实际。 （2）方案完整，能解决月季组织培养的实际问题。 （3）了解目前组织培养技术在花卉领域的应用概况及存在的问题。 （4）参阅《植物组织培养技术》，综合分析调研所获取的相关信息，构思一套既可行又有效的“月季组培苗生产方案”。
进度安排	2022 年 12 月，明确毕业设计的任务和要求，学习毕业设计相关文件。 2023 年 2 月，完成市场调研，并进行设计方案的必要性和可行性分析。 2023 年 3 月，查阅、搜集与方案设计有关的各种资料信息并分类整理。 2023 年 5 月，完成方案初稿的起草工作，认真修改方案，最好能定稿并答辩。
成果表现形式	方案设计
教研室意见	教研室主任签名（章）：李×× ××年×月×日
院（系）意见	院（系）负责人签名（章）：杨×× 院（系）公章 ××年×月×日

请思考：上述毕业设计任务书由哪几部分构成？怎样才能写好毕业设计任务书？

问题导入

（1）什么是毕业设计？它有什么特点？有哪些种类？
（2）毕业设计如何确定选题和搜集材料？
（3）毕业设计的结构与写法是怎样的？

一、毕业设计的概念

毕业设计是指工、农、林等技术科学专业及其他需培养设计能力的专业的应届毕业生，在教师的指导下，综合运用所学的基础理论、专业知识与专业技能，就选定的课题研究和探讨实际问题的总结性的独立作业与专业实践。

毕业设计是高校各专业必修的综合性实践课程，可以考查学生运用所学知识分析问题、解决问题以及动手操作的能力，是评定学生毕业成绩的重要依据。同时，毕业设计也是培养学生职业素养、专业能力、学习能力、创新意识和实践作风的有效手段，有助于为学生毕业后从事相关工作打下坚实的基础。

二、毕业设计的特点

（一）科学性

毕业设计的科学性主要体现在它必须以一定的实验数据、现象、理论知识等为基础，这对学生逻辑推理、综合分析的能力有较高的要求。例如，针对“××县××水闸工程可行性研究”这一选题，学生应注重相应的实验数据与对水利规划相关理论的运用，如此一来，才能探索出具有科学性与可行性的工程方案，从而更好地解决实际问题。

（二）创新性

毕业设计的创新性体现在观点新、材料新、方法新和见解新四个方面。

（1）观点新包括以下几层含义：一是能提出现实生活中迫切需要解决的问题；二是能提出前人没有研究过的问题；三是能提出说法不一、有待深入研究的问题；四是能提出有待补充的问题。

（2）材料新包括以下几层含义：一是有挖掘或整理出来的新材料；二是有校正材料。

（3）方法新包括以下几层含义：一是能创造性地借用其他学科的某些研究方法来研究本学科的问题；二是能从新的角度思考和解决问题；三是能设计出新的研究工具和手段。

（4）见解新包括以下几层含义：一是能深化已有观点的学术价值；二是能就研究课题提出独到的见解；三是能校正旧说、通说之误。

（三）实践性

毕业设计的实践性体现在其选题、方案、产品设计等都来源于实践，贴近生产、生活实际；其以解决行业企业实际问题为目标，而不是仅仅做纯理论性问题研究。

（四）专业性

毕业设计的选题一般属于某一专业领域，因此它的题目、材料、语言表达等都应与其所属专业相吻合。例如，文化艺术类专业的选题一般来源于文化艺术行业或企业岗位涉及的真实项目，毕业设计成果要能体现本专业的相关标准，符合行业规范与要求。

三、毕业设计的种类

从性质和功用上划分，毕业设计主要有以下几种类型。

（一）产品设计类

产品设计类毕业设计主要是对某一具体产品的功能、形态、结构等进行开发性设计。其成果通常包括产品设计图（如工作原理图、规划设计图、3D立体效果图）、产品（样品）实物、软件、设计说明书等。

（二）工艺设计类

工艺设计类毕业设计主要是对工艺规程或工艺装备进行设计。其成果通常包括工艺

规程（包括工艺流程、过程卡、工序卡等）、专用设备的原理图、工艺参数表、设计说明书等。

（三）方案设计类

方案设计类毕业设计是为解决专业对应领域中的具体问题而进行的一项系统设计。其成果通常为一个完整的方案，如某病虫害的防治方案、某企业或某项目的施工方案、某旅游市场的开发方案、某种设备或某产品的维修方案等。

设计的方案需要结构完整，要素全齐，一般包括背景、目标、要求、具体任务、实施步骤、预期效果等要素。

（四）作品设计类

作品设计类毕业设计是指利用所学内容，完成与专业综合技能有关的作品设计和制作。作品成果可以呈现为视频及音频（如纪录片、微电影、专题片、广播电视节目、影视动画、影视广告）、新媒体（如 H5、视效作品、公众号）、文字（如图书、期刊、剧本）等。

四、毕业设计的流程

毕业设计的流程一般分为确定选题、材料搜集与整理、正式设计与撰写毕业设计说明书以及毕业答辩四个阶段。

（一）确定选题

1．选题方法

常见的选题方法有以下几种。

（1）从疑问处入手。抓住专业学习中遇到的疑问深入探究，形成选题。

（2）从学术热点入手。抓住本专业中关注度较高、讨论较为热烈的问题，形成选题。

（3）从擅长处入手。从自己比较擅长的、有优势的地方入手，扬长避短，充分发挥自身优势，形成选题。

（4）从兴趣入手。从研究兴趣出发，选择有探求欲望、较长时间关注、积累了较多相关知识的选题。

（5）从今后从事的工作入手。选择与今后从事的工作相关的选题，将有利于对本职工作的熟悉和专业工作的顺利开展。

2．选题要求

（1）选题应注意运用理论研究实际问题，注重实证研究，以反映出综合应用专业知识分析和解决实践问题的能力。选题提倡真题真做，应尽可能地贴近生产、服务实际，最好是来源于企业生产或服务的实际项目，可以解决实际问题。例如，农林牧渔类专业的工艺设计类选题，应来源于农业、林业、畜牧业、渔业生产过程中的工艺或流程，以提升生产效率或改善产品质量为目的，形成有较高应用价值的生产工艺或流程，也可形成物化成果。

（2）选题要符合个人实际能力，同时选题的工作量和难易度要适中，以便在规定时

间内工作量充足，且能完成任务。对于工作量大的选题，可将其分解为若干子课题，与他人分工合作完成。

（3）选题应避免涉及内容过宽、过大，标题要精练，明确说明研究的问题，注意用语的准确性。

（二）材料搜集与整理

1．材料的搜集

确定选题之后，学生可以通过多种方式搜集毕业设计需要的相关数据、典型案例等材料，例如，可以通过企业调研、实地调查、实验等方式，搜集第一手材料；也可从报纸、图书、杂志、网络等媒介中获取第二手材料。在这一阶段，学生应尽可能多地占有材料，这不仅有利于对毕业设计形成宏观的认识，还便于合理安排时间、制定计划。

在搜集材料时，要注意遵循以下原则：

（1）围绕选题，全面地搜集材料。所谓全面，就是尽可能将选题所涉及的方方面面的材料都搜集到。在搜集材料时，要知道搜集哪些方面的材料，搜集多少材料。不同学科、不同选题所需要的材料种类、数量是不同的，但总的来说，都要有一个全面、系统的概念，不能漏掉某一方面的内容。

另外，不仅要搜集与选题有关的直接材料，还要搜集与之相关的间接材料；既要有理论材料，又要有事实材料；既要有个别材料，又要有综合材料；既要有现实材料，又要有历史材料；既要有正面材料，又要有反面材料；既要有实证性材料，又要有文献性材料。搜集材料必须客观，不能遇到符合自己观点的材料就保留，与自己观点相悖的材料就舍弃；不能只注意材料的主要方面而忽略次要方面，更不能只强调次要方面而忽略主要方面。

（2）注意材料来源的真实性、准确性。材料是基础和依据，其真实性和准确性决定了毕业设计的科学性和价值。搜集文献材料时，首先要关注其来源是否真实可靠。再好的材料，如果没有确切的可以验证的来源也不能使用。有些文献资料在汇编过程中可能出现错误，不加辨别地使用容易导致以讹传讹。此外，搜集实证材料时，要注意方法的科学性、材料的普遍适用性等。

（3）抓住重点材料、新材料。材料有主要材料和次要材料之别，如果不能辨其轻重，过多地使用次要材料，就会“捡了芝麻丢了西瓜”。在所有材料中，应重视第一手材料。如果忽视它而一头扎入他人的论述中，东抄西摘，就是主次不分了。

在研究中，新材料的发现有着非常重要的意义，它往往能带来认识和研究的突破。在搜集材料时，要尽可能地拓展自己的搜集范围，这样就有可能发现一些遗漏的或未被发现的材料。同时，在研究过程中，随着选题的逐步明确以及思路的拓展和深入，搜集材料的范围也需要及时调整。

2．材料的分析与整理

搜集的大量材料多是分散的，需要对其加以鉴别、筛选、整理与归类。一般来说，应做到以下三点：

（1）分类材料。熟悉材料，并将繁杂的材料进行分类。

（2）选取材料。通过对比、分析材料，选取紧扣选题、真实、准确、典型的材料。

（3）提炼材料。进一步研究和提炼选取的材料，找出最能反映事物特点的材料。

（三）正式设计与撰写毕业设计说明书

学生在分析整理材料后，需要在导师的指导下进行毕业设计。正式设计阶段是毕业设计的关键，学生在此阶段需按照计划，按时完成所有设计任务，如完成方案设计、绘制相应的设计图等。

设计完成后，学生要按照学校统一的毕业设计格式，撰写毕业设计说明书。需要注意的是，毕业设计说明书的撰写应体现出科学性、规范性、完整性和实用性，同时，文中标点符号、专业名词、量和单位、公式等的使用或书写要符合相关国家标准和行业规范。

（四）毕业答辩

毕业设计经导师评审合格后，学生方可参加学校统一组织的毕业答辩。毕业答辩是毕业设计的最后阶段，其主要任务是总结毕业设计过程和成果，力求清晰、准确地反映所做的工作。正式答辩时，应做到语言表达简明扼要，逻辑性强，回答问题有理有据。

答辩委员会一般由校内外专家组成。答辩时，先由答辩学生进行自述，重点介绍选题依据、设计概况、设计过程、设计成果等；然后由评委老师针对毕业设计的内容和学生自述中存在的问题进行提问，由学生做出解答，旨在考查学生在专业理论知识、专业核心技能和职业素养等方面的掌握情况；最后，答辩委员会根据学生的毕业设计成果和回答问题的准确程度评定学生成绩。

五、毕业设计的结构与写法

毕业设计主要包括毕业设计图纸、毕业设计任务书、毕业设计方案、毕业设计说明书等内容，各专业可根据实际情况适当增减。

（一）毕业设计图纸

毕业设计图纸应当根据国家制图标准和相关技术标准进行绘制，并且符合设计任务书中有关图纸内容、张数、规格和质量的要求。

（二）毕业设计任务书

毕业设计任务书主要包括毕业设计的目标与任务、实施步骤与方法、进度安排、成果表现形式等内容。毕业设计任务书一般应在导师的指导下完成。

（三）毕业设计方案

在方案设计类毕业设计中，需要提供毕业设计方案，主要包括设计思路、方案设计依据、实施过程、工具设备要求、技术规范、预期结果等内容。

（四）毕业设计说明书

毕业设计说明书是指工科、艺术设计等专业的学生综合运用所学知识和技能，对毕业设计过程、任务、要求及其成果进行解释和说明的科技文书，是毕业设计过程中的重要环节。

毕业设计说明书一般由标题、署名、引言、主体、结语、致谢、参考文献等组成。

1. 标题

标题应结合设计任务书的要求，概括整个毕业设计最主要的内容，要恰当、简明，引人注目，如进站信号机点灯电路设计、××城市公园亲水栈道景观方案设计、芦荟面膜配方及生产工艺设计等。

2. 署名

署名位于标题下方，一般包括学生的学号、姓名、学院、专业、导师姓名、起止日期等。

3. 引言

引言也称“导言”，一般包括设计项目的性质、目的、预期效果、原理，以及具体的设计过程。这部分内容应简明扼要，不必详细展开。

4. 主体

毕业设计报告的主体一般包括以下三个方面的内容。

（1）设计原理和方案。这部分应阐述设计工程或产品的工作原理，并具体讲解所选的设计方案，围绕关键技术或核心问题，论证方案的可行性。写这部分时，可采用图文结合的说明方式，灵活运用结构框架图、流程图等，以使内容更为清晰、直观，便于读者从整体上把握设计者的基本思路。

（2）技术参数。这部分应说明设计项目所选择的技术参数种类、技术和质量标准、相关计算公式与结果。例如，大厦空调系统设计的技术参数应包括年均气温、相对湿度、太阳辐射负荷强度等。需要注意的是，毕业设计报告中的技术和质量标准一般采用国家标准或国际标准，符合相关标准规定文件。写这部分时，可采用将公式、表格与文字解释相结合的说明方式。

（3）工程特点或产品性能。这部分应围绕设计项目在技术或性能上的优点进行说明。写这部分时，可以采用两种说明方式：一是将设计项目与其他同类项目进行对比，以展现设计项目在多个方面的优越性；二是详细讲解设计项目采用的最新技术，充分表现设计项目的先进性，并以此引出设计项目在质量、成本等方面的优点。写这部分内容时，可采用图纸说明、模型展示、实验结果验证等方式。

5. 结语

结语部分通常是综述毕业设计说明书的整体内容，对有关技术问题做出补充性说明，强调项目设计的价值和意义，总结设计过程中的体会和收获，等等。如果相关内容在引言部分已经说明，则可视情况省略结语部分。

6. 致谢

致谢部分应对导师和其他对毕业设计项目有帮助的单位及个人表达感谢。写这部分时，应注意态度端正，措辞恰当。

7. 参考文献

这部分应标明前文中引用文献的出处，并列出与毕业设计相关的参考资料及其作者和出版信息，如出版社、出版年份等。参考文献一般另起一页。

例文赏析

回转型蓄热式换热器的设计

（署名信息略）

一、概述

回转型蓄热式换热器是7021厂为综合利用能源，根据生产实际提出的课题。以本换热器作为该厂加热炉空气预热器，回收400℃烟道气中的余热，预热进入加热炉供燃烧用的空气至350℃以上。经试用，每年可节约天然气80万标准立方米，总价值约17.6万元。总投资可在两年半内收回。

二、设计原理

回转型蓄热式换热器是用内置蓄热体的转子在低温和高温气体通道中连续旋转，使蓄热体在高温气体通道内吸收高温气体的热量，而在低温气体通道内再把热量放出，传给低温气体，从而达到换热的目的。（图略）

三、工作性能和适用范围

本换热器具有热回收率高、结构紧凑、处理气量大等优点，可以满足防堵塞、防腐蚀的要求。虽然存在换热气体间的交错污染，但是对于加热炉空气预热而言，可以允许空气烟气之间有一定的交错污染；并且，通过对密封结构的完善和改进，可以把交错污染控制在10%以下。

总之，以本换热器作为各种加热炉的空气预热器是可行的、有效的和经济的。

四、主要设计要求（略）

五、主要参数和计算公式

本换热器的传热原理不同于传统换热设备，采用NTU法，与转子的蓄热能力匹配，并计入修正系数来进行传热计算。由于因素复杂，需要调整的数据多，可用计算机寻求最优化数据。

……

六、设计方案

本设计从实用角度出发，借鉴吸取了国内同类设备行之有效的结构。如：前后墙板的烟道接头，端板及支承梁的“三合一”结构，转子轴端的迷宫密封等。此外，针对本换热器操作温度高、温度效率高、流道较长等特点，对有关部件做出如下改进。

1．改进蓄热体

本设计先对“强化型”“引进日本型”“波带型”“开孔波带型”四种蓄热体进行传热及充填面积的计算，在此基础上提出了改进“强化型”蓄热体的设计方案。改进后的蓄热体具有传热量大、引力小、不易积灰、防腐防堵性较好的特点。为保证蓄热体各传热板的装填质量，把蓄热板的散装改为框装，在转子外筒上用螺钉固定，以防径向、周向移动。这种框式结构构造简单、可靠，便于安装检修。

2．采用完善的三向密封结构

密封结构对换热器的交错污染起控制性作用。本设计蓄热体流道长，气体流动阻力势必增加，烟气侧与空气侧的压力差会随之增大，而泄漏量与压力差的平方根成正比。有鉴于此，本设计采用完善的三向密封结构，以减少泄漏。

……

3．改进冷端抽屉门（略）

4．设置隔热减阻板（略）

5．合并吹灰管与清洗管（略）

6．改进传动系统（略）

结束语

本设计在公式计算、数据选取、结构设计等方面，都以可靠性为首要原则。

> 标题清楚明确。
>
> 概述简明扼要地介绍了选题背景、回转型蓄热式换热器的试用效果等内容。
>
> 正文先介绍回转型蓄热式换热器的设计原理，然后从工作性能、适用范围等方面进行说明，并在设计方案部分详细讲解了针对换热器特点所做的改进，进一步强调了设计的实用性。整体看来，正文内容主次分明，逻辑清晰。
>
> 结束语再次强调这一设计的

本换热器在技术上安全可靠。

由于资料收集尚不完整，加上毕业设计时间有限，所以改进设计的效果有待实践验证。

致谢

值此成文之际，首先我要衷心感谢××老师对我的悉心培养。××老师严谨的治学作风、兢兢业业的工作精神以及求精求实的科学研究理念，对我以后独立学习和工作产生了深刻的影响。……

参考文献

（略）

科学性和安全性。

致谢态度诚恳，实事求是，对导师及有关人士表示感谢。

点评

这篇毕业设计说明书结构较为完整，包括标题、署名、正文、结束语、致谢、参考文献等，符合毕业设计说明书的一般构成。全文从设计原理、工作性能和使用范围、设计要求、参数和计算公式、设计方案等方面对回转型蓄热式换热器的设计进行了阐释，内容完备，结构清晰，行文有序，是一片合格的毕业设计说明书。

病文会诊

月季的组织培养

一、设计背景

（一）月季花的介绍（略）

（二）设计方案的必要性和可行性分析

1．月季组织培养的必要性（略）

2．月季组织培养的可行性（略）

二、设计思路

（一）设计思路介绍（略）

（二）采取的手段和技术方案

1．拟采取的手段

主要采取调研法、文献法、讨论法、实验法。

2．拟采取的技术方案

（1）技术流程图。（略）

（2）技术方法：无菌操作技术、培养基配制技术、单因素试验技术。

（3）参考相关标准与规程：植物种苗组培快繁技术规程（DB33/T 75-2009）。

三、设计过程与说明

（一）设计过程（略）

（二）设计过程中碰到的问题与解决措施（略）

四、设计成果

（一）设计方案

第一种方案：（略）。

第二种方案：（略）。

第三种方案：（略）。

（二）设计步骤（略）

（三）预期取得的效果（略）

【会诊提示】

（1）标题不够明确，“月季的组织培养方案设计”更加准确。

（2）缺少“结束语”部分，正文的说明缺乏落脚点。

（3）缺少“致谢”“参考文献”部分。

钻坚研微

培养“有证据的思维”

“科学不过一种治学态度，非仅指某种特殊之事实之研究而言也……非有证据，不为结论也。”科学的客观性建立在证据基础之上。尊重科学，首先要尊重证据。论证思维就是要建立在证据基础的思维之上。

陶行知说：“千教万教，教人求真。”科学育人价值的精髓在于知真。知真是实现育人价值的基石。通过多元互证，探究事物发生的原因，弄明白为什么，这种做法就是为了培养实证精神，增强“求真”的证据思维意识。

要想培养有证据的思维，就要坚持“无征不信，孤证不立”的原则，站在唯物史观的立场上，用历史的眼光看待问题，具体问题具体分析，进而做到鉴往知来、古为今用，兼收并蓄、融会贯通，最终达到用历史智慧解决现实问题的目的。

（资料来源：参考网，有改动）

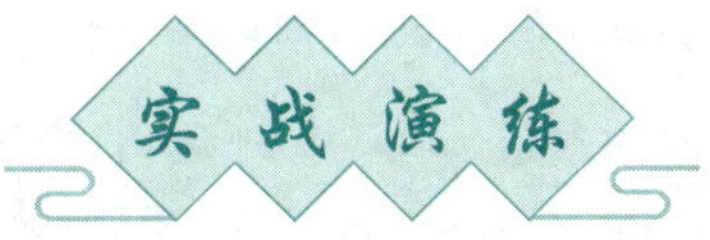

从网上挑选一篇与自己专业相关的毕业设计说明书，根据本项目所学过的知识写一篇短评。

短评

根据所学专业写一篇实习报告，并将写作思路填在方框的相应位置。

1．写作思路

明确目的

篇章结构

标题

引言

正文

结尾

2．反思总结

项目评价

全班同学每5人一组，每个小组的成员结合小组的课业学习情况与项目实战演练情况，按照表6-1的评价标准进行自评和互评，并请老师进行总体评价。

表6-1　考核评价表

考核内容	评价标准	分值	评价得分		
			自评	互评	师评
知识与技能考核（40%）	能复述科技文书的概念、作用和特点	3			
	能复述实习报告的概念、作用与特点	3			
	能掌握实习报告的结构和写法，并熟悉其写作注意事项	10			
	能复述毕业设计的概念，并熟悉毕业设计的不同种类及其作用	6			
	能根据实际需要确定合适的毕业设计选题，并恰当地搜集和选用相关材料	8			
	能掌握毕业设计的结构和写法	10			
过程与方法考核（20%）	课前主动预习，积极收集各类科技文书范文	5			
	认真分析所收集科技文书范文的选题、材料和结构	5			
	积极参与课堂讨论，并与同学交流观点	5			
	认真完成课后作业，注重写作体验，善于通过模仿锻炼写作水平	5			
综合素养考核（40%）	愿意深入了解科技文书相关知识，自觉提升科学素养	10			
	积极培养严谨的治学态度，勇于探索未知领域	10			
	自觉锻炼逻辑思维、实证思维和设计思维，并有效地提升相应的思维能力	10			
	学以致用，将所学科学知识应用于实际生活，为社会贡献自己的力量	10			
总评	自评（20%）+互评（20%）+师评（60%）=	教师（签名）：			

参考文献

[1] 范果．应用写作［M］．4版．长沙：湖南大学出版社，2020．
[2] 王雪菊，黄心月，向剑．应用文写作训练教程［M］．3版．北京：高等教育出版社，2020．
[3] 郭沁荣．高职应用文写作教程［M］．北京：清华大学出版社，2020．
[4] 耿云巧，马俊霞．现代应用文写作［M］．4版．北京：清华大学出版社，2018．
[5] 龚琪，史杰，刘云岚．应用文写作基础［M］．北京：航空工业出版社，2018．
[6] 姜本红，朱俊霞，向诤．应用文写作［M］．2版．南京：南京大学出版社，2018．
[7] 黄秀丽，江爱国．应用文写作［M］．北京：中国人民大学出版社，2015．
[8] 黄民强．新编应用文写作［M］．北京：电子工业出版社，2015．
[9] 吴勇斌，王玲香．新编应用文写作教程［M］．北京：航空工业出版社，2015．
[10] 张广德，王超航．应用文写作教程［M］．长春：吉林大学出版社，2014．
[11] 施秋香．常规要素 别样建构——谈事务写作的创新性［J］．秘书之友，2020（5）．
[12] 刘恋．党政机关公文语言的美学风格［J］．应用写作，2018（1）．
[13] 王晓春．西周采风制度对社会调查制度的影响［J］．秘书之友，2018（8）．
[14] 何燕宁．从应用写作的角度解读《出师表》［J］．写作（上旬刊），2017（1）．
[15] 辛建华．应用文起源解析［J］．秘书之友，2017（2）．
[16] 张瑞年，张国俊．应用文写作大全［M］．北京：商务印书馆国际有限公司，2016．
[17] 马一凡．古代广告诗拾趣［J］．课堂内外创新作文（高中版），2016（9）．
[18] 王吴军．古代的合同［J］．秘书之友，2013（10）．
[19] 王玉林．《陈情表》的陈情艺术及其对请示公文写作的启示［J］．西江月，2012（18）．
[20] 张峰．名人的自我介绍［J］．党政论坛：干部文摘，2012（8）．
[21] 李秀萍．中国名人成长密码［M］．北京：中国城市出版社，2009．
[22] 郑江义．古人写作事料观略谈［J］．山花，2009（14）．
[23] 潘启雯．名人别出心裁的“启事”［J］．青苹果（高中版），2007（6）．